Ethnic Chinese Enterprises
in
Asia

アジアの華人企業
南洋の小龍たち

タイ・マレーシア・インドネシアを中心に

平野　實
Minoru Hirano

東京 白桃書房 神田

はしがき

　本書は早稲田大学大学院アジア太平洋研究科の博士後期課程の博士学位論文に一部改訂を施したものである。

　筆者は30有余年商社に勤務し主として食料関係の業務に従事したが，その期間を通じて筆者にもっとも強いインパクトを与えたのは，シンガポール赴任時に公私ともに接触した華人の存在であった。ビジネスパートナーはシンガポールに限らずマレーシアでもインドネシアでもほぼ例外なく華人企業であり，現地の従業員の大多数はシンガポール華人であり，家のアマ（阿媽）さんもそうであった。華人の国家ともいえるシンガポールはともかくとして，近隣諸国でのビジネスも華人を中心として展開されていることに驚きを禁じえなかった。

　華僑・華人のビジネスについて書かれたものは多くある。入門書的に書かれたものでは華僑・華人を一括りでとらえているものが多い。しかし，実際にかれらが活躍しているアジアでは各国ごとに独自の工業化が進展し，筆者が実際に見聞きした華人企業のビジネスは国ごとに，また企業ごとに特徴があり，とてもステレオタイプの華人企業論では収まりきらないものであった。そのこともあり，華僑・華人を体系的に研究することを志し，退職後再び早稲田の門を叩いた。

　華人企業の研究に当たっては一次資料が乏しいため多くの先行研究や新聞・雑誌などを参照した。それとともに多くの方々からご助言を頂戴した。林華生教授（早稲田大学大学院アジア太平洋研究科）には指導教官として，また小林英夫教授（早稲田大学大学院アジア太平洋研究科）には副指導教官として多くのご指導を賜るとともに，白木三秀教授（早稲田大学大学院経済学研究科）には論文構成に当たり，古くからの友人である片山博教授（早稲田大学大学院創造理工学研究科）には統計分析手法の選択に当たり，岡本安晴教授（日本女子大学人間社会学部）には統計データ処理に当たりさまざまなご示唆を頂戴した。ここに改めて感謝の意を表したい。

　最後に，筆者が新たな道に進むにあたり杞憂することなく背中を押してく

れた妻の弓美に最大の感謝をささげたい。

2008年新春

平野　實

目次

はしがき ……………………………………………………………………… i
総論 ……………………………………………………………………………… 1

第Ⅰ部　アジア華人企業グループの発展とその背景 ……………… 9

第1章　工業化の軌跡 …………………………………………………… 14
1.1. 東南アジア諸国の工業化概論 ………………………………… 15
　　1.1.1. 独立の経緯／1.1.2. 工業化の流れ
1.2. 工業化のプレイヤーたち ……………………………………… 18
　　1.2.1. 工業化の様態／1.2.2. 政治的リーダーシップを担う
　　プレイヤー／1.2.3. 実行を担うプレイヤー
1.3. タイの工業化──農業資源に基づいたNAIC型の工業化 …… 22
1.4. マレーシアの工業化──天然資源に下支えられた工業化 …… 24
1.5. インドネシアの工業化
　　──石油輸出に支えられたフルセット主義の工業化 ……… 27
1.6. 東南アジア諸国の工業化のまとめ …………………………… 29

第2章　華人の台頭──落葉帰根から落地生根へ ………………… 36
2.1. 東南アジア華人概論 …………………………………………… 37
　　2.1.1. 華人の定義と特徴（先行研究）／2.1.2. 華人（華僑）
　　の置かれていた状況
2.2. ASEAN₃の華人 ………………………………………………… 52
　　2.2.1. シャムの華僑からタイ華人へ／2.2.2. マラヤ華僑か
　　らマレーシア華人へ／2.2.3. ジャワ華人からインドネシア
　　華人へ／2.2.4. ASEAN₃華人のとりまとめ
2.3. 華人のまとめ …………………………………………………… 63

第3章　華人企業グループの躍進
　　　　──植民地労働者から発展の原動力へ ……………………… 70

iii

3.1. さまざまな華人企業論 ……………………………………… 71
　　3.1.1. 華人企業経営論／3.1.2. 国ごとに分析されたもの
3.2. 東南アジアの華人企業の共通性 …………………………… 79
　　3.2.1. ネットワーク／3.2.2. 対中投資
3.3. ASEAN₃の華人企業 ………………………………………… 85
　　3.3.1. タイの華人企業／3.3.2. マレーシアの華人企業／
　　3.3.3. インドネシアの華人企業
3.4. ファミリービジネスの継承問題 …………………………… 100
3.5. 華人企業のまとめ …………………………………………… 106

第Ⅱ部　華人企業グループ各論 ……………………………………… 117

第4章　CP グループ——アグロビジネスを活かして ………… 120
4.1. 創業期・発展期——農業の工業化 ………………………… 120
4.2. 海外展開——ブロイラーから衛星まで …………………… 125
4.3. 通貨危対応時期——アグロビジネスへの回帰 …………… 128
4.4. 現状——本業への回帰と中国での重点事業 ……………… 130
4.5. 事業展開のまとめ …………………………………………… 133

第5章　クォク・グループ——人的ネットワークを活かして ………… 140
5.1. 創業期・発展期
　　——基礎作りはマレーシア・新展開は香港で ……………… 141
5.2. 海外展開——シンガポールから香港へ …………………… 147
5.3. 通貨危対応時期——新たなチャンス ……………………… 150
5.4. 現状——一族の分割統治と新分野での展開 ……………… 152
5.5. 事業展開のまとめ …………………………………………… 155

第6章　サリム・グループ——政商のコネを活かして ………… 162
6.1. 創業期・発展期——スハルトとともに …………………… 162
6.2. 海外展開——インドネシア拠点のアジア展開 …………… 172
6.3. 通貨危対応時期——事業や拠点の再編成 ………………… 174
6.4. 現状——国内有力企業の死守と選別された海外展開 …… 178
6.5. 事業展開のまとめ …………………………………………… 180

第7章 三グループの比較分析（定性編）……………… 187
- 7.1. 三グループの共通性 …………………………… 187
- 7.2. 三グループの事業展開 ………………………… 190
  - 7.2.1.基盤国における当初の展開／7.2.2.基盤国における発展・多角化／7.2.3.海外における事業展開／7.2.4.通貨危機後の対応／7.2.5.現状の事業展開
- 7.3. 三グループ事業特性のまとめ ………………… 201

第8章 三グループの比較分析（数量化2類編）……… 208
- 8.1. 分析手法 ………………………………………… 208
- 8.2. 三グループの分析 ……………………………… 209
  - 8.2.1.三グループのデータ化／8.2.2.三グループの数量化2類による計算結果／8.2.3.計算結果の分析／8.2.4.分析結果の解釈とタイプ分類
- 8.3. タイプ分類のまとめ …………………………… 229

第Ⅲ部 終　論 ………………………………………… 233
1. 検討のとりまとめ ………………………………… 234
2. 華人企業グループの将来 ………………………… 235
3. 今後の研究課題 …………………………………… 236

参考文献 ……………………………………………………… 239
索　引 ………………………………………………………… 253

総　論

1．研究の背景

　アジアは民族的・宗教的・文化的な側面で複雑な多様性を持つ地域である。その一方では，第2次大戦以前には，タイを例外として一様に西側列強の植民地であった。この地域は大戦終結後に一様に西側列強の支配（実質的な植民地支配も含む）から離れ国家として独立し，経済的な自立を図る工業化に乗り出した。この工業化は日本を先頭に，まず韓国・台湾・香港・シンガポールのNIEs諸国・地域が引続き，次いでASEAN諸国の一部の国も後続する形で進展した。1993年に世界銀行が公表した『東アジアの奇跡（*The East Asian Miracle*）』では，日本・NIEs・インドネシア・マレーシア・タイの8経済地域を「高いパフォーマンスを示したアジア経済地域（HPAEs, High Performing Asian Economies）」として，またエズラ・ヴォーゲルはNIEsを「アジアの四小龍」として，それぞれの地域の発展要因が分析されている。その一方では，中国が改革開放政策に転じて以降大きなプレゼンスを示すようになり，近年ではベトナムも台頭してきており，インドも大きな存在感を示すようになってきている。

　これらの諸国ではさまざまな民間企業が発展の原動力の1つとなってきた。本書ではこのような民間企業のなかでも複数の国・地域に跨って高いプレゼンスを示してきた華人企業に焦点を当てるものとする。これらの華人企業にはさまざまな焦点が当てられて分析がなされてきている。しかし，それらの先行研究は華人企業の特徴を一般的にとらえるものであったり，特定1カ国の華人企業を対象としたものであったり，個別の企業グループの研究であったりするものである。一般的にとらえた場合は，華人企業の特徴をその民族的な特徴で説明しがちであり，華人企業は押しなべて一様に説明されてしまっている。1カ国でとらえた場合は，当該国の華人企業を説明できても，他国との異なりは不明である。個別の企業グループの場合は，背景として当該国の説明が加味されてはいても，その分析は同一国の他企業グループや他国の企業グループに演繹できるものではない。これらの研究と異なる視

座を与えるものとして岩崎育夫（2003b）のものがある。これは華人企業の生成・発展要因や類型を各国の政治経済的背景や産業構造などの枠組みでとらえることを提唱し，香港・東南アジア・アメリカの3カ国・地域を事例として行われている。本書の研究の視座はこれに準ずるものである。

2．研究の目的

1997年7月に発生したアジア通貨危機は，華人企業が創業基盤や発展基盤を置いている国・地域（以下基盤国という）に大きな変動をもたらした。この変動は程度の差こそあれ，各国にさまざまな政治・経済的変革をうながし，現在にいたるも非常に流動的な状況にある。一方，華人企業の発展が程度の差こそあれ一様に基盤国の経済発展に大きく依存しながら行われてきたことを鑑みれば，このような状況が華人企業に大きな変革を余儀なくさせたことは当然のことと思われる。実際，この通貨危機は華人企業に大きな損失をもたらし，華人企業は存亡をかけた緊急の対応を迫られた。今後とも大きなプレゼンスを示すであろう華人企業の「次の一手」がどのように打たれたかを検討することは，華人企業の将来を推測する手がかりになると思われる。本書では，華人企業の「次の一手」を産み出したものを企業の事業特性ととらえ，それらを特定することを目的とする。

3．先行研究

華人企業をその「民族性」から説明する研究は多く存在する。これらの諸研究は華人の生来の特徴に焦点を当てるあまり，あたかも全ての華人企業が同一であるかのように分析がなされる傾向がある。しかし，華人の特徴として述べられている諸点は，必ずしも華人のみに見られるものではない。さらにいえば，居住する国・地域の異なりは政治経済的背景が異なっていることを意味しており，これらの要因を軽視した企業論は「ステレオタイプ」なものになりがちである。

それらの諸研究とは異なり，特定の1カ国を対象として行われた企業研究で華人企業に焦点が当てられているものがある。前述した世銀の『東アジアの奇跡』で分析された地域を対象として代表的なものをあげれば，タイの財閥を研究した末廣昭（1993）のもの，マレーシアのブミプトラ政策下の華人企業の対応を研究した原不二夫（1988）のもの，インドネシアの大企業の所

有と経営を研究した佐藤百合（1993）のものなどがそうである。これらの諸先行研究では特定1カ国内における華人企業の特徴を描き出しているが，当然のことながら他地域の華人企業には言及されていない。本書では，これらの諸先行研究を各国の華人企業の特徴を検討する際に都度参照するものとする。

個別の華人企業グループを対象として研究されているものは多くある。代表的なものをあげれば，末廣昭・南原真（1991）のCPグループ研究，アイリーン・シア（1994）や岩崎育夫（2003a）のクォク・ブラザーズの研究，佐藤百合（1992b）のサリム・グループの研究などである。本書では，これらの諸先行研究を各国の個別の華人企業の企業行動を検討する際に都度参照するものとする。なお，華人企業の経営内容は上場している一部の企業以外に公開されている資料は多くない。したがって，特に創業期や発展期の企業の様態は諸先行研究や新聞・雑誌資料に大きく依存しなければならない点は特記しておくべき事項である。

なお，本書の研究の視座を与えるものとして前述した岩崎育夫（2003b）のものがある。また，参考する諸先行研究は上記のものも含め，都度，注などの形式で明示する。

4．仮説

本書では華人企業の事業特性を検討していくために，基盤国ごとの視点と個別企業の視点の2点から検討を進めていくこととする。そのため，次の仮説を設ける。まず。基盤国の視点では仮説1：「華人企業グループには基盤国ごとに異なった特徴が見られ，それには基盤国の工業化政策と華人政策が反映されている」を設ける。次いで，個別企業の視点では仮説2：「個々の華人企業の事業特性には固有の特徴があり，この事業特性は企業の創業期・発展期を通して形成され，企業の存亡期においても普遍である」を設けて，個々の企業グループの事業特性を特定したうえで，その分類を試みる。

5．検証方法

仮説1の検証は第Ⅰ部において次の3段階で行なわれる。まず複数の基盤国を選定のうえ，その工業化政策の推移を検討し，次いで基盤国の華人政策を検討する。最後に華人企業がそれらの政策にどのように影響を受けながら

発展していったかの分析を行うことで，基盤国ごとの華人企業グループの異なりを抽出し仮説を検証する。

仮説2の検証は第Ⅱ部において次の3段階で行なわれる。まず複数の基盤国で代表的な華人企業グループを選定のうえ企業活動を分析する。次いで企業の創業期から通貨危機までの期間を対象にして事業特性を抽出する。最後に通貨危機後の事業再編や現状の事業展開に，それらの事業特性が反映されているかどうかを見ることで仮説を検証する。

6．論文構成

本書は2部構成とする。第Ⅰ部ではアジアの華人企業が，各国の工業化政策と華人政策の相互作用により台頭してきたことを論述する。そのため第Ⅰ部では3章を設ける。第1章では各国の工業化を検討する。工業化の流れを辿ることで，工業化政策の推移や工業化に資したプレイヤー達を概観する。特に，タイ，マレーシア，インドネシア（以下 ASEAN$_3$ とする）の工業化政策に関して比較検討を行う。なお，3カ国の選定基準は NIEs に引き続き工業化が進展し，かつアジアの通貨危機前まで経済が失速しなかった国として取り上げたが，この理由の詳細は後述する。第2章では，工業化に資した重要なプレイヤーとしての華人を検討する。ここでは，華人企業を分析する前段階として，華人を取り上げる。植民地時代の華僑から工業化時代の華人への変遷過程を対象に，かれらの置かれていた状況を概観する。また，ここでは ASEAN$_3$ に於ける華人政策の内容の比較検討も行うものとする。第3章では，工業化に資した重要なプレイヤーとしての華人企業を検討する。各国の工業化政策と華人政策を検討しながら，仮説1を検証するものとする。

第Ⅱ部では個別の華人企業グループを対象にその企業活動を分析し，その企業活動から企業グループの事業特性を個々に抽出する。本書で対象とする華人企業グループは ASEAN$_3$ の各国をその事業基盤国としているものであり，タイでは CP グループ（以下 CP とする）を，マレーシアではクォク・グループ（以下 KB とする）を，インドネシアではサリム・グループ（以下 SG とする）の3グループ（以下三グループとする）を取り上げる。これらの企業選定にあたっては，①地域特性については第Ⅰ部で取り上げた ASEAN$_3$ に事業基盤をおいていること，②金融などの特定業種に偏重せず多

方面に事業を展開していること，③多国籍展開をしていること，の諸条件が考慮されている。第4章，第5章，第6章の3章を設け，それぞれCP／KB／SGを対象とした企業活動を分析することで，その事業特性を抽出する。第7章では三グループの事業特性を定性的に比較分析するとともに，通貨危機以降の事業再編や新規事業が，抽出された事業特性に沿い行われているかどうかを観察することで仮説2の検証を試みる。第8章は三グループの代表的な諸事業を母集団として選定したうえで数量化2類のモデルを使用し，各グループを互いに最も判別できる分類項目を統計的に計算し，その組合せから分類軸を特定することで第8章で抽出された事業特性との整合性を検討する。

最後の終論では本書で検討されたものを取りまとめるとともに，三グループの基盤国の将来について特定の前提を設けたうえで彼らの今後の事業展開の予見を試み，さらに将来の研究課題を提示する。

7．定義など

- 華僑・華人・華人企業の定義は取りあえず次で定めたうえで検討をとり進める。

 華人：居留国の国籍を有している中国系人およびその子孫

 華僑：海外に居住している中国国籍を有しているもの

 華人企業：華人が資本と経営の両面で主導的な役割を果たしている企業

 居留国の国籍取得の有無で華僑と華人を区別することは意味があることであるが，国籍取得と同時に華僑が華人に変貌するわけではなく，特に，第2次大戦以後の工業化過程では，その時期を判然と区切ることは困難である。このことを鑑み，本書では特に断らないかぎり，原則として第2次大戦終了以前では「華僑」の呼称を用い，それ以降では「華人」の呼称を用いるものとする。

- 事業特性の説明

 本書では，企業グループの特徴を現すものとして「事業特性」という語句を使用する。企業の特徴を現す語句は分析する人の立場によりさまざまな語句が使われている。企業の特徴を「戦略」という語句を用いて表す場合がある。例えば，「商品差別化」戦略とか「ニッチ市場開拓」戦

略とか呼ばれるものがそうである。このような戦略とか路線と呼ばれているものは企業自身が意識して策定したものもあれば企業外部の観察者が名づけたものもある。戦略という語句を企業自らが意識しながら策定・履行していくものであるととらえた場合の例として河合忠彦[1]のものを取り上げれば次の通りである。「利益をあげ続けていく」必要性がある企業の経営戦略とは「企業を存続・成長させるための方策」であるととらえられ，「全体としての企業」についての「企業戦略」と個々の事業についての「事業戦略」と「競争戦略」に分けられる。このような戦略は企業が意図的に外部に公表しないかぎり，外部からは推測する以外に知る方法はない。その一方では，企業外部のマスコミを初めとする観察者が，企業グループの特徴を観察者の立場から型にはめてしまうものは数多くみられる。この場合，戦略の代わりに「路線」「流」「方式」などの語句が使用されることもある。また，一般的にいわれている「三菱らしい」とか「三井らしい」と表現されるものや「松下商法」とか「住友商法」とか表現されるものもある。このような語句や「何々らしい」という表現は直感に訴えるという意味では無視できないものである。しかし，語句そのものの意味合いや「らしさ」の意味合いを十分に説明しない（できない）まま使用されていたり，企業行動の一断片のみの観察で企業全体の特徴を断定してしまっていたりしているものもある。理論的に説明できないものは論外として，当の企業自体が意識する・しないに係わらず，外部から観察できる企業の特徴は存在する。例えば，佐藤百合が企業の基本的な特質をあらわすものとして「行動原理」[2]という語句を使用し，インドネシアのサリム・グループの行動原理を「市場支配追求」として明らかにしている。このように企業の特徴を表現する語句は多くあるが，本書でいう「事業特性」は，企業グループが自ら意識して構築した「戦略」や「路線」に加え，外部から観察された「らしさ」や「商法」など，および理論的に特定された「行動原理」を包含する概念として使用される。

注
1) 河合（2004）16-17ページ。
2) 佐藤（1992b）84-85ページ。

＃ Ⅰ 部

アジア華人企業グループの
発展とその背景

華人は全世界に3,838万人居住し，その約76.7％にあたる2,944万人がアジアに居住している。そのほとんどが東南アジアに分布し，インドネシア・タイ・マレーシアが上位3カ国であり，シンガポールがそれに次いでいる[1]。

　東南アジアでは，一部の居住国を除き，華人の存在はマイノリティとしてのものである。しかし，ほぼ全ての大手華人企業グループは，これらの国を事業基盤国として発展し，国内で有数の企業として成長を遂げてきたという事実がある。これは，華人企業のバイタリティが，この地域で最も顕著に出現してきたことを意味するものであろう。このことから，筆者は，華人企業のバイタリティ（成功にいたらしめた活力）が最も顕著に出現してきた地域は東南アジアであると認識したうえで，この地域を対象として，華人企業の検討を取り進めることにする。

表Ⅰ-1　華人の人口分布

国	人口（千人）	対総華人比率（％）	対域内華人比率（％）
総計	38,381	100.0	
アジア地域計	29,437	76.7	100.0
（ASEAN 小計）	27,532	71.7	93.5
インドネシア	7,566	19.7	25.7
タイ	7,053	18.4	24.0
マレーシア	6,187	16.1	21.0
シンガポール	2,685	7.0	9.1
ベトナム	1,264	3.3	4.3
フィリピン	1,146	3.0	3.9
ミャンマー	1,101	2.9	3.7
カンボジア	344	0.9	1.2
ラオス	186	0.5	0.6
ブルネイ	nil	nil	nil
日本	520	1.4	1.8
その他	1,384	3.6	4.7
米州計	6,970	18.2	100.0
アメリカ	3,376	8.8	48.4
カナダ	1,612	4.2	23.1
その他	1,982	5.2	28.4
欧州	1,022	2.7	100.0
大洋州	797	2.1	100.0
アフリカ	155	0.4	100.0

（出所）僑務委員会（2006）12-13ページ。

アジアの華人企業グループは，その創業初期のビジネスは多様な形態で開始されているが，その後さまざまな事業分野に進出することで，大企業グループを形成するにいたった。その企業発展は事業の基盤を置く国の工業化政策に上手く沿う形で行われた。一方，東南アジアの華人はシンガポールを除き民族的にはマイノリティであるがゆえに，各国の華人政策にも大きく影響を受けてきた。別な言い方をすれば，現在大グループを形成している華人企業は，各国の工業化政策と華人政策が相互作用するなかで形成されてきたものであるといえるのではなかろうか。

　一方，東南アジア諸国に目を転じれば，これらの諸国は全てが一様に発展してきたものではなかった。第2次大戦後，これらの諸国はさまざまな経緯を経て独立したが，東西冷戦に大なり小なり巻き込まれることになった。この中で，東西冷戦構造で直接戦場となった国家や政治的に混乱した国家は発展に出遅れることとなった。

　このように，各国はさまざまな状況に置かれていたが，シンガポールは韓国・台湾・香港と同様に，いち早くNIEsとして発展した。それに引き続いて，タイ・マレーシア・インドネシアが発展し，世銀のレポートでは「東アジアの奇跡」[2]と呼ばれた。しかし，それ以外の東南アジア諸国では内外の政治的な混乱が原因で発展が阻害されてしまった国もあった。このような諸点を考慮に入れ，本書では，検討の対象となる東南アジア諸国を絞り込むこととする。まず，華人企業が基盤国で事業の基礎を築いた60年代から70年代に国家が戦乱に巻き込まれているか，その影響を大きく受けていた国家は除外するものとする。この観点から，ベトナムはベトナム戦争の一方の当事者であったため除外した。また，ラオス・カンボジアも同様である。なお，ミャンマーは国内政情が常に不安定であり，十分な華人企業の活動が確認できないため除外した。次いで，工業化の観点から同時期に工業化が進展した国家を選択する。この選択では世銀のレポートで「東アジアの奇跡」を体現した国家・地域を参考にして，シンガポール・タイ・マレーシア・インドネシアを候補とした。なお，フィリピンは世銀レポートでいうところの「東アジアの奇跡」を体現した国ではなく，また，経済が70年代後半から失速してしまっているので除外した。最後に，「華人企業がマイノリティとしての存

在である」との観点を導入し，華人が最大の人口を占めているシンガポールを除外した。この結果として，タイ・マレーシア・インドネシアの3カ国（以下 ASEAN₃とする）が残ることとなり，これらの諸国を対象として本書を取り進めることとする。

この選別の過程を，GDP 成長率と GDP の推移という別の視点からとらえれば，次の通りとなる。GDP 成長率の推移は，図Ⅰ-1で示されるが，ASEAN₃は70年代以降，上下しながらも，ほぼ同じ傾向を示し，70年代から80年代前半にかけて概ね5-10％前後の伸びを示している。一方，シンガポールは70年台前半には10％を超える成長率を示しており，NIEs として先行していることが示されている。また，フィリピンは70年代後半から80年代前半にかけて失速してしまい，1984-85年には－7％に下落してしまった。GDP の推移は，図Ⅰ-2で示されるが，ASEAN₃は80年代以降，ほぼ同じ傾向を示している。ベトナムは一時的に1984年時点で482億ドルとタイの418億ドルやマレーシアの339億ドルを上回り，1987年時点で420億ドルとマレーシアの316億ドルを上回っているが，それ以後は大きく落ち込み1990年には80億ドルにまで減少し，90年代に増加傾向に戻したが，ASEAN₃には大きく水をあけられている。

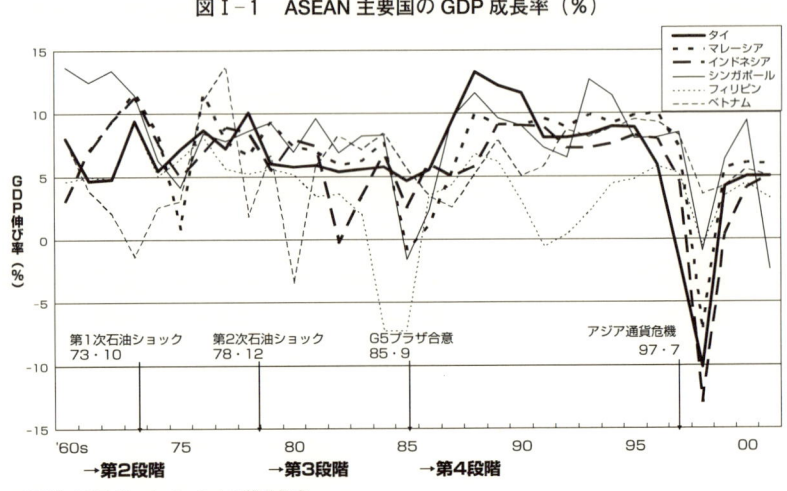

図Ⅰ-1　ASEAN 主要国の GDP 成長率（％）

（出所）IMF データベースより筆者作成。

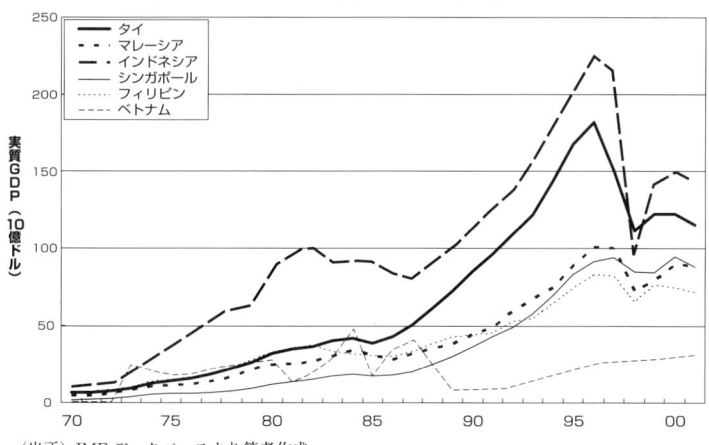

図 I-2　ASEAN 主要国の GDP（10億ドル）

（出所）IMF データベースより筆者作成。

　そのような華人企業を検討するにあたり，第 I 部では 3 章を設ける。まず，第 1 章では華人企業が発展を遂げてきた各国の工業化過程における工業化政策を検討する。次いで，第 2 章では第 2 次大戦後から華人企業が各国の工業化で主要な役割を果たすことになる期間を中心として，華人の置かれていた状況と各国の華人政策を検討する。最後に，第 3 章では華人企業が各国の工業化政策と華人政策の枠組みのなかで，制度や規制に制約を受けながらも，一方ではそれを利用して，台頭してきた様態を分析する。

注
1）僑務委員会（2006）10ページを参照されたい。
2）1993年 9 月に世界銀行が発表した『東アジアの奇跡（The East Asian Miracle）』（白鳥正喜監訳，東洋経済新報社，1994）では，日本・NIEs・インドネシア・マレーシア・タイの 8 カ国を「高いパフォーマンスを示したアジア経済地域（HPAEs：High Performing Asian Economies）」として，その発展要因を詳細に分析している。

第1章
工業化の軌跡

　東南アジア諸国の一部は，日本，NIEs に引き続き工業化が進展した。これは世界銀行報告の『東アジアの奇跡』に見られる通りである。この ASEAN₃の工業化は，「強いリーダーシップ」を発揮する政治指導者により，「工業化を是とする」体制のもとに実行された。ここでいう「強いリーダーシップ」とは「発展途上の自国を政治的，経済的，文化的など全ての面で向上させるために強い意志を持ち，国家運営を主導する指導権を発揮する」という意味で用いる。また，ここでいう「後発国」とは「第2次大戦後に，ヨーロッパ列強による直接的・間接的な植民地支配を離脱し，その時点で工業が十分に進展していなかった国」という意味で用いる。この意味において，タイは戦前から独立国であったが，イギリスの植民地経済に組み込まれていたことからこのカテゴリーに当てはまる。このような指導者たちによる政治体制は，独裁政権のもとで強権的な政治指導を行ったという側面を持つ。しかし，その一方では，その政治体制のもとで工業化が進展し GDP も増大していった。その結果として，国の豊かさを表す指標の1つである「一人当たり GDP」が着実に増加していったという側面も併せ持つ。なお，本書は，このような政治体制そのものの分析や，体制の位置づけや意味づけ，あるいは，体制の是非を論じることを目的とはしていない。各国の経済発展を概観することの目的は，あくまで，華人経済の発展を考察する一環として検討されるものである。なお，ここで概観する ASEAN₃の工業化過程は，第Ⅱ部で個別に企業活動が分析される「三グループ」の創業期・発展期である第2次大戦終了後から80年代までと，「三グループ」が企業改革を余儀なくされた時期である1997年の通貨危機発生時から2000年前後までを主な検討対象とする。

1.1. 東南アジア諸国の工業化概論

1.1.1. 独立の経緯

　現在 ASEAN を構成している東南アジア諸国はタイを除き，いずれもヨーロッパを中心とする西側列強の植民地であった。第2次大戦中に日本が一時的にこの地域を占領することがあったとはいえ，この地域は長期間にわたり植民地として位置づけられていた。現在の ASEAN 諸国における列強の植民地支配を概観すると，イギリスはマレーシア・シンガポール・ミャンマーを，オランダはインドネシアを，フランスはベトナム・ラオス・カンボジアを，アメリカはフィリピンを統治していた。また，タイは植民地ではなかったが，イギリスの植民地政策の一角に位置づけられ，典型的な植民地貿易を強いられた[1]。この列強による東南アジアの植民地支配は次に見られる通り，タイを除く全ての地域が植民地となっていた。

　このような状況下，東南アジア諸国は一次産品の生産国として，先進工業国である宗主国，および，宗主国の他の植民地に向けて砂糖・米などの農産品，およびスズ・ゴム・チーク材・石油などの工業用原材料品を輸出する一方で，それらの先進工業国からの工業製品を輸入するという「宗主国との分業体制」を強いられる「植民地貿易体制」[2] のもとにあった。鈴木峻[3] によ

図Ⅰ-3　東南アジアの植民地

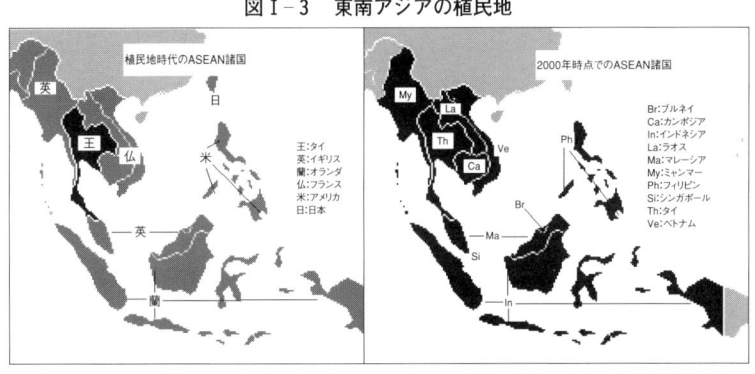

（出所）フリー百科事典『ウィキペディア（Wikipedia）』の「脱植民地化」の地図を筆者加筆修正。黒く塗りつぶされた部分は独立国，灰色の濃い部分は植民地を意味する。なお，対象は原則として東南アジア諸国・地域である。

表Ⅰ-2　東南アジア諸国の独立年表

独立年	国名	宗主国	備考
	タイ	無し	植民地支配は受けていない
1946年	フィリピン	アメリカ	日本の占領をアメリカが引継ぎ、その後独立
1948年	ビルマ	イギリス	ビルマ連合としてイギリスから独立、現ミャンマー
1949年	インドネシア	オランダ	1945年独立宣言後オランダとの独立戦争を経て独立
1953年	ラオス	フランス	フランスから独立
1953年	カンボジア	フランス	フランスから独立
1955年	ベトナム	フランス	1945年独立宣言後、フランスとの第一次インドシナ戦争を経て南・北分断、1976年に南北統合
1957年	マレーシア	イギリス	マラヤ連合としてイギリスから独立、現マレーシア
1965年	シンガポール	イギリス	マレーシアから分離独立
1984年	ブルネイ	イギリス	イギリスから独立
2002年	東チモール	ポルトガル	インドネシアから独立

（出所）外務省ウェブサイトなどより筆者作成。

れば，この国際分業関係論の基礎はリカードのお互いに得意なものを交換するのが望ましい交易関係であるとする「比較優位論」により与えられたものであるとしている。しかし，このような資源を輸出し工業製品を輸入するという交易関係では，工業化の進展は限られたものとなり，工業化が未発達なまま第2次大戦の終結を待つこととなった。

第2次大戦終了後に日本の占領が解かれたのを契機に，これらの諸国では旧宗主国からの独立気運が高まり，さまざまな経緯を経た後独立し，植民地経済からの脱却を図るために独自の工業化を目指すこととなった。このうち，インドネシアは旧宗主国であったオランダと，ベトナムは旧宗主国であったフランスと独立戦争を戦い独立を成し遂げた。マレーシアは旧宗主国であったイギリスと戦争はしなかったが，長い時間をかけて大英連邦の一員として独立を成し遂げた。そのようなさまざまな経緯を経た東南アジア諸国の独立年は表Ⅰ-2に見られる通りである。

1.1.2. 工業化の流れ

このような東南アジアの後発国の工業化は，「強いリーダーシップ」を発揮する政治指導者により，「工業化を是とする」体制のもとに実行された。この時期，東南アジア諸国が踏襲した路線は一様にナショナリスティックな

ものであった[4]。各国は，まず「自給自足」のための輸入代替工業化を進展させ，次いで「外貨獲得」を目指す輸出指向工業化を進展させた。このような共通する工業化政策がある一方では，各国の保有資源の種類やその多寡により，また，国内・外の環境の異なりにより多くの相違点もみられる。

　ここでは，まず工業化の共通点を概観した後で，ASEAN₃各国の固有の工業化を検討する。各国に共通する工業化の段階は，鈴木峻[5]によれば，ASEAN₃やフィリピンに共通してみられるとして工業化の段階を4段階に分けている。第1段階の輸入代替工業化では，各国は一次産品輸出や旧宗主国からの工業製品輸入に依存する植民地型経済からの脱却を図った。このため「自力更生路線」に固執し，さまざまな「関税障壁」や「非関税障壁」などの政策で国内産業を保護した。当初，この工業化はそれなりの効果をあげたが，国内市場が狭隘であったため，せいぜい5-10年程度で頭打ちになってしまった。このように自力更生が成功しなかったため，第2段階のより広い市場を求めた輸出を指向する輸出指向工業化に移行することになる。この段階では，IMFや世銀の指導する「経済建設プログラム」が提示され，それに沿いながら工業化を推し進めた。このプログラムの内容は，①インフラ投資に国家資本を集中する，②工業化は民間資本を中心とする，③技術と資本の絶対不足は外国資本の導入で補う，の3点である[6]。その結果として一応の工業化は達成された。しかし，1978年の第2次オイルショック前後の世界経済の停滞にともない経済が失速し，これまでの工業化が大きな成果を生んでこなかったことが露呈し，経済政策の転換を余儀なくされた。第3段階は「政策転換による」固有の工業化である。各国の経済の停滞情況にともない各国固有の政策見直しが実施され政策転換が迫られた。その後，1985年のプラザ合意により円高や韓国ウォン・台湾ドル高が進行したことで，日本を始め，韓国・台湾などのNIEs諸国では，自国製品の輸出競争力が低下した。このことから，それらの諸国で，製品や半製品の生産の一部を海外に移転するアウトソーシングの動きがでてきて，発展途上国への直接投資が活発化した。第4段階はこれにともなう「アウトソーシング」型[7]直接投資の工業化である。このような工業化に伴うASEAN₃の1970年代以降の経済成長は図Ⅰ-1のGDP成長率の推移にみられる通り，前述した各工業化の段階を

表すものとなっている。

　ASEAN₃の共通点は①各国とも2度にわたる石油ショックで何がしかの影響を受けたこと，②プラザ合意後に若干の時期のズレは見られるものの一様に伸び率が大きくなっていること，③アジア通貨危機後に一様にマイナス成長に陥ったこと，④その後急速に回復していることがあげられる。一方，石油ショック以降からプラザ合意にいたるまでの期間では各国のGDP伸び率の推移には異なった様態が見られる。これらは，ASEAN₃諸国の工業化過程に各国特有の事情（例えば，天然資源の種類やその多寡など）があったからであり，この点に関しては後述する。

　このような東南アジアで見られたような，各国に共通する輸入代替工業化から輸出指向工業化への推移は，ASEAN₃やフィリピンにのみ出現したものではない。末廣昭[8)]は，このような後発国が先進国をキャッチアップしていく工業化過程を，「遅れて工業化にのりだした国がとろうとする，そしてとらざるをえなかった工業化のパターン」であるとして，このような「キャッチアップ型工業化」には共通する特徴が2つあるとしている[9)]。①後発であるがゆえに先発工業国がすでに開発し使用しているさまざまな技術や知識の体系を利用できるという優位性をもつ，②後発であるがゆえに工業製品はその大半を輸入から始めなければならない。この「キャッチアップ型工業化」はASEAN₃において出現しているが，各国の置かれた状況によりさまざまな異なりが見られる。このことは各国の工業化の項において検討される。

1.2. 工業化のプレイヤーたち

1.2.1. 工業化の様態

　前述した通り，各国の工業化は強い政府の主導のもとで実施され，政府資本・民間資本・外国資本が調整されながら活用されたが，このため支配的な資本が台頭してくることになる。

　タイでは政府・民間・多国籍企業の3つの資本が台頭し「鼎の構造」

（Tripod Structure）が出現した[10]。この国内民間大資本には華人資本も分類されるが，「タイの場合，所有者がタイ国籍であっても，その大半はタイ人ではなく華人系企業」[11]との指摘もなされている。このことから，タイにおける支配的な資本は，政府と外国企業のものを除けば，ほとんどが華人系の資本であったということができる。なお，この「鼎」を構成する3つの支配的な資本がアジア諸国の工業化の担い手にもなっている[12]。

マレーシアの民間資本はブミプトラ政策（マレーシアの工業化の項で後述する）のもとで，マレー人（ブミプトラ）と非マレー人（非ブミプトラ）が明確に区別され，「マレーシア化」の名のもとで，非ブミプトラの資本がブミプトラに移転されるという現象が興った[13]。その結果として，民間企業のうちマレーシア人によって設立された企業は，①ブミプトラにより設立されたブミプトラ企業，②ブミプトラではない人びと，特に華人によって設立された非ブミプトラ企業，③もともと政府により部門や機関として設立され，後に民営化されたものに分かれている[14]。

インドネシアでは国内資本は①国家所有，②軍所有，③民間所有の3つに分けられ，さらに民間所有資本は中国人資本と土着資本に分けられる[15]。このように，インドネシアでは華人資本が民間資本として国家資本や軍の資本に対抗する存在として位置づけられている。

特筆すべきは，これらのASEAN₃を対象とした諸先行研究において，華人資本が支配的資本や有力資本としてその他の資本に対比される形で登場していることである。このような華人資本を含む支配的な資本の台頭には，華人企業のみならず，政治的リーダーシップを担うプレイヤーの存在や政策立案を担うプレイヤーの存在があった。

1.2.2. 政治的リーダーシップを担うプレイヤー

東南アジアの工業化には支配的資本が重要な役割を果たしていることは前述した通りであるが，その台頭にはそれを支えてきた政治体制があげられる。この政治体制では「工業化を是とする」考え方で国家が運営されてきたが，これは「開発主義」で裏付けされたもので，この政治体制は「開発独裁」（development dictatorship）とも呼ばれる[16]。このような「開発主義」

に基づく「開発独裁」体制でASEAN₃はもとより，アジア諸国のうち第2次大戦後に発展を遂げた国・地域は押しなべてこのような体制のもとで工業化を進展させた。このようなASEAN₃における開発の指導者は，タイではサリット（1958-1963年）やタノーム（1963-1973年）が，マレーシアではマハティール（1981-2003年）が，インドネシアではスハルト（1965-1998年）がそうであった。他のASEAN諸国においては，フィリピンではマルコス（1965-1986年）が，シンガポールでは人民行動党体制のもとでのリー・クアンユー（1965-1990年）やゴー・チョクトン（1990-2004年）が，その他のアジア諸国においては，韓国では朴正熙（1961-1979年）や全斗煥（1980-1988年）が，台湾では蒋介石（1947-1975年）や蒋経国（1978-1988年）があげられる[17]。これらの開発のリーダーシップを担った指導者たちは，全員がスムーズに政権交代できたわけではなく，政変・暴動などで国を追われたり，政権時の不正を理由に裁判に掛けられたり，暗殺されたりしている。タノームは亡命し，スハルトは裁判に掛けられ，マルコスは亡命し，朴正熙は暗殺され，全斗煥は死刑判決を受けたが後に特赦されている。

1.2.3. 実行を担うプレイヤー

　ここでいう「実行を担うプレイヤー」は，前述した工業化の実行部隊であり，①国営・公企業，②国内民間大企業，③多国籍企業の3つの支配的資本である。なお，岩崎育夫（1999）はASEAN諸国で活躍する資本タイプは4タイプあるとしている。これは華人資本の大きさを勘案したものであるが，①華人資本，②民族資本，③政府資本，④外国資本があげられている[18]。しかし，ここでは，末廣昭の分類に従い，3つの支配的資本のそれぞれを概観する。

　●国営・公企業：工業化を開始した後発国では，資本・人材・技術などすべてが不足していた。このような状況のもとで，各国政府は自国の必要とする産業分野へ政府自らが進出せざるを得ない状況が生まれた。タイでは，50年代にピブーン（Plaek Pibulsonggram）が「タイ人によるタイ経済」の確立を目指し，ラッタニョム運動（国家中心の経済運営）を展開し，国営企業法であらゆる経済分野に国営企業を進出させていた[19]。マレーシアでは，

ラザク政権下のマレー人を優遇するブミプトラ政策のもとでさまざまな公社が設立された[20]。また，その政策を引き継いだマハティール政権下では重工業化を促進する政府全額出資の公社が設立された[21]。インドネシアでは，スカルノ政権下でさまざまな国営企業が設立され，「国有化法」でオランダ資産が全面的に国有化された[22]。また，スハルト政権下で第1次石油ショックの影響で高騰した原油価格を背景とする潤沢な資金をベースに，スハルトの腹心たちによる大規模プロジェクトが国営企業を中心に設立された[23]。このような各国の異なりは次項以下で検討するものとする。

●国内民間大企業：植民地支配（タイを除く）を受けていた東南アジア諸国では，民間資本は十分発達しないまま第2次大戦が終結した。ナショナリズムが台頭するなかでの当初の工業化は，地場民族資本を優先し，華人資本は排除される存在であった。しかし，「もし東南アジアに資本家がいるとすれば，それは華僑企業家（原文のまま）でしかない」[24]という状況下，華人が登用された。なお，現在のASEAN₃の国内民間大企業の構成は，地場民族以外の現地資本があり，その様態は各国により異なりが見られる。タイでは，企業の所有者がタイ国籍であっても，その大半が華人系企業である。マレーシアでは，マレー系（ブミプトラ系）・華人系・インド人系に分かれる。インドネシアではインドネシア人系（プリブミ系）・華人系に分かれている[25]。

●多国籍企業：多国籍企業はすべてが不足していた東南アジア諸国に資本や技術に限らず市場をも供給する存在となった[26]。多国籍企業は「自社の利益が利潤の増加につながるならば，世界のいかなる地域にも進出し，そこで生産，販売，貸付を試みる」[27]存在であり，日本企業も大企業のみならず中小企業[28]までが，1985年のプラザ合意後に一斉に東南アジアに進出していった。このような多国籍企業は技術をコントロールし諸国間で分業を行っている[29]。このように進出していった多国籍企業（外国企業）は，東南アジアの豊富な資源や多くの人口をターゲットとして，この地域を原料供給の基地としたり，部品・製品の製造基地としたり，製品販売の市場としたりすることで，この地域を「世界の工場」「世界の市場」へと変貌させる役割を担い，各国の工業化を進展させ，経済を活性化させた。

●その他のバイプレイヤー：上記の直接実行部隊に加えバイプレイヤーとでも称すべき「実行を補佐するプレイヤー」がいる。これらは，外から助言，干渉，援助を行うプレイヤーたちで，IMFや世界銀行，ODA供与国などがそうである。これらのプレイヤーたちは，各国の工業化のプログラムを作成したり，資金を貸し出したり，資金を援助したりしている。これらの行為は，ある場合は，「開発指導者」にとり都合がいいように取捨選択され利用されたが，経済改革など強制力を伴う場合もあった。なお，これらの行動は各国の個別の工業化の項で触れていくものとする。

1.3. タイの工業化——農業資源に基づいたNAIC型の工業化

タイは植民地化されず独立国として戦後を迎えた。タイは豊富な一次資源をもとに，NAIC型（Newly Agro-Industrializing Country，新興農業関連工業国）の工業化を進めた[30]。

1948年から1957年に2度目の首相の座についたピブーンは「タイ人によるタイ経済」の確立を目指し，ラッタニョム運動（国家中心の経済運営）を展開し，国営企業法であらゆる経済分野に国営企業を進出させたが，この工業化は失敗に終わり，1958年に軍事クーデターで政権をとったサリット（Sarit Dhanarajata）政権が世銀の勧告を受け入れ，国家指導型から民間主導型の工業化へ180度の政策転換を行った。この産業投資奨励法[31]のもとで輸入代替型の工業化が進展し，一応の成功をおさめ多くの外国企業がタイに進出した。なお，この段階以降，アメリカ帰りの若手官僚や留学生が「経済テクノクラート」を形成し，マクロ経済政策を「聖域」として作成していくこととなる[32]。しかし，国内市場が狭隘であったため頭打ちとなり，そのため70年代から政府は輸出指向工業化政策に転換することとなる。

タノーム・プラパート政権は1970年に輸入関税を引き上げて国内産業を保護し，1972年に外国資本に対してより規制色の強い「投資奨励法」「外国企業規制法」「外国人職業規正法」を制定し選別的な外資政策へと転換し

た[33]）。この工業化では，農業を中心とする国内資源活用型および労働集約型の輸出産業に重点がおかれ，NAIC 型の工業化が進展した。国内資源活用型であるアグロビジネスでは，この時期に輸出向け農産品の多様化がはかられ（米→天然ゴム→タピオカ・トウモロコシ・砂糖キビ），同時に輸出向け一次産品の付加価値の高度化（ブロイラー・水産缶詰）が達成された。このようにタイは NAIC 型の工業化を歩むことになるが，これを推進したのは華人企業である[34]。しかし，農村部では商品経済が浸透することで，負債を抱えた農民が土地を手放して小作になる農家が増え不満が蓄積した。また，都市部では中間層に汚職の横行に対する憤りが高まった。この時期，日本に対する貿易赤字も急増し，1972年に学生たちを中心とする日本商品不買運動が起こった。1973年には民主化を求めるデモ隊に軍が発砲する「10月14日事件」が起こり，反政府運動が高まったためタノームは首相を辞任して国外へ亡命した[35]。この後，タイの政局は混乱し，選挙やクーデターが繰り返され，1979年にプレームが登場するまで，首相はサンヤー（Sanya Dharmasakti）⇒セーニー（Seni Pramoj）⇒ククリット（Kukrit Pramoj）⇒セーニー⇒ターニン（Tanin Kraivixien）⇒クリアンサック（Kriangsak Chomanan）⇒プレーム（Prem Tinsulanonda）と目まぐるしく入れ替わった。このような混迷した政治状況にも係らず，タイ経済が比較的順調に成長できたのは，民間企業が政府系金融機関からの融資や監督官庁の行政指導に依存しておらず政権交代の影響を受けなかったこと，および頻繁な政権交代が「経済テクノクラートの聖域」を護ったことがあげられる[36]。

1979年の第2次石油ショックの後，輸出が停滞するとともに一次産品の価格も下落し，急速に経済が低迷し不況に陥った。そのため工業化政策は調整色の強いものとなり，輸入関税の引き下げ，輸入品と国産品の差別的な事業税の修正，輸入規制や価格統制の緩和，輸出型・地方立地型・省エネ型産業への投資恩典，産業調整委員会の設置などの一連の施策が講じられた[37]。1982年以降では外資に対する大幅な規制緩和がなされ，1983年年初からは輸出指向（80％以上の輸出）の外資には100％出資が認められた。このことは，プラザ合意以降に外国資本（特に日本企業）がタイへ進出する契機をつくった[38]。

1985年のプラザ合意以降，急激な円高を背景とした日系企業を中心とする多国籍企業の工場進出に伴う直接投資が増加した。1988年に誕生したタイ国民党のチャートチャーイ（Chatichai Choonhavan）政権は，「インドシナの戦場を市場に」をスローガンとして掲げ，タイを大陸部東南アジアの経済センターにする政策を打ち出した[39]。大規模プロジェクトを許可し，外資導入を進めるために金融や産業の自由化を進めていき，投資ブームに拍車がかかった。しかし，公共事業の発注で汚職が横行し，1991年にスチンダー（Suchinda Kraprayoon）のクーデターが起こり，暫定的にアーナン（Anand Panyarachun）が，1992年にはスチンダーが首相に就任したが，同年の選挙で民主党のチュアン（Chuan Leekpai）が，1995年の選挙でタイ愛国党のバンハーン（Banharn Silpa-Archa）が，1996年の選挙で新希望党のチャワリット（Chavalit Yongchaiyudh）が首相に就任した。
　1997年7月に発生したアジアの通貨危機はタイを皮切りにアジアを席巻し，タイはIMFのプログラムを実行しオーバーキルの状態となった[40]。1997年11月にチャワリットが辞任し，チュアンが首相に再任されIMFのプログラムを実行していくこととなった。外資参入の促進では，1997年12月に投資委員会（BOI）が投資奨励企業を対象として，「タイ側出資者の同意があれば，外資の過半数出資を認める」布告を発表し，また，1999年10月には外国人事業法が改正され，規制業種が63項目から43項目へ大幅に削減された[41]。
　このような社会の変動[42]のなか，IMFプログラムの忠実な実行者であったチュアンの経済政策に不満がでてきて，選挙を経てタイ愛国党のタクシン（Thaksin Shinawatra）が2001年2月に首相に就任した。

1.4.　マレーシアの工業化──天然資源に下支えられた工業化

　マレーシアはマラヤ連邦として1957年8月31日にイギリスの植民地より独立をはたし，1963年9月16日にシンガポール自治領・サバ・サラワクを統合

したマレーシア連邦となった。なお，1965年8月9日にシンガポールは分離独立した。マレーシアは豊富な一次産品輸出構造の多様化（スズ・天然ゴム→原油・パーム油・木材）を並存させながら工業化を進めた。このような工業化は，豊富な天然資源の輸出に下支えされていた。すなわち，資源の輸出に伴う外貨の流入があったため，中間財や資本財の輸入が規制されず，過度の国産保護措置をとる必要性がなかった。このため，ハイコスト・エコノミーに陥ることなく，工業基盤が整備でき，後の工業化を有利に展開できることとなった[43]。

1957年にラーマン（Tunk Abdul Rahman）が初代首相となったマラヤ連邦ではイギリスの統治時代からのスズと天然ゴムを中心とする一次産品経済と工業化が並存してスタートすることとなった[44]。マレーシアでは鉱物資源や農業資源による豊富な外貨収入があったことから輸入制限が少なくてすむ工業化が進展した。輸入代替工業化は1958年に創始産業条例（Pioneer Industries Ordinance）が制定されたことによりスタートした。この政策では，世銀の報告書の提言した「関税による保護」ではなく，投資企業に対する「税控除」という方法が選択されたため，外資の新規参入に道を開くこととなった[45]。この工業化は成功し多くの華人企業が台頭することになるが，国内市場が狭隘であったため頭打ちとなり，1968年に投資奨励法（Investment Incentive Act）が制定された。

1969年5月13日にマレー人と華人の間で「人種対立事件」（May Thirteenth Racial Riots）が起きたことを契機に，ラーマン首相の民族融和の立場からラザク首相（Abdul Razak bin Hussein）のブミプトラ政策（Bumiputra Policy）へと構造転換が起り新経済政策（New Economic Policy, NEP）が実施された[46]。このNEPのもとで，1971年に自由貿易地域法（Free Trade Zone Act, FTZ）などが制定された[47]。また，FTZに加え投資奨励法で電子産業特別奨励措置（Special Incentive for Electronics Industry）が行われたことで，海外から半導体・IC産業が進出し，70年代にマレーシアは日本・アメリカに次いで世界3位の半導体輸出基地となった[48]。この政策は1971-1990年の20年間で経済的に立ち遅れているマレー人を近代的な活動分野である商工部門へ参加を促進することで，種族間の経済

的不均衡を是正しようとするものであったが，将来にわたり華人企業に大きな影響を及ぼし続けることになる。

1979年の第2次石油ショックの後深刻な経済不振におちいったが，この時期を政治面から概観すれば，ラーマンの政策を転換した第2代首相のラザクは1976年に病死し，フセイン（Hussein Onn）が第3代首相に就任したが1981年に辞任し，マハティール（Mahathir bin Mohamad）が第4代首相となった。マハティールは「ルック・イースト」（Look East，東方政策）を推進していくこととなる[49]。

マハティールは前政権の副首相兼商工大臣であった1980年に政府の全額出資でマレーシア重工業公社（Heavy Industries Corporation of Malaysia，以下HICOMとする）を設立していた。マハティールは首相就任とともにブミプトラ政策を継承し，1981年には前述した「ルック・イースト」を政策とし，1983年には「マレーシア株式会社政策」（Malaysian Incorporated Policy）と「民営化政策」（Privatization Policy）を導入した[50]。このような政策のもと，政府はHICOMを推進母体として重工業化を推進した。特に国産車プロジェクトのプロトン（Perusahaan Otomobil National, PROTON）には三菱自動車と三菱商事が資本参加しており，同社は1985年に初めての国産車であるプロトン・サガ（PROTON SAGA）の生産・販売を開始した[51]。

1987年以降から再び「外向きの工業化」に戻り，電気・電子産業を中心に付加価値の高い輸出産業へと工業構造を多角化させた[52]。この工業化を支えた政策は国家開発政策（National Development Policy, NDP）と1986年から始まった工業化マスタープラン（Industrial Master Plan, IMP）である。このIMP政策のもとでの第2次輸出指向工業化は，外資の積極的な投資と華人企業を含む国内民間投資を奨励するものであった。また，この時期はプラザ合意後の円高傾向と台湾・韓国の為替レート高と重なったため，それらの国・地域から輸出指向型直接投資が急増し，工業化を一挙に活性化させた。マレーシア経済はこの時期を境として急激な発展をみせた。

1997年7月に発生したアジアの通貨危機はマレーシアにも飛び火したが，マレーシアは非常手段[53]により危機を回避した。危機後，マレーシアは

IMFの政策パッケージを先取りする形で緊縮的な財政政策を続けたが、この政策は1998年半ばまで続き「IMFなきIMF政策」とよばれる[54]。このようにマレーシアは通貨危機をマハティール政権のもとで切り抜け、マハティール＝アブドラー体制が固まった。その後2002年にマハティールは退陣を表明し2003年10月にアブドラーが第5代首相に就任し現在にいたっている。

1.5. インドネシアの工業化——石油輸出に支えられたフルセット主義の工業化

インドネシアは日本の敗戦の2日後、1945年8月17日に独立を宣言した後旧宗主国オランダと戦争となり、独立は1949年まで持ち越された。独立戦争を戦ったスカルノ（Sukarno）は初代の大統領となった。なお、旧ポルトガル領であった東チモールは2002年5月20日にインドネシアから分離独立している。インドネシアでは大量の石油・ガスの輸出があったため、豊富な外貨収入と多国籍企業の投資の流入があり、「フルセット主義の工業化」[55]を推し進めることになった。しかし、スカルノの時期ではその工業化は単なる願望にとどまり進展は緩慢なものでしかなかったが、次代のスハルト大統領期に実体を持ちはじめた[56]。この工業化は「石油輸出に支えられ、同時並行的にさまざまな工業化が進展した」ので、工業化の段階はタイやマレーシアのものとは異なっている。

スハルトは1965年の「9月30日事件」[57]を契機として大統領として登場し、「フルセット主義」の工業化を本格的に開始した。この工業化はスハルトの「新秩序」（New Order, Orde Baru（インドネシア語），オルデ・バル）体制[58]のもとで進められていく。しかし、このようなスハルトの開発主義に基づく工業化政策を含む諸政策のために、スハルト政権は「その末期になると、剥き出しの暴力と成長の成果を貪る姿だけが目立つ国家へ転化した」[59]とも言われ、アジアの通貨危機後に崩壊することになる。

スハルトの工業化は「決定23号」を発布したことにより開始される[60]。

1973年の第4次中東戦争後の第1次石油ショックの影響で原油価格が高騰し外貨獲得が容易になったことで外資に対する規制が強化され，外国資本の進出は緩慢にならざるをえなかった61)。この時期の「フルセット主義」の工業化ではさまざまな産業が進展した。一方，政府も国営企業を進出させ民間企業にも介入した62)。このことで，主に華人企業が工業化に動員するために使われ，政軍と華人の共存関係が進むことになった。また，外国資本の進出にも関与し，政軍・華人・外国資本の共存関係も生まれた。しかし，このような工業化過程では，市場を軽視した輸入代替工業化の側面もみられ，結果的には小さな市場に多数の企業が参入し，国産化は輸入規制による価格上昇と相対的な品質低下を招き，ハイコスト・エコノミーを深刻化させていった63)。このような一部の特権層が開発の成果を掠め取る開発主義は，インドネシア語の汚職（korupsi）・癒着（kolusi）・縁故主義（nepotisme）の頭文字をとって「KKN」と呼ばれた。この風潮に不満を持った民衆が田中首相のインドネシア訪問を契機に噴出し1974年1月15日に「マラリ事件」が発生した。その後，政府は外資規制・華人規制・プリブミ優先策を打ち出し1994年まで継続されたが，実際に機能したのは外資規制のみであった64)。

　第2次石油ショックの影響で世界経済が停滞することになり，石油輸出が急減し，工業化の構造転換を余儀なくされた。政府は金融改革・税制改正・輸出振興・外国民間投資奨励・輸入／流通規制緩和で経済の活性化を図るとともに，工業化路線をそれまでの輸入代替一辺倒から輸出指向へと転換した65)。さまざまな産業が工業化され66)，それと同時に輸入規制の強化と輸入窓口の一本化（独占輸入）も実施され，クローニーとスハルト一族の利権となっていった67)。80年代以降では，政府の民間企業の活用に変化が興り，従来華人企業が利権の配分先であったが，むしろプリブミ企業家が優先されるようになった68)。それらの企業家はスハルトの長女シティ・ハルディヤンティ・ルクマナ（Siti Hardiyanti Hastuti Rukmana，通称トゥトゥト）や三男フトモ・マンダラ・プトラ（Hutomo Mandala Putra，通称トミー）などスハルトの実子や縁戚者である69)。1987年以降では，プラザ合意後の円高があり，日本・台湾・韓国ならびにNIEsの輸出指向型直接投資が急増し，「アウトソーシング型」工業化が進展し，工業化を一挙に活性化させた。

1996年スカルノの長女メガワティ・スカルノプトリ（Megawati Soekarnoputri, 後の第4代大統領）が野党民主党党首となり，政府がこの排除を図ったことからジャカルタで暴動が発生した（7月27日事件）。これがスハルト体制の「危機のはじまり」であった[70]。1997年7月に発生したアジアの通貨危機はインドネシアにも大きな影響を与えた。インドネシアはIMFにより強硬な政策パッケージを提示され，それが公表されたことで社会不安や治安が悪化した[71]。この緊急的なパッケージは華人企業に大きな影響を与える流通部門の規制や「ファミリービジネス」の既得権益の排除にメスが入るものとなっていたため，社会不安や政治不安が深刻化しスハルトの退陣（1998年5月21日）を早め，民主化の突破口となった。ポスト・スハルトでは，まず軍と与党を代表するハビビが副大統領より昇格し，次いで総選挙を経てイスラムを代表するワヒド（Abdurrahman Wahid）が1999年に大統領に就任したが短命に終わり，2001年7月にジャワを基盤とするメガワティが，次いで2004年10月にユドヨノ（Susilo Bambang Yudhoyono）が大統領に就任し現在にいたっている。

1.6.　東南アジア諸国の工業化のまとめ

　ASEAN₃の工業化は，政府主導の開発体制のもと経済政策が実施されたという共通点を持つ。これらの工業化は開発独裁の体制のもとで推し進められた。これらの工業化を主導したのは，タイではサリットであり，マレーシアではマハティールであり，インドネシアではスハルトであった。ASEAN₃各国では第2次大戦後に輸入を代替する工業化が行われたが，市場が狭隘であったため失速し，一様に輸出指向型工業化へと転換が図られた。各国は国の資源の種類やその多寡が違っており，そのため工業化の様相は異なったものとなった。

　各国の工業化政策は，時々の世界経済の動向に大きな影響を受けながら，その国の政治指導者により，天然資源の種類や多寡を考慮されながら方向付けがなされた。

　①タイでは豊富な農業資源を活用するNAIC型の工業化が進展した。

②マレーシアでは鉱物資源や農業資源による豊富な外貨収入があったことから輸入制限が少なかったためハイコスト・エコノミーに陥ることなく工業化が進展した。

③インドネシアでは豊富な石油関連資源で外貨を獲得する一方で，フルセット主義による政府主導の重工業化も進展したが，これらの産業を保護するために輸入制限がなされたことでハイコスト・エコノミーの様相を呈するにいたった。

　この工業化の過程では，各国とも第1次石油ショックや穀物の国際価格の変動に大きな影響を受けた。また各国とも，第2次石油ショック以後の世界的不況に巻き込まれ，そのために政策転換を迫られた。この時期では各国とも再び輸出指向工業化にむけて経済政策を転換したが，これらの政策は規制を緩和し，外資を誘致するものでもあった。このことが1985年のプラザ合意以降の急激な円高を背景とする日系企業中心の多国籍企業の工場進出に結びつき，多国籍企業の直接投資が急増することとなった。

　ASEAN$_3$各国はこの時期を境として急激な発展をみせることになる。しかし，1997年7月に発生したアジアの通貨危機はタイを皮切りにアジアを席巻し，各国ともその対応に追われることとなった。タイではIMFのプログラムを実行しオーバーキルの状態となった。マレーシアではマハティールが外貨交換停止などの緊急措置をとることで危機を回避した。インドネシアではIMFの支援を受けることになったが，これは既得権益にメスを入れるものでもあり，スハルト退陣に結びつくものでもあった。このようなASEAN$_3$の工業化のもとで華人企業は各国独自の進展をすることとなるが，これは第3章において検討するものとする。

注

1) 恒川 (1994) 114ページ。
2) 同上。
3) 鈴木 (2002) 91ページ。
4) 恒川 (1994) 115ページ。
5) 鈴木 (1997) 19-27ページ。
6) 鈴木 (1997) 22ページ。

7）渡辺（1994）28ページ。製品・半製品を海外調達するための投資で，その大部分が日本・NIES向けである。
8）末廣（2002a）4ページ。
9）同上書5-6ページ。
10）Suehiro（1989）pp.277-283，及び，末廣（2002a）154-164ページ。1947-73年のタイ経済を支えたのは，①国営・公企業（State-owned & Public Enterprises, Military-involved Firms），②国内民間大企業（Thai Financial Congromerates, Industrial Groups, Agri-business Groups），③多国籍企業（Multinational Manufacturers, Transnational Trading Corps, Transnational Bankers）である。この3者間のダイナミックな「強調と競合」の関係は「鼎の構造」（Tripod Structure）と称される。
11）末廣（2002a）157ページ。
12）同上書154ページ。
13）原（1988）178-179ページ。この移転状況を示した図表「株式会社の資本構成」の分類項目では，まず，マレーシア居住者と外国居住者に大分類され，マレーシア居住者がさらにマレー資本と「その他居住者」に分類されている。マレーシア居住者の「その他居住者」が華人を指すと理解すれば，1970年時点で，マレー資本1.9％・華人資本37.4％・外国居住者資本60.7％となり，この時点では，華人資本と外国資本が有力民間資本となっていることが示されている。
14）原（1994）vページ。
15）ロビソン（1987）4-5ページ。政治の中心的な特徴は「国内資本と外国資本」「土着資本と中国人資本」「商業資本と産業資本」の諸要素間の紛争であり，インドネシア政治のおもな争点は資本蓄積の条件をいかに提供するか，対立する諸資本勢力の争いにいかに介入するかにあった。
16）開発主義に関しては多くの研究がある。「開発」は特定の国家目標に向けて国民を動員していく基本的なスローガンに据えられた政治イデオロギーであり，「開発主義」（developmentalism）は「個人や家族あるいは地方社会ではなく，国家や民族の利害を最優先させ，国の特定目標を実現するために物理的人的資源の集中動員と管理をおこなう方法」である（末廣（1998）18ページ），開発主義は「権力が国家や社会の価値目標，あるいは政治イデオロギーとして掲げるもので，開発資源を上から絶対化する考え方」（岩崎（1998）116ページ），「開発独裁という概念は，経済発展によって正当化を担保する政治権力を指す概念である」（藤原（1992）328ページ）。
17）岩崎（1998）117ページを参照されたい。人物名の後の括弧内は在職期間。同書ではシンガポールは人民行動党体制となっており，118ページの表でリー・クアンユーとゴー・チョクトンが示されている。
18）岩崎（1999）75ページ。

19) 恒川（1994）116ページ。
20) 鳥居（2002）132-133ページ。
21) 鳥居（2002）147ページ。
22) 鈴木（2002）103ページ。
23) 佐藤（2002a）73ページ。
24) 岩崎（1999）72-73ページ。登用された理由：①権力者は形式上華人企業を排除したが，輸入代替型で生まれた国内市場での巨大な利権獲得を狙って華人資本を利用した，②華人資本は権力者にとって，政治力に繋がることのない「都合のよい」存在であった，③民族資本が未成熟で，政府資本も開発に参加することなく，外国資本を制限した国では，華人資本家以外の資本家はいなかった。
25) 末廣（2002a）157ページ。
26) 本書では，多国籍企業の意味を広義にとらえ，国連多国籍企業委員会の定義——多国籍企業とは少なくとも2つ以上の国において製造やサービスの供給をおこなう全ての企業——を準用する（UNDESA（1973））。
27) ヴォーゲル（1993）18ページ。
28) 西川（1991）38-42ページ。日本企業は①中小企業型であり，②資源関連産業が多く，③合弁形態が多く，④技術集約度は一般に低いという特徴を持つ。
29) アンドレーフ（1990）「日本語訳への序」(3)ページ。
30) 末廣・南原（1991）24ページ。
31) 若松（2003）106ページ。この一連の政策は1959年の投資委員会（BOJ）設立，1960年の投資奨励法制定，1961年からの第一次国家経済社会開発計画の策定である。
32) 浅見（2002）38-39ページ。
33) 鈴木（2002）130ページ。
34) 末廣（1987b）91-92ページ。タイのアグロビジネスの特徴は①ほとんどすべてが輸出向け農産品（コメ，タピオカ，ゴム，砂糖，タバコ葉）や畜産品（ブロイラー・チキン）によって占められていること，②同一の資本が農産品の加工・製造部門（精米，タピオカ加工，ゴム燻煙，製糖，搾油）から貯蔵・搬送を経て輸出にいたる段階まで支配・統合していること，③加工部門の生産技術とシッパーのレベルで外国資本との結合，あるいは合弁企業形態がみられることである。
35) 浅見（2002）43ページ。
36) 同上書48ページ。
37) 恒川（1994）120ページ。
38) 鈴木（2002）135ページ。
39) 若松（2003）118ページ。
40) 下村（2001）79-83ページ。タイの危機の概要は同書を参照されたい。
41) 東（2002）17-25ページ。タイの通貨危機後の法整備に関しては同書を参照された

い。
42) 危機は貧困層と社会的弱者を直撃し「人間の危機」を生みだし，タイ社会に2つの異なった反応を生じせしめた。これは①大都市の知的エリート，市民層を中心とする政治改革の動きと，②農村を基盤とする農本主義への回帰である。例えば，農本主義の動きではNGOにより進められた「農民の債務返済繰り延べ」運動があり，後に政権を握る愛国党の党首タクシンの公約ともなった。（下村（2001）82ページ）。危機がインフォーマルな大衆の活動を活発化させたことで，タイはよりオープンな社会に移行していき，4つの活動家グループ（都市市民社会活動家・ビジネスマン不満層・地方活動家・体制内急進派）により主導されている（Pasuk and Baker（2000）pp.230-236）。
43) 小野沢（1994）137ページ。
44) 小野沢（2003）130ページ。一次産品の輸出を他の原料・素材である原油・パーム油・木材に拡げ，80年代には液化天然ガス（LNG）も加えた。その結果として，80年代までにマレーシアは天然ガス・スズ・パーム油・南洋材・コショウと多くの分野で輸出量世界一を誇ることとなった。
45) 鈴木（2002）140ページ。このような外資優遇策がとられたため，日本・アメリカ・イギリスなどの外国資本による家電製品・自動車組立・化学品・食品などへの投資が始まった。
46) 萩原（1996），ivページ。人種対立事件を契機に，ラーマン首相の民族融和の立場からラザク首相のブミプトラ政策への転換が起き，マレーシアは政治・経済・社会の多方面において構造的転換が始まった。ラザクは1970年に第2代首相となり，①国民戦線をつくり政権基盤を強化するとともに，②1970年から90年までの間にマレー人の商工業への参入を拡大するための新経済政策を実施した。
47) 鳥居（2002）132-133ページ。
48) 小野沢（1994）138ページ。
49) 萩原（1996）169-170ページ。マハティールは1981年12月15日に日本と韓国の発展様式はマレーシアの経済開発に適しており，両国への関心はバランスのとれた世界観の形成を可能にするという主旨の発言をした。この発言がのちに「ルック・イースト」と呼ばれることになる。
50) 鳥居（2002）147ページ。
51) Proton社のウェブサイト（2006年11月3日現在：http://www.proton.com）を参照されたい。
52) 小野沢（2003）132ページ。
53) 下村（2001）87-89ページ。1998年9月にマレーシア政府はきわめて異例な措置である為替相場の固定化と短期資金移動の凍結を実施した。このことは国際社会から厳しい批判を浴びたが，その一方では，危機を回避することには成功した。

54) 中村（1999）325ページ。
55) 三平（1992）2ページ。「フルセット主義の工業化」はナショナリズムに基づいた工業化であるが，国民が必要とする財貨・サービスはすべて自給自足することを念頭に，あらゆる業種の川下から川上までの生産工程を国内に構築することを最終目標としたもので，消費財からその部品，その他中間投入財，機械，その他生産財にいたるまでの生産工程を築きあげようとするものである。
56) 三平（1992）9ページ。
57) 白石（1997）104ページ。1965年に「9月30日事件」が勃発し，同年10-12月にはおよそ40-50万人が殺害されたというが，これにより共産党は解体され，スカルノの指導民主主義体制（Guided Democracy）も崩壊した。この後，国内では混乱状態が続いたが，最終的にスハルトが事態を収拾させ，1966年3月11日にスカルノよりスハルトへ大統領の権限が委譲された。
58) 同上書137ページ。スハルトの新秩序体制は「安定」と「開発」を国是としたものである。国軍と内務省が中心となって国民統治・国民監視の機構を作る。公務員は与党ゴルカル（Golongan Karya=GOLKAR）への参加，大政の翼賛を義務付けられる。政党は骨抜きにされ，労働者・農民・行商人・学生などの社会勢力は「非政治化」されて政治過程から排除される。テクノクラット＝エコノミストが「合理的」経済開発政策を立案・実施しマクロ経済運営をおこなう。世界銀行，日本などの援助，国内・海外からの民間直接投資，石油ガス収入をもとにした政治資金の投入によって経済が拡大し，工業化が進展し，米の自給が達成され，雇用が創出される。そしてこれが更なる政治安定に寄与し新秩序に対する国民の正当性信仰を培養する。
59) 岩崎（2001）88ページ。
60) 三平（1995）203-207ページ。この政策は正式には「経済・財政・開発の基本政策刷新に関する暫定国民協議会決定1966年3月」と呼ばれ，その内容は①経済活性化のため統制・官僚主義，および国営企業の経営集中を排除する，②短期安定復旧計画に専念し，その後に長期開発に取り組む，③中央政府の赤字財政を排除する，④輸出を増強する，⑤新規参入の労働力を吸収する経済成長を達成する，⑥開発計画の財源に国内財源からの資金と外国借款をあてる，⑦外国民間資本に門戸を開放する，⑧長期開発の優先分野を農業・インフラ・鉱工業とする，⑨地方開発のための交通網復旧改善と地方分権を行うことであり，これらの一連の政策はスハルト政権の経済政策の枠組みを規定したものである。
61) 鈴木（2002）107ページ。それらは①外資は10年以内にはプリブミに51％の株式を譲渡すること，②外国人は主管者を除き3-5年以内に帰国すること，③投資分野の制限を強化すること，④タックス・ホリデーなどの優遇措置を削減することである。
62) 佐藤（2002a）75ページ。重要案件はスハルトの意向を汲んだ石油公社プルタミナの総裁イブヌ・ストウ，「戦略産業」担当のハビビ（Jusuf Habibie，後の第3代大統

領）技術担当国務大臣，スフド工業大臣などが主導した。
63) 小黒（2003）155ページ。
64) 佐藤（2002a）75-76ページ。
65) 三平（1995）229ページ。
66) 佐藤（1995a）335ページ。輸出一次産品が多様化し，その加工度も向上し，労働集約財の輸出が急増したことにより，非石油輸出が5割を超えるにいたった。
67) 鈴木（2002）116ページ。例えば国営製鉄会社クラカトウ・スチール（Krakatau Steel Mill）の保護のため，輸入鋼材は集中管理され，同社に指定品目の独占輸入を認めた。このため，国内の線材メーカーは国際価格の30％も高いビレット（鉄鋼半製品）を同社から購入することとなった。これ以外にも，総代理店制度が導入され，自動車関連産業・重機械・電子機器・家電の4業種を対象に1業種1代理店制となった。
68) 佐藤（2002a）79ページ。
69) スハルトの実子は6人おり，トゥトゥトとトミーに加え，長男シギット（Sigit Harjojudanto），次男バンバン（Bambang Trihatmodjo），次女ティティック（Siti Hediyati Hariyadi）三女マミー（Siti Hutami Endang Adiningsih）である。なお，カタカナ表記のものは通称である。
70) 佐藤（2002a）82ページ。
71) 下村（2001）83-87ページ。このパッケージはインドネシア経済の構造改革を行わせしめるもので，流通自由化は①食糧庁ブログ（Badan Urusan Logistik, BULOG）による食料品（砂糖・小麦・大豆・ニンニクなど）の取引および輸入独占の廃止，②大統領三男トミーによる丁子取引の独占廃止，③小売分野への外資参入の自由化などであり，また，ファミリービジネスの既得権益排除は，トミーの「国産車」プロジェクトに対する優遇税の廃止などである。

第2章

華人の台頭
―― 落葉帰根から落地生根へ

　第1章ではASEAN₃を主たる対象として，東南アジア各国の工業化の進展状況を概観した。それらの国の経済発展には，形の違いこそあれ強いリーダーシップを発揮した政治指導者により国家の開発が優先される開発独裁体制のもとで実行に移された。この開発独裁体制のもとでの工業化過程では，国営・公企業，国内民間大企業，多国籍企業の3つの支配的資本が重要な働きをしたが，そのなかでも国内民間大企業，とりわけ，華人企業が大きな役割を担っていた。
　本章では，この華人企業を産みだした華人に焦点を当てるものとする。なお，「華人」という単語は，それを使用する人たちの立場によりさまざまな使われ方をしている。その一方では，一般的な日本人にとり，華人という単語は現在でも耳慣れない言葉であり，「華僑」という単語がしばしば常用されている。本章以下では，特に断らない限り，居留国の国籍を有している中国系人およびその子孫を「華人」と呼称する。また，海外に居住し中国国籍を有しているものを「華僑」と呼称する。また，台湾・香港・マカオに国籍や居住権を有する人びとを，それぞれ「台湾人」「香港人」「マカオ人」と呼称する。なお，これらに該当する全ての人びとと「中国本土に住む中国人」を取りまとめて「中国系人」と呼称する。
　本章では主として東南アジアの華人，とりわけASEAN₃の華人について検討をおこなう。まず，概論として①さまざまな華人の定義のレビューをおこない，②その定義のもと，華人がどのように特徴付けられているのかを分析し，次いで，植民地時代に華人（華僑）が置かれていた状況を移民送り出し国であった中国と，受入国であった東南アジアで概観する。さらに

ASEAN₃の華人に焦点をあて各国の華人政策を時代背景とともに検討する。なお，ここで概観するASEAN₃の華僑・華人の歴史は，ASEAN₃において華人企業が台頭してきた時期と同調させて検討するものとし，概ね第2次大戦前後から中国との国交が開始ないしは再開される時期までとする。最後に，本章のまとめとともに新たな華人の定義を提示する。

2.1. 東南アジア華人概論

　東南アジアの華人は，当初移民として東南アジアに移住し（移住させられ），多くは植民地の労働者として出発した。やがて，その中から植民地政府の役人に就くものや小事業を興すものなどが現れ，各国が独立を果たした（タイを除く）後の工業化過程では重要な役割を果たすことになった。

　東南アジアにおいて政治面で表舞台に登場した人物をみると，そうそうたる華人ないしは華裔（中国人の末裔）の人脈を垣間見ることができる。例えば，タイの歴代の首相を1980年以降1996年までで見れば，プレーム⇒チャートチャーイ⇒アーナン⇒スチンダー⇒チュアン⇒バンハーンであるが，アーナンを除けば，全員に華僑の血が流れており[1]，また，直近で見れば，2006年11月時点で亡命中の前首相のタクシンもそうである。フィリピンの元大統領であるアキノ（Corazón Aquino）はフィリピンの華人財閥であるコファンコファミリー一族（Cojuangco family）の出身である[2]。インドネシアの元大統領であったワヒドは「自分自身は"中国系"である」と1994年のインタビューで述べたが，そのルーツはチャンパ王朝時代に遡れば先祖は中国人と通婚していたとのことである[3]。華人がマジョリティを占める国家であるシンガポールでは歴代の首相は全て華人である。初代のリー・クアンユー（Lee Kuan Yew，李光耀），2代目のゴー・チョクトン（Goh Chok Tong，呉作棟），2006年現在首相である3代目のリー・シェンロン（Lee Hsien Loong，李顯龍）などがそうである。

　現在，華人の人口は3,800万人と推計され，その大部分は東南アジアに居住している。その状況は表Ⅰ-3に示す通りであるが，華人人口比率が高い順に，63％を占めるシンガポール，次いでマレーシア25％と続き，以下11％

表 I-3 華人の人口比率

国	総人口 (百万人)	華人人口 (千人)	華人人口比率 (%)
インドネシア	220.1	7,566	3.4
タイ	63.7	7,053	11.1
マレーシア	24.9	6,187	24.9
シンガポール	4.3	2,685	62.9
ベトナム	83.1	1,264	1.5
フィリピン	81.6	1,146	1.4
ミャンマー	50.0	1,101	2.2
カンボジア	13.8	344	2.5
ラオス	5.8	186	3.2
ブルネイ	0.4	nil	nil

(出所) 各国の人口：JETROデータベース「ASEAN各国の経済力比較（2004年）」。
華人人口：『中華民国94年僑務統計年報（2005年版）』。

のタイ，3.4%のインドネシアとなっている。また，華人人口を大きい順に示せば，インドネシアが750万人あまりと最大の華人人口を抱えており，次いでタイの700万人，マレーシアの620万人と続き，シンガポールは第4位の270万人である。

2.1.1. 華人の定義と特徴（先行研究）

前述した通り，「華人」にはさまざまな定義が存在する。ここでは，まず，先行研究によるさまざまな「華人の定義」に言及するとともに，それらの研究で「華人の特徴」がどのように表記されているかを検討し，「見るものの視点」によりさまざまに定義されていることを提示する。

2.1.1-a. 先行諸研究（華人に関する定義など）

ここでは，先行研究における華僑・華人の定義を検討する。日本では華僑と華人の使い分けに関して次に述べる游仲勲のものが一般的に拡がっていると思われ，本書もそれに準拠している。しかし，特に英語で書かれた論文は"ethnic Chinese"と"overseas Chinese"の使い分けに関して厳密にされないまま記述されているものもある。通常，"ethnic Chinese"は華人，"overseas Chinese"は華僑と翻訳され，本書もそれに準拠するが，以下で検討する英語文献のものでは混乱を避けるために敢えて翻訳せず原文表記を

そのまま示すことを原則とする。但し，文意が明らかな場合は翻訳語として，適宜，華人・華僑を使い分けるものとする。

　日本における先行研究は数多くあるが，本書でも華人の定義を準用した日本の華人研究の草分け的存在である游仲勲[4]のものは，中国生まれで中国語（方言を含む）を話し中国籍を持つ一世を「華僑」とし，居留国生まれで居留国語と方言を含む中国語を話し居留国籍を持つものを「華人」としている。游仲勲のものは「居留国の国籍を持つ」というキーワードに加え，使用言語にも重点が置かれている。中国語には多くの方言があるが，それを含めた中国語を話すということが定義の一部に見られることに特徴がある。

　なお，日本における華人企業の研究は，香港や台湾をその対象に含むことが多く，とかく華人の定義が曖昧になりがちであるが，それと一線を画すものとして，林華生は華裔（Chinese Descent）という言葉が慣例として「両岸四地」以外のところに散在している世界各国の華僑・華人のことを意味していることから，「華人」（ethnic Chinese）を海外居住国の国籍を持つ華裔・華族のことを指すと定義している[5]。華僑が居住国の国籍を取れば華人となり，また，華人の家庭に生まれればその子々孫々も当然華人となる。林華生のものは「華裔」の定義から始まり「両岸四地」の検討を踏まえたうえで，国籍をもとに華人が定義されている。なお，「両岸四地」の華裔を慣例的に華裔と呼称しないことから，従来地域的にその帰属が華人であるかどうかが判然としていなかった香港・マカオ・台湾の中国系人を華人の定義から明確に除外していることに特徴がある。

　次に，華人の定義がさまざまになされている現状から，その混乱の要因を明確にした岩崎育夫[6]のものを取り上げる。東南アジアの「華人」をめぐる呼称が複雑なのは，華人を見る座標軸が3つ（①歴史の縦軸，②現代世界の横軸，③歴史的空間を超えた民族軸）あり，各自がそれぞれの関心に従って相互に関連無く使っていることに原因があるとし，原理的には②の呼称がもっとも正しいとする。なお，同一国家内のサブ・グループを扱う場合，種族特性を浮かび上がらせる必要性があることから「中国系何々人」と呼称することを示唆し，この軸に沿って，東南アジアに居住する彼らは自らを「華人」と呼んでいることから，華人の定義を「海外社会の中で，自ら華人と自

覚し，他者からも華人とみなされている人びとを「華人」であるとしている。岩崎育夫のものは国籍がどの国に帰属しているかに重点を置いたうえで，自らのアイデンティティと他者からの目を加味し華人を定義し，「自他共に華人と認める」ものを華人としていることに特徴がある。

　日本では華僑と華人の混同がみられることは前述した通りであるが，最後に，日本における初期の研究において，その点を明確に区別した戴国煇[7]のものを取り上げる。戴国煇は先ず華僑を「移住当時中国領土の地域より外国領土に移住した中国人，あるいはその子孫の外国領土に居住する人たちで，中国籍を保持している者，ただし中国当局もしくは公的または私的機関によって派遣されて外国に駐在・居留する外交官，駐在員，研修生・留学生およびその家族は含まない」と定義したうえで，現住国の市民の一部である華人系住民（かつての華僑と華裔）とが区別されている。この論文が書かれた時点では，日本において「華僑」という語句が東南アジアに居住するすべての中国系住民に対し使われており，そのような誤解を招かぬよう，まず，「華僑」の定義を先行させていることに特徴がある。

　日本における研究と同様に海外における先行研究でも華人の定義にはさまざまなものがある。ここでは，まず，"The encyclopedia of the Chinese overseas" を編纂した Lynn Pan[8] のものを取り上げる。Lynn Pan は華人に対しての明示的な定義はおこなってはいないが，中国人の多様性の1つのカテゴリーとして「overseas Chinese」を位置づけている。この多様性は，中国に住む中国人をサークルの中心に位置づける4つのサークルで表現されている。まず中心となる内側のサークルAには，中国に住む中国国籍の中国人が位置づけられる。それを取り巻く2番目のサークルBは4つで構成されている。それらは①海外に住む中国国籍を持つ中国人で，その多くが大志を抱いた移民である，②中国国籍の海外留学生，③台湾に住み自らを台湾人であると考えている中国人（彼らの全ては中華民国の国民である），④自らを香港人と呼ぶ香港特別行政区の中国人で構成される。このサークルBの中国人が帰化すれば外側のサークルCに移ることになる。このサークルCが「overseas Chinese」に該当するものである。このサークルの中国人は「ハイフン付の中国人」（hiphenated Chinese, 例えば Sino-Thai や Chinese

American など）で呼ばれる。彼らの出自は中国人であるが，非中国国籍であることや（居留国への）政治的な忠誠の義務から，先祖伝来の忠誠心は崩壊してしまっている。一番外側のサークル D には「通婚やその他の理由で他民族に溶け込み，自らを中国人と呼ばなくなった現地に同化してしまった中国人を先祖としているもの」が位置づけられる。Lynn Pan のものは本土に居住する中国人の拡散状況を基にして中国系人の人びとを分類しているが，この拡散状態は中国からの距離的な乖離を指すものではなく，国籍に重点をおいたうえで生活基盤の土着化度合や精神的乖離状態も含んでいるものとなっていることに特徴が見られる。本書の華人に該当するものはここでいう"overseas Chinese"である。

次いで，東南アジアの華僑・華人研究の先駆者的存在である Wang Gung-wu（王賡武）[9]のものを取り上げる。Wang Gungwu は英単語の"overseas Chinese"の使用方法の変遷について次ぎの指摘をしている。"overseas Chinese"は一般的な中国語では「華僑」(huaqiao) と翻訳され，これらの単語は通俗的に漠然と海外に居住する中国人のことを意味してきた。しかし，近年になり「華僑」の意味は外国に居住する中国国籍の保有者を指すようになった。外国国籍を持つ中国人の末裔については，より一般的に外国籍華人（weiji huaren）あるいは国籍を明らかにする緬華（Mian-Hua, Burmese Chinese）や馬華（Ma-Hua, Malaysian Chinese）などが使われている。英語語句の"overseas Chinese"（"the Chinese overseas"や"the Chinese abroad"も含む）は「華僑」(huaqioa) とは翻訳せず，中国語では「海外華人」(haiwai huaren) と翻訳される。これは「華僑」の語句に暗示される政治的・法律的な意味合いを避けるためであり，ここで使われる英語語句"overseas Chinese"は「中国外にいて中国人と識別しうる」という人種的で中立的な感覚で使われる。この定義に従えば，本書でいうところの華人は Wang Gungwu のいう海外華人に相当するものとなる。なお，この論文では"ethnic Chinese"という単語は使用されていない。このように，華僑と華人の混同が日本だけのものではなかったことが，Wang Gungwu のものでも示されている。

次に示す Min Chen[10]のものは，中国系人企業や日系企業・韓国企業を

比較研究したものであるが，ここでも同様の混乱が指摘されている。"overseas Chinese"という単語は「海外に住む中国国民」"overseas Chinese nationals"と他国の市民権をもつ"ethnic Chinese"の両義にとらえられており，しばしば誤解を招いてきたとし，広義の意味での"overseas Chinese"は"huaqiao"（華僑：海外に居住する中国国民），"huaren"（華人），"huazu"（華族）あるいは"huayi"（華裔：中国人の末裔），並びに「港澳同胞」「台湾同胞」に対応するものとし，"huaren"と"huazu"をまとめて"ethnic Chinese"と呼んでいる。本書でいうところの華人はMin Chenのいう"ethnic Chinese"に該当するものとなっている。

このように，「華人」の定義にはさまざまな観点から行われてきており，その呼称や定義もさまざまである。しかし，上記の研究に見られる通り，その呼称はともかくとして，居住国の国籍を取得しているか否やが，その分類の基準の大きな鍵となることは間違いないであろう。

一方，「華人」の呼称に関して見る側の「軸」の違いにより呼称が複雑になるという岩崎育夫の指摘は重要である。華人ないしは華人企業の研究をおこなうに当たり，特にこの第3軸の民族軸のみに注目してしまうと，中国系人を一括りにしてしまうことになり，「中国系人だから何々である」という類の短絡したものになりがちである。例えば，華人企業の経営の特徴を中国系人の伝統的な価値観である「三縁」でとらえ，「華人のビジネスの特徴がネットワーク活用である」というように説明してしまうものがそうである。この場合，結論が民族性のみに依拠するものになってしまう恐れがある。このことは第3章において検討される。

なお，華人は居住国の人たちからさまざまに呼称されてきたことは林華生論文にある通りであるが，東南アジア各国で華僑や華人を現す言葉を列挙すれば次の通りである[11]。

- シンケ（singkehまたはsingkek，新客）：中国で生まれ育ち，その後初めて海外に出た中国人のことを指す言葉。
- ルークチン（Lukjin，碌津）：タイ生まれのタイ華人を指す言葉。シンケはコンチーンと呼ばれ区別されている。
- プラナカン（Peranakan）：インドネシアやマレーシア地域で現地生ま

れの中国系子孫，とくに母系を通じ現地社会と混血した層を指す言葉。
- トトク（Totok）：現在のインドネシアで「純血」の中国系移民・定住者を指す言葉であるが，イギリス領マレーで使われていたシンケに該当するもの。
- ババ（Baba または Babah，峇峇）：シンガポール・マレーシアの混血の華人男性を指す言葉であるが，女性はニョニャ（Nyonya，娘惹）と呼ばれる。
- メスティソ（Mestizo）：スペイン語でスペイン人と異民族の混血を指す言葉であるが，フィリピンで使用され，中国系メスティソ（Chinese-Mestizo）とスペイン系メスティソに分かれている。

このように華人は行き着いた居住国の歴史や文化を背景にさまざまに呼称されてきている。

2.1.1-b. 先行諸研究（華人の特徴に関するもの）

ここでは華僑・華人の特徴がどのようにとらえられているのかを検討する。この特徴は華僑・華人が中国系人であることから，中国人の伝統的な価値観を華人の価値観としてとらえ論述されているものが多いが，それらの特徴を次で整理する。
- 三縁：三縁とは中国系人のネットワーク（guanxi，関係）を表す代表的な言葉で，血縁・地縁・業縁の3つの関係を指す。血縁とは親子・兄弟や縁戚関係で結びついた同族関係であり，これは海外に出稼ぎに行ったり移住したりした人が事業の拡大にともない中国から兄弟や親戚を呼び寄せたり，婚姻関係を結んだりして拡大する。地縁とは故郷を同じくすることによる同郷関係のつながりであり，事業の拡大にともない同郷の人を呼び寄せたり，同郷の成功者を頼って出稼ぎに行ったりする繋がりである[12]。業縁とは業種を同じくすることによる同業関係の繋がりのことである。この三縁の中で最も重要なのは地縁である[13]。同族は数も限られるが同郷者は数も多くしかも同じ方言を話すからである。このような同郷者の集団は同郷幇と呼ばれる。

この三縁は中国系人のみに見られるものなのであろうか。日本を例にとれ

ば，設立当初の企業が経営陣に同族を入れることは普通に行われているし，成功した企業を頼って同郷の人が就職したり，故郷の地から従業員をリクルートしたりすることは普通に行われている。また，企業が創業期を脱した後でも，経営トップ層に血縁関係・地縁関係で結びついた人を起用したり，親族を後継者に当てたりすることは一部の大企業でも普遍的に見られるものである。さらに，同業における企業同士の繋がりも，「何々工業会」や「何々会」などの名称が使われ，単なる親睦の範囲を越えて組織されていることは一般的に見ることができる。これらの業縁で結びついた組織は，ある場合には敵対するが，ある場合には互助会的に共通の利害をシェアし，研究会を組織したり，圧力団体となったり，各種調整（談合など）を行ったりしていることは周知の事実である。勿論，故郷を遠く離れた異国の地で，他に頼る術がない華僑・華人が三縁に頼らざるを得なかったことは想像に難くはないが，はたして中国系人の世界だけに見られたものであったかどうかは疑問が残る。

●関係（guanxi）：前述した三縁が代表的なものであるが，中国系人のネットワークを指す総体的な言葉である。ビジネスネットワークとして用いられる場合は人的な繋がりに強く焦点があてられ，人脈やコネクションと表現することもできる。なお，この「関係」という言葉は三縁に限らず，あらゆるコネクションに使われている。三縁に宗教的な繋がりである「神縁」と，烏龍茶などの特産品を通じた繋がりである「物縁」を加えたものは五縁と呼ばれる[14]。同じ学校の卒業生や交友との繋がり，現地政治家や官僚との繋がりも「関係」に含まれる。なお，陳天璽[15]は華人商人を「国籍や世代，華僑・華人・華裔を問わず，中国国外における中国人系ビジネスマン・企業家・商人」と定義したうえで，彼らのネットワークを7つのカテゴリーに分類している。それらのカテゴリーは①居住国とのもの，②「中華」文化とのもの，③出身地とのもの，④「家族」とのもの，⑤出身校とのもの，⑥同業者とのもの，⑦信条・主義・余暇とのものである。

このように「関係」をとらえた場合，これらのコネクションを利用し，利用されながらビジネスの展開を図ることは，中国系人のみならず，あらゆる

成功した個人や組織にあてはまるのではなかろうか。勿論，華僑・華人の置かれていた場所が故郷を遠く離れた異国の地であったことや，生きていくための状況が厳しいものがあったことを軽視するものでもないし，コネクションの重要性を無視するものではない。しかし，コネクションを利用することが中国系人にのみ見られるような特徴ではないことも指摘しておきたい。

次に異国に居住する華僑・華人の心情を表す象徴的な言葉として次の2つの言葉を取り上げる。

- 落葉帰根と落地生根：落葉帰根とは「樹高万丈，落葉帰根」からとった言葉であり，この意味は「樹木がどんなに高くても，落ちた葉はいずれ地に落ちて根元に帰る」であり，「何時かは故郷へ帰る」という華僑の人びとの望郷の念を込めた言葉である。一方，落地生根は「故郷を遠く離れた異国の地に渡り，その土地の人たちと睦みあい，やがてはその土地の土に帰る」[16]という意味合いを持ち，現在の華人の人びとの意識を表している言葉である。

- 衣錦還郷：日本語でいう「故郷に錦を飾る」のことである。故郷を離れた異国の土地で「何時かは成功して故郷に帰りたい」という思いは，特に一世の人びとの間では強かったと思われる。そのような感情は，自身の事業が成功した暁に，対中国投資に結びついたり，純粋に故郷に対する寄付行為に結びついたりして実践されてきた。このような対中投資は第3章において後述するものとする。故郷に対する寄付行為は大小含め多々みられるが，ここでは陳嘉庚（Tan Kah-kee）の例[17]をあげるに留める。陳は1890年に父親の後を追う形で福建省の集美からシンガポールに移住し，父親の事業崩壊を契機として独立し，パイナップル缶詰工場・ゴム農園・精米工場・銀行・海運事業に乗り出し「マラヤのヘンリー・フォード」と呼ばれた。彼はシンガポールの大学を後援するとともに中国に厦門大学を寄付し遺族には一銭も渡さなかったといわれる。彼は晩年には厦門に帰り，死去後は故郷の集美に埋葬された。

このような華僑・華人の特徴を現しているキーワードは，その1つひとつを個別に取り上げれば華僑・華人のみに特有のものではない。「三縁」や「関係」は日本においても普遍的に見られるものである。また，「落地生根」

や「衣錦還郷」は他の移民社会でも共通に見られるかも知れない。しかし，これらの詳細を検討することは本書の範疇を離れたものであり，ここでは対象外とする。なお，ここで検討した華僑・華人の諸特徴が，戦前の華僑商人から現在の華人ビジネスマンにいたるまで普遍的に見られるかどうか，特に「関係」はそのネットワークの構成要素が変化していることは游仲勲の指摘通りであり，それらは華人企業の活動を例として第3章において検討するものとする。

2.1.2. 華人（華僑）の置かれていた状況

ここでは第2次大戦後の工業化のなかで主要な役割を果たすことになる華人（華僑）を対象に，中国から東南アジアへの移民が何故発生したのかを，受入国（主として植民地）の事情と中国の事情の両面から検討する。

東南アジアでは，中国人移民は概ねヨーロッパ人が進出し，植民地支配を行った後にその足跡をたどる形で移動し進出している。このことを，Wang Gungwu は「中国人の商売はヨーロッパの旗に付き従ったといえよう」とし，「シャムだけがおおよそのパターンとは違っていた。中国人商人と移民はこの王国に16世紀から17世紀にかけて集中したが，その当時はヨーロッパ人の影も形もなかった」[18]と述べている。大規模な移動としてとらえればこの見方は正しいのかも知れないが，インドネシアにはヨーロッパ人以前に中国人が到来していたということなどもあり，必ずしも後追いだけではなかったと思われるが，このことは後述する。

一方，中国国内の事情を見れば，1910年前後の清朝政府の華僑に対する態度は，「賎民」あるいは「棄民」として，外交上の負担から遠ざけるものであった[19]。これは華僑の社会的・経済的基盤がまだ脆弱であったことや，中国自体の国家的統一の実現を阻むような外的な歴史条件（半植民地状態）が背景にあったことから，華僑に対する関心が薄かったことがあげられる[20]。それにもかかわらず，清朝は中国の臣民が外国の支配に下ってしまうことを避けるために1909年に血統主義にもとづいた国籍法を定めた。この法律は中国人の父か母を持てば，いかなる人も中国人であるとしている[21]。この血統主義は，国民党政府によって引き継がれ，1949年に共産軍により台

湾に追われた後も継続されることとなる。

　本書で検討の対象としている華僑・華人は労働者として東南アジア地域に渡来してきた中国人，ないしはその子孫だけではない。中国人の移民の流れは古くからあり，労働力が主体となっているものだけではなくさまざまなパターンがあった。Wang Gungwuは人の移民の形態はここ200年の間では4つのパターンがあったとしている。それらは，①商人（trader）パターン，②クーリー（coolie）パターン，③寄留者（sojourner）パターン，④末裔・再移民（descent or re-migrant）パターンで分けられている。①は華商（huashang）と呼ばれ，古代から現在まで続いている商人や熟練工，および，それらの家族や一族などが移動することを指す。②は華工（huagong）と呼ばれ，これは既になくなっているが，農民・非土地所有者・都市貧困層などが一時期のプランテーションや初期の工業化における苦力労働力として移動したことを指す。③は華僑（huaqiao）と呼ばれ，現在では末梢的なものであるが，政治的・法的・イデオロギー的などの理由による一次的な滞在者を指す。④は華裔（huayi）と呼ばれ，外国籍をもつ中国人の後裔，ないしは50年代以降の中国人の再移民を指すものとして区別されている[22]。本書が検討の対象とする華人企業の華人たちを本分類に当てはめれば，そのほとんどが，そのルーツを主として①および②とするもので，現在の彼らの大多数は④のカテゴリーの末裔に該当することになる。

　このような中国人移民の最大のうねりは19世紀後半に始まり，1848年から1888年の間に200万人以上が故郷を後にして，マレー半島・インドシナ・スマトラ・ジャワ・フィリピン・ハワイ・西インド諸島・カリフォルニア・オーストラリアへと渡っていった[23]。この時期はヨーロッパの列強国が，シャムを除く東南アジアの各地で植民地の争奪戦を展開していた時期でもある。16世紀以降ヨーロッパ列強は次々と東南アジアに進出した。その争奪戦の歴史を述べるのは本書の範疇外であり詳細は割愛するが，例えば，第2次大戦直前の状況を見れば図Ⅰ-3に示される通りである。現在のフィリピンはアメリカ領（旧スペイン領）であり，インドシナ半島の現在のベトナム・ラオス・カンボジアはフランス領であり，ミャンマーはイギリス領であった。また，現在のマレーシアはイギリス領であったが，その主なものは良港

であるペナン・マラッカ・シンガポールを抱える海峡植民地（Straits Settlements）であった。インドネシアは一部のポルトガル領を除けばオランダ領であった。

このような中国人の大量移民が起こった要因を，岩崎育夫はプッシュの要因とプルの要因に分けている[24]。プッシュの要因は人口増にともなうもので，これに経済的要因（貧困）と政治的要因（動乱からの避難）がセットになり，拍車を掛けた。プルの要因は労働力需要であるが，東南アジアに限っていえば，中国南部との距離的な近さもあげられる。中国人の移民の流れは，前述した通り東南アジア方面に流れるだけではなく，多方面にわたっているが，ここでは東南アジアに的を絞り検討するものとする。

2.1.2-a. 東南アジアの受入国の状況

東南アジアは18世紀以降欧米列強諸国の植民地であった。彼らの狙いの1つは東南アジアの豊富な一次資源の開発であり，これらの資源はゴム・スズ・砂糖・コーヒー・香辛料などで，一部を除き現在にいたるも東南アジア諸国の主要な輸出産品である。これらの一次産品の開発のため，鉱山労働者やプランテーション労働者など多くの労働力が必要とされ，これらの労働力は人口が多い中国やインドに求められることとなった。世界的にみれば，この時期にイギリス領土内では奴隷制が廃止されており，西インド諸島のプランテーションでは絶望的な労働力不足に直面していたが，ヨーロッパ商人がこの埋め合わせをアジアの契約労働者（中国人やインド人）に求めたことで，中国人の移動に拍車がかかることになった[25]。なお，東南アジアは地理的に中国の南部（華南）と距離的に近く，中国人にとり比較的渡航しやすかったこともこの地域に中国人移民が多かったことの理由の1つである[26]。

このような第2次大戦前の華僑を対象として，当時の満鉄東亜経済局が『南洋華僑叢書』全6巻を取りまとめているが，それらに記載されている当時の各地域の華僑の人口は次の表I-4の通りである。

本表の元となったものは，『南洋華僑叢書』第6巻であるが，これは陳達[27]の著作を満鉄調査部が翻訳したものである。陳達はこの調査結果に関して次の分析を付け加えている。「支那人口とは中国から移民したものと，

表 I-4　戦前の華僑人口

地域名	人口総数	支那人口	華僑人口比率（%）	調査年
英領馬来	4,385,346	1,709,392	39.0	1931
蘭領東印度	60,727,233	1,233,214	2.0	1930
比律賓	13,055,220	150,000	1.1	1934
暹羅	11,506,207	558,324	4.9	1929
仏領印度支那	20,491,000	402,000	2.0	1930
合計	110,165,006	4,052,930	3.7	

（出所）満鉄東亜経済調査局（1939b），59ページ。

南洋で成長したもの（僑生）が総称されている。移民の数では，福建南部（泉州・漳州）及び東部（梅県・潮州）が大多数を占め，広東・海南島・広西もいるが比較的少ない。なお，暹羅における人口は当該政府によるもので僑生の数は含んでいない。このことを暹羅高官の話として『暹羅人と支那人と結婚するものが甚だ多く，現在国内に於ける多くの著名な人物は，皆混血であって，実際我々自身でさえも暹羅人と支那人との区別がハッキリ出来ないほどである』と紹介したうえで，僑生を含めれば，合計は250万人近くになり，暹羅総人口の4分の1に等しいほどである」と分析している。また，この移民発生の理由について，汕頭の華僑区において聞き取り調査を実施した結果として，移民の離国の主因は経済的困難と縁故者の存在であるとしている。なお，聞き取り調査の結果は，①経済的困難が70.0％，②南洋に縁故者がいる19.5％，③天災が3.4％，④事業の拡張が2.9％，⑤不正行為が1.9％などである。なお，上記表では，英領馬来は概ね現在のマレーシアとシンガポールを，蘭領東印度はインドネシアを，比律賓はフィリピンを，暹羅はタイを，仏領印度支那はベトナム・ラオス・カンボジアを指すものである。これで見る限り，英領馬来の華僑人口比率が39％と大きなものになっていることが分かるが，現在でもこの地域はマレーシアで25％・シンガポールで63％と華人人口比率が高く，この時点からその徴候が現れていたことが示されている。このような華僑の人口流入をタイとマレーシアで見ると次の表 I-5 の通りとなる。

　東南アジアに流入した華僑の人口は1930年前後に急増を示した。シャムでは1919年から1929年にかけて1.7倍の約45万人に，英領馬来では1934年から1939年にかけて1.4倍の約230万人になっている。

第2章　華人の台頭——落葉帰根から落地生根へ

表 I-5 戦前の華僑人口推移

地域名	華僑人口	総人口	華僑人口比率（%）	調査年	備考
シャム	260,194	9,207,355	2.8	1919	
	445,274	11,506,207	3.9	1929	
英領馬来	1,648,815	4,413,832	37.4	1934	含む新嘉坡
	2,260,166	5,332,553	42.4	1939	含む新嘉坡

（注）地域のシャムは現在のタイに，英領馬来は現在のマレーシアとシンガポールにおおよそ対応する。
（出所）満鉄東亜経済調査局（1939a）24-25ページ，（1941）47-50ページより筆者作成。

　中国国内の状況は後述するが，日中戦争が始まった時まっさきに呼応し戦争資金を献金し，日本軍が東南アジアを侵略した時に本当の抵抗をくりひろげたのは「海外中国人」（原文のまま）であった[28]。なお，これらの中国人に共産主義が持ち込まれたことにより，特にマラヤでは1948年にイギリスに対抗する武装闘争が始まり，50年代半ばには崩壊していたが内乱は12年間も続いた[29]。この時期，1949年に中華人民共和国が建設され，1954年に共産党政権は清朝より継続されていた「血統主義」を公式に否定した。東南アジア諸国では，中国に対し移民という手段を使って東南アジアに革命を「輸出」しようとしているという「赤の脅威」の警戒感が存在していた。このこともあり，「中国は関係国の信用をかちとるために，各国に対する内政干渉をやめ，事実上華人を切り捨てた」（原文のまま）[30]。

　このような状況のもとで，華人はナショナリズムが高揚している独立したばかりの東南アジア諸国（タイを除く）で政治活動にも乗り出すことになる。華人の政治への公式的な参加について，Leo Suryadinataは3つのパターンがあるとしている[31]。それらは①華人の政治組織の設立を通じて，②同化政党への参加を通じて，③多民族政党への参加を通じて行うという形態である。これは華人の政治参加に対する各国の政策の異なりに起因するもので，政府が同化政策を導入すれば華人の政党は設立されず，華人の参加は非華人政党を通じて公式に行われるか，圧力団体を設立して非公式に行われるかに分かれる。スハルト時代のインドネシアやフィリピンがそうである。政府の方針が融和性や多元性を認めるものであれば，当該国の華人のおかれた状況により民族ベースの政党の設立が認められ，華人の政治参加は1966年以前のインドネシアやマレーシアに見られる民族的な政党，あるいはシンガポールに見られる多民族政党への参加を通じて行われた。このような華人の

政治的・経済的な活動は各国ごとに後述するものとする。

2.1.2-b. 中国の状況

　19世紀の清朝時代に中国移民は急増したが，これは前述した岩崎育夫のいうプッシュの要因があったからであり，それらの要因を次で概観する。

- ●人口過密：19世紀から始まった国内の長い平和により人口の爆発的な増加現象が起こり，1億5000万人から1850年までには4億1000万人に達していた[32]。
- ●動乱からの避難：19世紀半ばに勃発した「太平天国の乱」（1850-1864年），捻軍の蜂起（1851-1868年），義和団運動（1899-1900年）により国内が混乱状態に陥った[33]。このためおびただしい難民が南部に流出したが，これによる死者は6,000万人と推定されている[34]。
- ●沿海部の開放：中国はイギリスとアヘン戦争を戦ったが敗北し，南京条約（1842年）を締結させられることで，香港島をイギリスへ割譲し，5つの条約港（広州・厦門・福州・寧波・上海）を外国貿易と外人居留地へと開放した。その後，アロー号事件後の天津条約（1858年）の締結で汕頭など10港の開港を，北京条約（1860年）の締結で自国民の海外移住禁止政策の撤廃を認めさせられた。庶民層の大量出国はその結果の1つであり多くの中国人が海外に移民した[35]。
- ●自然災害：華北の住民が洪水・旱魃・あるいは飢饉で華南へ流れ込んだが，このことが既に南にきていた住民を押し出すことになった。また，この時期には華南でも2〜3年おきに旱魃や洪水が襲ってきた。1846年・1849年・1877年の飢饉では沿岸部では2,300万人の死者がでた[36]。
- ●国内政治の混乱：清朝の崩壊前後から共産党政権のもとで中華人民共和国が誕生するまでの中国は外国の侵略もあり激動した[37]。

　この時期に東南アジア地域では華僑の抗日運動が起こり，華僑の一部は共産党のメンバーやシンパとして各地域で活動し，それは各国が独立した後でも継続された。また，地域ごとに華人としての政治活動が繰り広げられることになる。

　さらに，中国は建国後もさまざまな大事件が発生し[38]，国連加盟後も戦

争や事件が頻発した。このため ASEAN 諸国との国交の樹立や回復は遅れることになった。マレーシアとは1974年に，フィリピンとタイとは1975年に，インドネシアではもっと遅れて1989年に，シンガポールとは1990年に実施された[39]。国交回復後も，東南アジア諸国との経済的な交流関係は遅れたが，華人企業が先鞭をつける形で先行することになる。なお，このことは第3章で検討するものとする。

2.2. ASEAN₃の華人

前述してきたような中国からの移民は，「落葉帰根」に表されているように何時かは故郷に帰る思いを抱き，「衣錦還郷」に表されるように幾ばくかの金を貯めたら故郷の村へ「錦を飾る」つもりであった。陳嘉庚のようにそれを実現できた人もいるが，ほとんどの人は現地にとどまり「落地生根」の道を選んだ（選ばざるを得なかった）。こうした移民が帰国できないことに関して複雑な思いを抱くのは，きわめて自然なことであり，「異国にあることの不安が克服されるのは，二世（現地生まれ，少なくとも現地で教育を受けた，一世の子供たち）の世代になってからである」[40] ともいわれている。このような移民の流れが到達した場所の状況は一様ではなく大きく異なっており，その違いにより異なった形態の「落地生根」となった。このことは事項以下で検討を進めることとする。なお，以下の各国ごとの検討は，概ね独立前の状況から中国との国交回復までの期間を対象として行うものとする。タイではピブーン政権ごろまでとし，マレーシアではラザク政権までとし，インドネシアではスハルト政権発足までとする。なお，それ以後の期間については第3章の ASEAN₃ の華人企業の項で検討するものとする。

2.2.1. シャムの華僑からタイ華人へ

タイ（シャム）における華僑の発展の歴史は他の東南アジア諸国とは異なったものとなっている。その理由は，①タイが欧米諸国の植民地とならなかったという点と，②タイの支配的な民族であるタイ族との通婚が進んだことである。すなわち，タイは独立国であったので，華僑問題に対する政策は

当初は国王政府の意向で，後には時の政権により決定され実施に移された。また，通婚の例で見ると，現在まで続いているチャクリー王家（Chakri Dynasty）はモン族を先祖にもつアユタヤ貴族の出身であるが，中国系，ペルシャ系の血も濃く入っている[41]。このように王家に限らず広い範囲で通婚が進んだのは，タイ族が中国本土から移住してきた種族であり，華南地方出身の華僑とは人種的に近く言語・風習・宗教などの面で共通点が多かったためである[42]。このことで，タイでの華僑問題は単純なマイノリティ問題としてはとらえられない側面を持つことになる。

一方，タイではシャム人は米作その他の粗末な農作以外には何ひとつ経済活動に参与しなかったため，華僑は国民経済の大部分を把握するにいたった[43]。このような状況のもとでは，華僑が生活文化上の異種属性を維持していたとしても，チュラローンコーン王（King Chulalongkorn（Rama V），在位1868-1910年）時代までの華僑にはナショナリスティックな意識は存在せず，タイ支配者は華僑の異種属性をなんら問題とは思わなかった。しかし，1908年11月20日の孫文の訪タイ以降状況が変わることとなる。これを契機に，タイの華僑たちは同盟会を結成して本国の革命運動に参加し，政治的啓蒙のために中華学校や新聞を創設した。このことはタイ政府に危機感を抱かせることとなり，ワチラーウット王（King Vajiravudh（Rama VI），在位1910-1920年）が政治および経済上の深刻な問題として華僑問題を提起することとなる。これはワチラーウット王の論文「東洋のユダヤ人」に示された通りであるが，①華僑はタイに根を下ろした真の市民とはならず，都合が悪くなるといつでも国外に脱出し利益も持ち去る，②タイに対して忠誠心がなく，利益のみを享受し義務は果たさない，③タイ人を蛮人とみなし不実である，④金儲けを人生の目的として働くので他人種の職業を奪ってしまう，と指摘したうえで，「華僑はユダヤ人と違って母国を有するので，タイで稼いだ金を母国に送金してタイでは消費しない。母国を持たないユダヤ人の方がましである」とまで論述した。国王政府がとった政策はタイ社会で中間層をなしている華僑をタイ人化することであったが，華僑を外国人として排斥・追放した後に華僑中間層を新たに生み出すという方法によってではなく，既存の華僑中間層にタイ人の意識を持たせタイ人化するという方法を

とった[44]。

なお，当時のタイ経済における華僑の存在感に関して満鉄の調査報告書[45]は「華僑はシャム経済の各部門に強固な勢力を張り。殊に生産と消費を連結する最枢要な機能である仲介業を一手に収めて，シャム国民経済の咽喉を完全に扼している」とし，「この膨大なる所得の重要部分が国富として蓄積されずして国外に流出する事実にある」と分析している。すなわち，独立国としての民族政府が存在するにもかかわらず，この時期から華僑の経済力は土着資本を凌駕していたことが窺える。

1932年の立憲革命により国王専制制度は廃止され，1938年にはピブーンが首相に就任するが，ワチラーウット王時代の対華僑政策は継続され華僑同化政策がとられた。ピブーンは政権を握ると1939年には国名をシャムからタイ国（プラテート・タイ）と改めた。また，同年から中華学校・中国語新聞に猛烈な弾圧を加え，華僑の抗日運動を厳禁し，その幹部は国外に追放したが，歴代のタイ政府が認めなかった華僑一世のタイ国籍取得への道を開いただけでなく，できるだけ多数の華僑にタイ国籍を取得させようとも勤めた[46]。このような日中戦争が続くなかでのピブーンの排華政策は，タイが中立策を捨てて日本に組みしたという観察を生んだが，実際には親日策をとったためというよりも，立憲革命の一大目標であった華僑の政治経済的同化を急いだものと理解される[47]。なお，このような「排華政策」を推し進めたピブーンも華人である[48]。

ワチラーウット王からピブーンへと続く一連の華僑・華人政策をみると，王政から立憲君主制に変わっても同化を進めるという政策に変動はなかった。タイの華僑・華人は中国系人であるということで差別されているのではなく，同化してタイ人となり，ワチラーウット王のいう「ユダヤ人的」ではないタイ人としての意識さえ持てば，タイ社会に受け入れられる制度であったように思われる。このような制度は後述するマレーシアやインドネシアのものとは全く異なっており，前述したようにピブーンを初めとするプレーム・チャートチャーイ・スチンダー・チュアン・バンハーンと続く首相の系譜には全て華僑の血がはいっていた。

なお，中国との国交回復は1975年7月1日で，その中国の置かれた状況は

前項で述べた通りであるが，タイの置かれた状況は，ベトナム戦争の終結にともないアメリカがインドシナから大幅に軍事力を削減したことから共産勢力が拡大し，このことがタイにとって大きな問題として浮上していた。すなわち，1975年のカンボジアにおけるクメール・ルージュのプノンペン開放とそれに続くポルポト政権の誕生，1975年のラオスにおける共産勢力による共和国の成立，ビルマ（現在のミャンマー）における連合政権樹立などがあり，マレーシアを除く隣国全ての国境線が共産勢力に囲まれる形となっていた[49]。このことが中国側の事情と相まって国交の樹立につながった。

　このようにシャムの華僑はタイの華人になっていった。タイでは第2次大戦前から華僑に対して同化政策がとられ，その経済活動ゆえに時の政府の反発を受ける存在であったが，文化的・宗教的な同一性もあったことから，タイの国籍さえ取得していれば，タイ人として華人であるというハンディキャップはなかった。このようなタイの華人政策を本書では「同化を進めた華人政策」という。

2.2.2.　マラヤ華僑からマレーシア華人へ

　マレーシア（マラヤ）における華僑の発展の歴史は，同化が進んだタイとは異なる様相を呈している。マラヤがイギリスの植民地であったという点では他の東南アジア諸国とは似かよった面はあるが，マレーシアが土着の民族と中国人・インド人などと複合社会を形成していたことから大きく異なったものとなった。

　イギリスが海峡植民地に進出したあと，新しいスズ鉱山が開発され，新しいゴム園が拓かれた。この労働力を外部から担ったのは中国人やインド人である。スズ鉱山でみると，19世紀後半から広東・客家出身の華僑が流入し，連邦州では1903年には18万6,000人に達していた。一方ゴム園でみると，1912年にはゴム園労働者数25万5,912人のうち華僑は6万3,210人であった[50]。なお，当時のイギリスの植民地は，おおよそ現在のマレーシアにシンガポールとブルネイを加えたものである。

　マラヤにおける華僑資本の形成に関し，満鉄の調査報告書[51]は「貧困の華僑はまず労働者より始まって漸次上昇し，小資本を有するものは労働の過

程を経ずして行商から始めるが，特に身体強健な者は冒険に富み，深山或いは僻地に入って商品を一手販売するのである。かくて若干の資本ができれば，彼等は路傍，或いは裏町の固定的な場所で露天を出し，種々な貨物を販売する。漸次資本が増加してくれば又第二の方法として各種の商業，例えば製造，卸売或は小売等の如きを商業繁盛の区域で経営するようになる」とし，資本的な基礎が確立された後は，ゴム園，スズ鉱山や問屋代理商，銀行業，海運業を興すとしている。このようにしてマラヤの経済は，植民地支配するイギリス資本・伸し上がった華僑資本・未発達な土着資本の三重構造を呈することとなった[52]。

　タイと同様にここにも中国の政治変動は伝播してきた。マラヤにおける華僑はマラヤの政治そのものにはあまり関心をもたず祖国中国の動向により関心をもっていたが，1900年の孫文のシンガポール訪問を契機として，広東系を中心とする華僑のなかに祖国の変革を期待する政治運動が生まれ，これ以降華僑の中には中国に対する帰属意識が強まった[53]。1927年の中国の国共分裂以降では，その各々の非合法組織が華僑の支持を求め，華僑は中国人としてのエスニック・アイデンティティを強めた[54]。このような華僑の意識はマレー人やインド人とは交じり合うことなく独立を迎えることとなる。

　独立後のマレーシアはラーマン政権のもと前述したように工業化を推進した。第1次（1956-60年），第2次（1961-65年）のマラヤ連邦5カ年計画は，農業開発によりマレー人の生活を向上させ，社会資本の整備や人材の育成により産業基盤の充実を図り，工業化については外国資本と華僑資本による民間企業の活動に委ねていた[55]。

　1965年にシンガポールが独立し，インドネシアでは「9月30日事件」が発生する。この時期は東南アジアが変動していた時期でもあるが，マレーシアでは1969年5月13日に「人種対立事件」が発生する。この人種暴動によって分かったことは，「持てるもの」（それはたまたまほとんどが中国人であった）と「持たざるもの」（それはたまたまほとんどがマレー人であった）の間の経済的なアンバランスに何らかの手が打たれない限り民族間の亀裂が大きくなるばかりだということであった[56]。

　この後，マレーシアの政権が民族融和の立場をとるラーマン首相からブミ

プトラ政策を推進するラザク首相へと移ることで，マレーシアでは政治・経済・社会の多面において構造的転換が始まった。これは前章のマレーシアの工業化で述べた通りである。ラザクの新経済政策下では，「工業調整法」などにより華人資本の抑制と同時に外国資本にも制約が課された。この法律に対応するため，外資系企業や華人企業はマレー人有力者を「名義株主」に仕立てるなどの対策におわれた[57]。

マレーシアはラザク政権時代の1974年5月31日に中国と国交を結んだ。当時，中国の置かれた状況は前述した通りであるが，マレーシア側の事情としては，「マラヤ共産党問題」を中国から引き離す必要性と，華僑・華人の二重国籍解消の問題があった。この条約では，すべての華僑に①居住国の国籍を取得しマレーシア国民になりきるか，②「中国は1つ」という原則に立ち中華人民共和国の国籍を保持するかの選択を迫るものであり，二重国籍を認めるものではなかった。このことにより，マレーシアにおける華僑の二重国籍問題は解決を見ることとなり，マレーシア国籍を取得した華僑はマレーシア華人となることになる。その後，首相として登場したマハティールはブミプトラ優先の政策を促進しいくことになるが，マハティールは著書『マレー・ジレンマ』で，マレー人と中国人の特性の異なり指摘しブミプトラ優先政策の正当性を主張している[58]。

マレーシアでは華人のエスニック・アイデンティティが台頭したが，これは独立後も他の民族のものとは交じり合うことはなかった。このことを華人の政党活動の側面から観察すると次の通りとなる[59]。独立前のマレーシア（当時はマラヤ）の政党活動は，各民族がバラバラに活動していたが，1946年にダトー・オン（Dato Onn bin Jaafar）に指導されたマレー人が統一マレー人国民組織（United Malays National Organization，以下UMNOとする）を結成した。同時期，1946年にはインド人の政党であるマラヤ・インド人会議（Malaya Indian Congress，以下MICとする）が，また1949年にババの代表でもあったタン・チェンロック（Tan Cheng Lock）が華人の政党である馬華公会（Malayan Chinese Association，以下MCAとする）を設立した。なお，このことは多くの華僑がマラヤ共産党（Malayan Communist Party）の影響を受けているのではないかというマレー人の恐怖を取り

除くことにもなった。ダトー・オンはUMNOを華人・インド人にも加入を認めるよう規約の改正を求めたが，多くのマレー人から反対されUMNOを離れることになり，UMNOは後に初代首相となるラーマンに引き継がれた。UMNO・MCA・MICは連合を作り1955年の選挙で勝利を収め，1957年にはマラヤ連邦として独立を果たした。以後3党の連合は継続していくことになる。1969年の「人種対立事件」以後，ラザク副首相を議長としてUMNO・MCA・MIC・軍・警察の代表からなる国家運営評議会（National Operation Council, NOC）が作られブミプトラ政策へ突き進むことになる。この時，ラーマン首相への批判の先頭に立ったマハティールはUMNOから除名されている（後に復活し首相となる）。1969年以降に華人社会は政治的に分裂し，華人政党はMCA以外にDAP（Democratic Action Party）とGRM（Gerakan Rakyat Malaysia）にも分かれることとなった。1969年の総選挙で議席を減らしたラザク首相は与党にDAPを除く全ての野党を連合させて1972年に国民戦線（National Front, マレー語の"Barisan Nasional"，以下NFとする）を結成した。それぞれマレー人・華人・インド人を代表するUMNO・MCA・MICの連合による政治体制がフセインやマティールにより継続されていくことになる。

このような状況のもとでマラヤの華僑はマレーシアの華人となっていった。マレーシアは多民族国家という特性をもつが，マレー人と華人の人口比率は比較的緊迫しており，華人は経済力を有していた。このことから，華人は政権を主導するマレー人勢力からブミプトラ政策のもとで種々の圧力を受け，マレー人とは差別される存在であった。このようなマレーシアの華人政策を本書では「抑圧する華人政策」という。

2.2.3. ジャワ華僑からインドネシア華人へ

インドネシア（蘭領東インド）における華僑の発展の歴史は，同化が進んだタイとは異なる様相を呈している。ジャワを中心とするこの地域がオランダの植民地であったという点では他の東南アジア諸国とは似かよった面をもつものとなっているが，インドネシアでは少数の華僑が大統領とコネクションを持つことで大きく異なったものとなった。

オランダは1619年にジャワに総督府を設け植民地支配を開始したが，華僑は欧州列強が東南アジアに進出する以前から当地に到来し，ジャワ・カリマンタン（ボルネオ）・スマトラなどに広く分布し，交易だけではなく現地産業にも従事していた[60]。オランダは膨大な蘭領東インドの現地人を統治するにあたり，華僑を「格好の助手」として間接的に植民地経営を行った。この制度はカピタン（kapitein，甲必丹）制度といい，「中国人の間で信望の厚い長老格の人物をカピタンとして選任し，中国人社会の内部問題を一任する一種の自治制」[61]である。カピタンはこの制度のもと商業一般の管理や徴税活動も担っていた。華僑はこれを利用する形でオランダ人と現地人との間に介在し中間搾取層を形成した。当時の華僑の様子を満鉄の調査報告書[62]は「オランダ人は，土民に対すると同様に，昔も今も，華僑に対して所謂「同化政策」なるものを決してとらず，飽くまでも放任的な態度である」と表現している。また同報告書は華僑の経済活動に関し華僑経済は一般に過重評価されているとし，産業資本への参加は極めて貧弱で，農業・工業において弱々しい萌芽を見るのみであるとしている。その一方で，主たる経済勢力は仲介商業活動であるとし「華僑の大部分はヨーロッパ輸入業者と土民の間にあって土民生活必需品（輸入品）及び（輸出向）土民農民生産物の仲介業を独占しており，華僑の高利貸付的搾取は土民生活全般に浸潤し，土民農民及び土民工場と華商との間には各種貸付―生産物提供の関係が存在する。運転する商業資本は莫大であるが，主として外商よりの長期融資や友人・知人・外国銀行からの融資を仰いでいる」と分析している。このように華僑のビジネスは商業に重点が置かれているのが蘭領インドの華僑の特徴である。

　第2次大戦終了後，インドネシアは旧宗主国オランダと独立戦争を戦い1949年に独立した。初代スカルノ大統領の初期の華僑政策は，華僑をインドネシア社会へ積極的に取り組んでいこうというものであった。華僑の中国との二重国籍問題解消のため，インドネシアは中国と1956年「中イ両国華僑二重国籍問題に関する条約」を締結した（1960年1月2日批准書交換）が，1965年時点でインドネシアに国籍を移した中国人は3分の2の200万人であった[63]。なお，この時期の華僑・華人のアイデンティティについて蔡仁龍は「ごく一部の元オランダ籍の華人がなおオランダにアイデンティティを

抱き，オランダに移住，あるいは中国にアイデンティティを転向した他，大部分の人たちはインドネシアにアイデンティティ（国家・国籍・政治・経済ばかりでなく，教育・言語も含めて）を移した」[64]としているが，この華僑の国籍選択は「プリブミの失望と不振を招いた」[65]との指摘もある。実際には，50年代以降の華僑社会の政治団体で最大の勢力を持っていたインドネシア国籍住民協会（Badan Permusyawaratan Kewarganegaraan Indonesia, "Baperki"，以下バペルキとする）の路線は，①華人はインドネシア社会に同化（assimilation）するのではなく，華人としての自己意識を保ちつつインドネシア国民に統合（integration）する，②政治的には共産党（Communist Party of Indonesia, 以下PKIとする）よりで親スカルノ路線をとる，というものであった。一方，軍を中心とするインドネシア原住民が必ずしも華僑を容認していなかったことは，スカルノが1959年に地方の外国人（実質的には華僑）の小売商を禁止した際の事件[66]に象徴されている。地方軍隊はこれを契機に越権行為にでて，その地方の中国人に居住すら禁止したので，中国は中国人の海外出国を促すキャンペーンを開始し10万人あまりが帰国することとなった。

　1965年に「9月30日事件」が勃発する。同年10–12月には，およそ40–50万人が殺害されたが，これにより共産党は解体されスカルノの指導民主主義体制も崩壊した。この時，長い間疑いと憎しみの的であった華僑は暴徒の略奪・暴力・嫌がらせをほしいままにされた[67]。同年11月にはバペルキの最高指導者であったシャウ・ギョクチャン（Siauw Giok Tjhan, 蕭玉燦）が逮捕されバペルキは一掃されたが，このことで華人により指導された華人政党は消滅してしまった[68]。華人を中心とする政党の復活は，この後に登場するスハルトの退陣以後となり，長い空白を迎えることとなった。

　この事件を契機としてスカルノに替わりスハルトが登場することになる。このスハルトの登場は，インドネシアの工業化に大きな影響を与えたことは前述した通りであるが，インドネシアの華人企業にも大きな影響を与えるものであった。スハルトは大統領就任以前のディポヌゴロ師団の「親父」時代からビジネスに才能を発揮し，ボブ・ハサン（Bob Hasan, The Kian Seng, 鄭鑒信）やスドノ・サリム（後述する）とビジネスで結びついていた[69]。

このような経歴を持った人物が大統領として登場しインドネシアの工業化を推進していくことになる。スハルトの「新秩序」のもとで1967年6月に打ち出された華人政策は「華人問題基本政策」で示されたが，これは「一貫して同化政策を推進するもの」[70]であり，スカルノ時代にバペルキの唱えていた「華人を華人としての意識を持ちながらインドネシアに統合していく」という考え方は完全に否定された。しかし，これは華僑・華人の資金と経済力の利用を促すものでもあった[71]。

　なお，スハルトは1967年にインドネシア共産党を非合法化し，1967年10月27日に中国との外交を凍結した[72]。これ以降，中国とは長い空白期間が続くことになり，中国との国交回復は1989年8月まで持ち越され，マレーシアの1974年，フィリピンとタイの1975年に大きく遅れるものとなった。その中国の置かれた状況は前項で述べた通りであるが，インドネシア側の事情としては，国軍が「共産主義の脅威」や「北からの脅威」をあげて，対中国国交正常化に一貫して慎重であったことがあげられる。しかし，このことで長年の懸念事項であった華僑の国籍問題は表面上は一応の決着を迎えたこととなる。

　ここでインドネシアにおける華人の政治活動の側面を観察すれば次の通りとなる。インドネシアの華僑・華人の社会は必ずしも同一性を有するものではなかった。インドネシア生まれでインドネシア語を話すプラナカン（peranakan）と呼ばれる中国人と，その多くが中国生まれで中国語を話す中国人であるトトク（totok）に大別できる。トトクは中国の影響を強く受けており，中華人民共和国建国以前の国民党，建国以後の共産党に代表を派遣していたのに対し，プラナカンはよりインドネシアの政治に関心を寄せていた[73]。このようなプラナカンは独立後に多くの組織を作ったが，この最大のものは前述したバペルキである。左翼であったシャウ・ギョクチャンがバペルキを支配すると，その指導のものにインドネシア共産党（Indonesian Communist Party, PKI）とスカルノ大統領に接近していった。そのことで，前述した通りバペルキは「9月30日事件」以後に崩壊してしまった。スハルトの新秩序体制のプリブミ優位の政治組織では，華人の政治活動は与党ゴルカルや野党に参加することでおこなわれたが，1990年頃までに議会には

2人しか代表を送り込んではいない。その一方で、政府により作られた機関や民間団体への参加はおこなわれている。それらは1977年に華人の同化を促進する目的で設立したBakom（Coordinating Body）であり、その理事はトトクであるサリム・グループのスドノ・サリムやプラナカンであるアストラのウィリアム・スルヤジャヤなどであった。また、政府の社会プログラムの支援をおこなう民間機関のCSIS（Center for Strategic and International Studies）やPresetya Mulya（英語で"Noble Promise"の意味）にも華人企業家が参加しているが、そのメンバーの大多数が次章以下で観察する華人企業グループの総帥たち（サリムやバリト・パシフィック・グループのプラヨゴ・パンゲストゥなど）である。

このような経緯を経てジャワの華僑はインドネシアの華人になっていった。インドネシアでは、スハルトとそれに関連する組織・人物と「KKN」の関係を持ったクローニー華人が互助会的に利益を追求していく構図が見られる。その一方では、大多数の一般の華人が怨嗟の対象となり「スケープ・ゴート」として迫害されてきた。このようなインドネシアの華人政策を本書では「利益追求の華人政策」という。

2.2.4. ASEAN₃華人のとりまとめ

- タイでは、ピブーン政権のもとで「排華運動」が行われる一方で、同化政策が図られ、タイ国籍さえ取得すれば華人として差別されることはなかった。また、それ以降も華人であるということのハンディキャップはみられない。
- マレーシアでは、ラザク政権のもとで実行に移されたブミプトラ政策がマハティール政権に引き継がれ、より一層ナショナリスティックな色彩を強くする一方で、華人にはエスニック・アイデンティティが台頭し、他の民族と交じり合うことはなく、常に非ブミプトラであるというハンディキャップを背負う存在であった。
- インドネシアでは、スハルト政権のもとで同化政策が図られた、一部の華人がクローニーとして「政治同盟」を結び利益を享受したが、彼らが一般プリブミの怨嗟の的となったことで、政治的な事変が起こった際に

は，クローニー以外の大多数の華人が「スケープ・ゴート」として暴動の犠牲となってきた。

　本書では，このような時期におけるASEAN₃の華人政策を，タイのものを「同化を進めた華人政策」，マレーシアのものを「抑圧する華人政策」，インドネシアのものを「利益追求の華人政策」ということにする。このような華人が所有する，あるいは経営する華人企業の様態は各国ごとに異なり一様に語ることは出来ないが，このことは次章において詳細に検討するものとする。

　なお，通貨危機を経た現在の華人の置かれている状況を検討することは本書の範疇外ではあるが，ASEAN₃でその概要をみれば次の通りである。タイではタイ系華人は以前と変わらずタイ人そのものである。華人は「タイ人社会とは別個の集団として存在している」のではなく，完全に「タイ人」となっている[74]。もはや，タイでは華人政策は存在しないのかもしれない。マレーシアではブミプトラ政策が緩む兆しは見られるが，政策はまだ放棄されてはいない。華人の「華人であることのハンディキャップ」は依然より軽減しているのかも知れないが払拭されたとはいいがたい。インドネシアでは，ハビビ政権が「プリブミ」と「ノンプリブミ」という語の使用をすべての行政行動において中止することを指示し[75]，これに引き続き華人政策の緩和や廃止をおこなった。華人であることの行政面でのハンディキャップは表面的には払拭されつつあるように見える。

2.3. 華人のまとめ

　海外に居住する中国系人は3,800万人を数え，その多くが東南アジアに居住している。彼らのほとんどは，中国のさまざまな困難から逃れるため出国を余儀なくされたり，あるいは，「大志を抱き」出国したりした華僑と呼ばれる人たちである。そのほとんどが「衣錦還郷」を夢見て「落葉根帰」を望みながらも，渡航した土地に葉を落とし，そこに根付くという「落地生根」を選択し華人となった。かれらは「中国系人」であるがゆえに多くの共通の価値観や文化を他の「中国系人」と共有しており，またそれゆえ，一様にと

らえられがちである。

　そのような文化的な一様性が存在する側面を否定できるものではないが，かれらが「生根」の場所とした東南アジア諸国では，タイを除けば西側列強の植民地であり，異なった支配体制に置かれることとなった。また，その後に登場する各国の開発独裁体制の違いにより，異なった政府政策のもとで，さまざまな「生き方」を強いられ，あるいは選択せざるを得なかった。タイでは「同化を進めた華人政策」のもと，華人はタイ人として華人であるというハンディキャップはなかった。マレーシアでは「抑圧する華人政策」のもと，マレーシア人としての華人はマレー人と差別される存在であった。インドネシアでは「利益追求の華人政策」のもと，一部のクローニー華人が「KKN」で互助会的に利益を追求していく一方で，大多数の一般の華人が「スケープ・ゴート」となり迫害される構図ができあがった。

　本章の最後に，このような多様性を持った華人のアイデンティティについて検討し，新たな華人の定義を提示する。

　中国本土に居住する中国国籍の中国人は，その出身地名をつけて「何々人」と呼ばれることが多い，都市名でいえば，北京出身者は「北京人」，上海出身者は「上海人」となり，省名でいえば広東省出身者は「広東人」となり，地方名でいえば，東北三省出身者は「東北人」となる。彼らは自らをそのように呼称するし，他の中国人からもそう呼ばれる。現在の中国では，「普通語」での教育が普及し，全国的に統一されている。しかし，地元民同士が話す場合は，上海では上海語が，広州では広東語が一般的である。「何々人」と呼ばれる場合に共通しているのはまず言語（方言）であり，実際に居住している地名ではない[76]。また，香港やマカオに居住する人びとは自らを「香港人」「マカオ人」と呼んでいるが，一般的には共通して広東語を話している。シンガポールでは，その両親や先祖の出身地で使用する方言が異なる。中国系シンガポーリアン（シンガポール華人）は，自らを中国人とは呼ばず，シンガポール人（Singaporean）であると自称する。しかし，同じ中国系のなかでは，潮州出身者は「潮州人」（Teochew），福建省出身者は「福建人」（Hokkien），広東省出身者は「広東人」（Cantonese）と自らを呼称するし，仲間内からもそう呼ばれる[77]。また，場合によっては

マレーシア華人からもそう呼ばれる。このように，人の呼称に関しては，「自己のアイデンティティの認識」に重きがおかれ，それを「他者からの目」が追認することで呼称が確定していると思われる。このことは「華人」を定義する際に，当該人が自分自身をどう思っているのかと，他者がどう思っているのかの両面を考慮しなければならないことになる。しかし，この見方が「自己」と「他者」で異なる場合も考えられる。その場合には，画一的に定義をしてしまうのではなく，国籍からすれば「何々人」であるが，彼ら自身の「アイデンティティ」が「華人」である場合には，彼らの見方を尊重するという意味において「何々華人」というように国・地域名を冠して呼称することが妥当であると思われる。

　前述した通り，華人に対する定義はさまざまであり自らを華族と呼称する人たちもいる。また，70年代以降に見られる「新しい変化」[78]はそれを一層複雑化させている。ここでは，それらの検討を踏まえたうえで，新たな華人の定義を次の通り提示する。

　●当人または先祖が中国系人であり，
　　「両岸四地」以外の国籍を取得しているもので，
　　自らを華人（あるいは華族）として認識している人たち。
　　なお，両親のいずれかが，その先祖を中国系人としていない場合も含む。

　これらの華人は専ら国籍取得国に生活基盤ないしは事業基盤をおいているが，両基盤とも国籍取得国にない場合でも，あるいは，その先祖を中国人としていない人との婚姻関係で国籍が変わった場合でも，本人のアイデンティティが華人である限り，華人である。この結果として，華人はその保持している国籍からタイ人やマレーシア人やインドネシア人であるが，それと同時にタイ華人やマレーシア華人やインドネシア華人でもある。また，シンガポール華人のように"Teochew Singaporean"であったり"Hokkien Singaporean"であったりもする。なお，「何々」華人と称した場合の，「何々」は国籍取得国を指すものであり，実際に居住している国・地域を指すものではない。勿論，サブ・カテゴリーとして，潮州人・福建人・広東人・客家人・海南人などを使用することは妨げるものではない。

注

1) 村嶋 (1996)、iii ページ。
2) 小林 (1992) 105ページと小池 (1991) 131ページを参照されたい。
3) ディディ (2000) 140-141ページ。
4) 游 (1991) 2-3ページ。類似語として現地化がより進んだ人を「華裔」、また「華僑」「華人」を一括して「華族」とも呼んでいる。
5) 林（華）(2002a) 22ページ、「華裔」とは「中華民族・炎黄の子孫」のことを指し、厳密に言えば「両岸四地」（中華人民共和国・香港・マカオ・台湾）全体の国民も華裔の範疇に入るが、日常では華裔とは呼ばれず、華裔は慣例として「両岸四地」以外のところに散在している世界各国の華僑・華人のことを指すものである。また、東南アジア社会では「華裔」よりも「華族」という表現を好む。
6) 岩崎 (1999) 10-13ページ、①に従えば、植民地時代に移民したが、国籍は中国のままであった人びと、あるいは東南アジア諸国が独立した後でも「中国籍」を維持した人びとは「中国人」である。彼らは「華僑」と呼ばれる。居住国の国籍に転換した人びと、あるいは現地で生まれて国籍を得た人びとは、華僑ではなく「マレーシア人」や「インドネシア人」となる。②に従えば、どの国家に帰属するかによって呼称は決定される。シンガポールの国籍をもっていれば「シンガポール人」となる。③に従えば、移民後何世代も経ていたり、現地国籍を取得したりした人びと、ないしは中国語を全く話せない人びとであっても、その血ゆえに「中国人」と見なされる。
7) 戴 (1974) 8-9ページ。
8) Pan (1999) p.15.
9) Wang (1991) pp.253-254.
10) Chen (1995) p.69.「港澳同胞」とは香港・マカオの居住民、「台湾同胞」とは台湾の居住民のことである。
11) 『華僑・華人事典』を参照されたい。
12) パン (1995) 128ページ。海外の移民先と国元の何カ所かの村々の間にできあがった「連鎖移民」(chain migration) は、あてもなくばらばらにやってくるのではなく、血縁でつながっていない場合でも、方言や出身地でつながっている。
13) 游 (1995) 188-189ページ。
14) 同上書188ページ。
15) 陳 (2001) 58ページ。
16) 神戸華僑歴史博物館にある「落地生根」の額の説明を参照されたい。
17) パン (1995) 218-219ページ。『華僑・華人事典』タン・カーキーの項目を参照されたい。
18) Wang (1959) p.25.

19) 李 (1988) 47ページ。
20) 須山 (1979) 15ページ。
21) パン (1995) 247ページ，この法律の制定には華僑送金をいかに保つかの清国の配慮があった。
22) Wang (1991) pp. 3-10. なお，この部分で言及されている華僑は本書の定義とは異なり，ある種の亡命者のことを指している（華僑という言葉はこの意味で使用されていたこともある）。
23) パン (1995) 50ページ。
24) 渡辺・岩崎 (2001) 71-72ページ。
25) パン (1995) 53ページ。
26) 渡辺・岩崎 (2001) 72ページ。
27) 陳達は当時北京清華大学の教授で満鉄東亜経済調査局 (1939b) の著者である。
28) パン (1995) 249ページ。
29) 同上書250-251ページ。
30) 同上書252-253ページ。
31) Leo (1998) p.50.
32) パン (1995) 51ページ。
33) 山下 (2005) 28ページ。
34) パン (1995) 52ページ。
35) 同上書51ページ。
36) Seagrave (1995) p.138.
37) 天児 (2004) 同書巻末の年表を参照されたい。1894年に孫文が興中会をハワイで結成する。1900年には義和団事件で北京が占領される。1901年には北京議定書で中国の植民地化が進展し，1911年の辛亥革命で清朝が崩壊する。このことで1912年に中華民国が成立し，同年孫文が国民党を結成する。国民党と共産党の対立が続くなか，1924年に第1次国共合作がなされたが，1925年には孫文が死去する。1931年の満州事変に引き続き，1937年に日中戦争が勃発する。1945年に日本が連合軍に対しポツダム宣言を受諾し，第2次大戦が終了する。1946年に中国では蒋介石の国民党と毛沢東の共産党が国共内戦を戦い，共産党軍が勝利したことで1949年に毛沢東が中華人民共和国を建国する。
38) 同上書巻末の年表を参照されたい。1965年に毛沢東が文化大革命を開始し中国が大混乱に陥る。1971年に国連加盟する。1976年に周恩来が死去し，第1次天安門事件が発生する。その後，毛沢東が死去するが，このことで，1977年に文化大革命は終了する。1979年に米中国交が回復され，中越戦争が勃発し，経済特区設置が決まる。1989年に第2次天安門事件が勃発し，その後鄧小平が復活する。1992年に鄧小平の南巡講和があり中国は改革開放の経済政策に転向する。

39) 岩崎（1999）51ページ。
40) パン（1995）126-127ページ。
41) 村嶋（2002）37ページ。タイのチャクリー王家に入った中国系人の血縁関係は同書を参考されたい。
42) 李（1988）64ページ。
43) 満鉄東亜経済調査局（1939a）84ページ。
44) 村嶋（1996）30-35ページ。ワチラーウット王の諸施策については同書を参照されたい。
45) 満鉄東亜経済調査局（1939a）182-183ページ。言葉使いは原文のまま。
46) 村嶋（1996）228-229ページ。
47) 村嶋（1993）347ページ。
48) ピブーンが華人であったことは村嶋（1996）28ページ，および小林（1992）65ページを参照されたい。
49) 山本（1997）305-306ページ。この時期のタイと中国はベトナムに対して共通の利害を持っていた。
50) 荻原（1996）7ページ。
51) 満鉄東亜経済調査局（1941）182-183ページ。言葉使いは原文のまま。
52) 李（1988）102-103ページ。
53) 荻原（1996）32-33ページ。
54) 同上書35ページ。
55) 同上書84-85ページ。
56) パン（1995）272ページ。
57) 鈴木（2002）144ページ。
58) マハティール（1983）131ページ。マレー人はマレーシアにおいて差別されていることに苦情を訴えているが，それは法律についていっているのではなくて，マレーシアの主要な他の人種グループの特性と行動様式に関する苦情である。マレー人はのん気な傾向がある。非マレー人，わけても中国人は唯物的，攻撃的であり，勤労意欲に富んでいる。平等を実現するためには，これらの際だって対照的な人種が互いに順応することが必要である。
59) Suryadinata（1998）pp.57-58，および荻原（1993）54-69ページ，華人の政党活動や華人企業の社会活動は同書を参照されたい。
60) 李（1988）153ページ。
61) 須山（1979）127ページ。カピタンに関しては同書を参照されたい。
62) 満鉄東亜経済調査局（1940）182-183ページ。言葉使いは原文のまま。
63) 蔡（1993）169ページ。
64) 同上書170-172ページ。

65) 三平（1997）335ページ。
66) パン（1995）259-260ページ。この事件の顛末は同書を参照されたい。
67) パン（1995）262ページ。この時の中国人に対する暴力は同書を参照されたし。
68) 後藤（1993）99ページ。
69) 白石（1997）118-122ページ。資金調達の方法の1つとして華僑と合弁会社を設立するが，これは華僑が資金と経営，軍が政府との折衝と保護を受け持つことによって成り立っている。
70) 三平（1997）337ページ。
71) 蔡（1993）176ページ。
72) 三平（1997）337ページ。
73) Suryadinata（1998）pp.51-53. 華人の政党活動や華人企業の社会活動は同書を参照されたい。
74) 村嶋（2002）45ページ。
75) ディディ（2000）106ページ。スハルト以降の華人社会の様相は同書を参照されたい。
76) 筆者の中国駐在時の経験である。例えば，上海出身の上海人が山東省青島に父親の代に移住し，青島人と結婚し家庭を築き，青島で勤務しているような場合でも，彼は自らを上海人と呼称している。
77) 筆者のシンガポール駐在時の経験である。
78) 游（1991）5-6ページ。新華僑の増大や70年代後半から80年代にかけての中国系人の大きな変化（5つの外流と2つの内流）。

第3章

華人企業グループの躍進
―― 植民地労働者から発展の原動力へ

　東南アジアでは多くの華人企業が工業化の進展とともに発展し，大企業グループを形成するものが現れた。その工業化に関しては第1章で，また華人のおかれてきた状況に関しては第2章でそれぞれ検討をおこなったが，ここでは華人企業に焦点を当て検討をおこなうものとする。なお，ここでいう華人企業とは，暫定的に「華人が資本と経営の両面で主導的な役割を果たしている企業」と定義したうえで取りすすめることとする。

　華人企業の成功譚は「彼らが中国人であったから」「中国文化の背景があったから」「現地人よりビジネスセンスがあったから」のようにステレオタイプで語られることは前述した通りである。また，同様に「これらの見解が全く誤解に基づくものである」とか，「その一部は真実である」ということもよくいわれていることである。しかし，各国の華人企業グループは，一様に各国の華人政策の「ホンネ」と「タテマエ」に，ある時は翻弄されながら，また，ある時は逆手に取りながら，そのプレゼンスを高め発展を遂げてきた。その成功はまさに「歴史がくれたチャンスという要因によって，そして彼らの居合わせた国の特色も相まって達成できた」[1] ものであろう。次に示す表I–6は東アジア各国・地域の中国系人企業のプレゼンスを現す一例として取り上げた。そのプレゼンスの大きさは，華人がマジョリティであるシンガポールや中国系人の国・地域である台湾・香港では当然であるとしても，タイ・マレーシア・インドネシアのASEAN[3]を含めフィリピンやベトナムでも，大きな存在感を表すものとなっている。

　このような華人企業を検討するに当たり，本章では，まず，さまざまな華人企業論に関する先行研究を参照しながら，華人企業を一般的にとらえてい

表 I-6 中国系人企業のプレゼンス

国	上場企業に占める華人企業シェア（％）	地域経済に占める華人企業の産出高シェア（％）
タイ	80	50
マレーシア	60	60
インドネシア	75	50
フィリピン	50	40
シンガポール	nil	76
ベトナム	nil	20
香港	nil	80
台湾	nil	95

(出所) 華人企業シェア：『日本経済新聞』1994年1月4日，上場企業株時価総額に占める華人企業の比率推計（除く政府系・外資系）。
産出高シェア："The Limits of Family Value," *Economist*, Mar 9 1996, p.10, GDPに占める華人企業の産出高 (output)。

る諸論と特定の1カ国を対象とした諸論を概観する。また東南アジアの華人企業の共通点を，ネットワークと対中投資の観点から検討する。次いで，華人企業の発展経緯の相違を ASEAN₃ を対象として観察する。さらに，華人のファミリービジネスの失敗例を分析し，最後に本章のまとめとして華人企業分析の視座を提示する。

東アジアの中で，特に東南アジアに注目する理由は，前述した通りこの地域に華人の70％あまりが居住している事実があることと，華人企業の当該国における経済的なプレゼンスの大きさによるものである。また，国別の華人企業の発展経緯の検討を ASEAN₃ としたのは，これも前述した通りこれらの諸国では一時的に経済が落ち込むことがあっても，長期にわたる大きな経済の失速現象が起こらずに工業化が進展したことによる。

なお，ここで概観する ASEAN₃ の華人企業は，第Ⅱ部で個別に企業活動が分析される「三グループ」の創業期・発展期を中心として検討するものとし，時期的には第2次大戦終了後から1997年のアジア通貨危機の数年先までを対象とする。

3.1. さまざまな華人企業論

華人企業についてはステレオタイプで語られることが多い。この理由は，

彼らが中国系人であることに起因しているように思われる。このような中国系人の特徴とされるものは，第2章で検討した通り，必ずしも華人のみに特徴的なものではなく，程度の差こそあれ華人以外の人たちにも観察することができる。例えば，「儒教思想の影響を受けている」という観点からみれば，日本人や韓国人にも同様なものは見られよう。また，企業が三縁をはじめとする関係（ネットワーク）を利用して企業活動をおこなっていることは，華人企業に限らずある程度普遍的にみられることでもある。

したがって，「華人の持っている中国系人としての伝統・風俗・文化などの特徴が華人企業の特徴を形作った」という観点のみを重要視するような華人企業論はステレオタイプになりがちであり，必ずしも本質を突いているものとはいえない。さらにいえば，このような華人企業論は，華人企業を一様に取り扱ってしまいがちであり，華人企業に対する誤解を招く恐れもある。

本書では華人企業を検討する方法の一助として，まず，華人企業の先行研究をレビューする。まず，一般的に華人企業の特徴がどのようにとらえられているのかの検討をおこない，さらに，国ごとのビジネスの特徴を分析した先行研究をもとに華人ビジネスが当該国でどのように位置づけられているのかの検討を行う。

3.1.1. 華人企業経営論

前2.1.1項で検討した通り，華人に対してはさまざまな定義付けが行われているが，そのため華人企業の研究でも研究者によりさまざまな範疇の「いわゆる華人企業」が対象とされ，場合によっては香港や台湾の企業を含んでいたりすることもある。ここでは，それらの研究は広い意味で華人企業も研究の対象になっていると考え，それらを含め，華人企業に関連する諸研究を取り上げる。まず，華人ビジネスの特徴で，一般的にいわれている華人の持つ生来の文化的特徴の側面から説明しているものを取り上げ，それらの研究でキーワードとなっているものを検討する。

華人が中国系人であることから，中国人の伝統的な価値観を華人の価値観としてとらえ，専らそれらに依拠しながら華人の経営を論述しているものがある。ここでのキーワードは「三縁」であったり，「関係」（ネットワーク）

であったりする。これらのキーワードは儒教の教義[2)]に依拠するものとされている。この教義のもと，家族・縁戚者の繋がりである血縁，同じ方言を話す同郷人の地縁，同業者との連携である業縁の三縁が重んじられる。「関係」は華人のネットワークのことを指している。これは「三縁」も含む華人のあらゆるネットワークのことであり，多様化していることは前述した游仲勲の指摘通りである。

　移民として出発した（あるいは，出発を余儀なくされた）華僑が父祖の教えとして，あるいは文化的な伝統から，「三縁」や「関係」に重きを置いた（あるいは，重きを置かざるをえなかった）ことは否定できないであろう。異国に居住する華僑は「他に頼るすべがない」境遇で，まず家族・縁戚者の繋がりである血縁に頼ったであろう。さらに商売（事業）の拡大とともに人材不足が生じた場合はコミュニケーションの観点から同じ方言を話す同郷人の地縁に頼り，かれらを呼び寄せたりしたであろうし，同郷人が成功した人を頼って渡航してくることもあったであろう。また，商売（事業）を行ううえで同業者との連携を強化する業縁も重要視されたであろう。しかし，これらの特徴が華僑の移民社会に共通に見られたとしても，他の移民社会にこのような「縁」が見られないことはないであろう。

　また，「関係」を「三縁」を初めとするネットワークととらえれば，それを構築したり拡大したり利用したりしながら，生活の安定を図りビジネスの拡大を実践することは華僑の移民社会に共通して見られるものであったとしても，華僑・華人に特有のものとは思えない。これらのネットワークの存在は中国系人の社会にしか見られるものでもないし，中国系人だから「関係」を重視したり，活用したりしているわけではないのである。

　さらにいえば，この儒教の価値観は程度の差はあるが東アジアにおいて普遍的に広がっており，中国系人社会のみに普及しているものではない。筆者は，華人企業の特徴を現すものとして常に語られるこれらのキーワードを華人企業の成功の要因としてあげることを否定する立場ではない。しかし，これらのキーワードのみに重点が置かれると，「中国系人であるから成功した」というような結論になりがちであるということを指摘しておきたい。なお，生活基盤やビジネス基盤の創出・維持・拡大に何らかのコネクションを求め

ることは一般社会で普遍的なことであり，移民社会に特有のことでもない。

　次いで，アジアの企業の発展の特徴を儒教の価値観との関連性で分析しているエズラ・ヴォーゲルのものを取り上げる。なお，この研究は華人企業のみを対象としたものではなく，日本とその近隣4カ国（台湾・韓国・香港・シンガポールを四小竜と呼んでいる）の急速な工業転換を分析したなかで，共通して見られる特徴として「ネオ・コンフューシャニズム」を検討している。ヴォーゲルは「四小竜」が発展したのは，①アメリカの援助，②旧秩序の崩壊，③政治的・経済的緊迫感，④勤勉で豊富な労働力，⑤日本型成功モデルについての知悉の5つの状況要因が大きな利点となったと述べている。そのうえで，これらの状況要因のみで現実に起こったことの全てを説明できないとし，伝統的諸要因を取り上げている。この要因は日本と「四小竜」が工業化する際の能力に貢献したもので，これらすべての社会に共通する制度的・伝統的態度として，若干の留保つきで①能力主義のエリート，②入学試験制度，③集団の重要性，④自己研鑽の4つの結合要因をあげている[3]。この研究は四小竜の成功を「ネオ・コンフューシャニズム」にのみ依っているとしたものではないことに留意すべきで，むしろ5つの状況要因の補足的なものとして「ネオ・コンフューシャニズム」が位置づけられている。なお，この研究では「ネオ・コンフューシャニズム」が見られる国・地域として日本と韓国もあげられている。このことは日本人や韓国人にも「ネオ・コンフューシャニズム」が見られるということを意味し，必ずしも中国系人だけにみられるものではないということを示している。

　企業経営論の立場から華人企業を対象としているものは多いが，Jamie Mackieは東南アジアにおける「華人の経済主体」（EC：ethnic Chinese economy）は多くの共通の様態を持っているが，各国の環境の異なりにより分岐したいくつかの特徴を形づくっているとしている。共通の様態としては，①家族企業，②ネットワーク，③コングロマリット企業経営をあげたうえで，華人企業が国ごとに異なった様相を示しているとし，その経済的な役割の異なりをタイ・マレーシア・シンガポール・インドネシア・フィリピンに分けて検討している。なお，そのなかで華人企業に関しては次のように言及されている[4]。①東南アジアの華人（原文では"ethnic Chinese"）にとっ

て中国の文化遺産の重要性は否定されるものではないが事業の成功に対して誇張されるべきものではない。②東南アジアの政治経済システムにおける華人企業の役割は政府にとり単なる手段の1つにすぎず，彼らは地域統合の政府の政策を支える原動力ではない。③華人企業には多くの類似点と連携があるが，これらの企業は共通する単一システムでまとめられるものではなくますます異なったローカル性を持つようになってきており，「故郷に帰る」という言葉に含意されている東南アジア諸国から中国への投資のパターンにも重要な地域差があった。④タイクーン（tycoon，華人企業グループの総帥というような意味で用いられている）の間に存在しているリンクは非常にゆるく属人的であり，「その場限り的」であって強固に構造化され制度化されているものではない。⑤東南アジア華人は過去半世紀の間に「中国人らしさ」のいくつかの部分を徐々に手放し着実に「中国人」から「南東アジア人」になってきており，将来もこの傾向は続いていくであろう。⑥華人ビジネスの成功譚の背景として，暗示的に人種あるいは文化的な要素（「境界のない国家」「ネオ・コンフューシャニズム」）を説明要因として強調するものが多くあるが，そのような議論は危険なほど誤解を招くかもしれず，全ての華人あるいは東南アジア華人をある共通の人種や文化の絆を用いて一まとめに見なすことは意味の無いことである。⑦東南アジアの伝統的な中国の同族会社を今後の数十年間でみれば数において減少しそうである。⑧ビジネスネットワークの性格は大きく変貌するであろうが，多分いくつかの形態は残り，大きなコングロマリットはほぼ確実に継続しさまざまな中国的特徴を保持し続けるであろう。即ち，Jamie Mackie は東南アジアの華人企業の発展は中国の文化的側面にのみ立脚しているのではなく，むしろ「東南アジア」の華人企業は一様ではなく各国ごとに異なりがあることを強調している。また，これらの華人企業の「中国人らしさ」は認めつつも，世代を経ることにより変貌を遂げていくであろうことも示唆している。

　Min Chen は東アジアの経営システムの比較研究をおこない，中国系企業，日本企業，韓国企業の経営システムを比較研究するなかで中国系企業の1つとして中国の国有企業とともに華人企業を取り上げている。Min Chen は東南アジアの華人（原文では "overseas Chinese"）には，「自分たちを中

国文明と結びつける点で強い一貫性・連続性の意識がある」と指摘し，華人は「地域全体で高まったナショナリズムの標的となり民族暴動の被害者になり，各国政府の差別政策に耐えてきた」存在であるとしている。このことで生成された華人の特性[5]から，華人企業は土着の企業と異なり華人のビジネス・コミュニティやネットワークが利用できるという優位性をあげている。Min Chen は東南アジアの華人のビジネスの特徴を伝統的な中国人の特徴を基に解き進めているが，華人ビジネスの多様性や地域ごとの異なりにまで言及しているものではない。この意味では筆者のいう「ステレオタイプ」的な華人企業論ともいえるが，日本企業・韓国企業・中国の国有企業を比較対象としていることに特徴がある。

游仲勲は日本における華僑・華人研究の先駆的な研究者であり，その研究も多いが，ここでは広い範囲で中国系人の経営者の「素顔」を検討しているものを取り上げる。彼は中国系の経済として中国大陸・香港・マカオ・台湾・海外華僑・華人の諸経済をあげたうえで，ミクロの角度から焦点をあてて中国を除くそれら諸経済における中国系経営者の特徴を分析し，中国系経営者の特徴としてネットワークをあげている[6]。このネットワークは伝統的な三縁関係以外に，政治家などの権力者との結合，地域的経済統合やエスニックな経済的結合，さらには現地・土着系との結合や同窓会などの新しい結合にもその範囲が拡げられている。これは，中国系人経営者を取り巻くビジネス環境が大規模・広範囲になり多様化・複雑化してくることで，三縁関係のネットワークではビジネスの範囲が納まりきれなくなってしまったことを意味していると思われる[7]。

Murray Weidenbaum と Samuel Hughes は躍進する大中華圏（大陸中国・香港・台湾）の急激な市場経済への移行には，西側資本ではなく東南アジアの華人（原文では"overseas Chinese"）資本が寄与したとし，これらの華人企業を総称して"bamboo network"[8]（日本語ではバンブー・ネットワークと翻訳されており，以下これを準用する）と呼び，その役割を論じている。華人企業は西欧ビジネスの競争者として強烈な経営努力，抜け目のない金融，生産効率を持ち込み，「相互信頼に基づく企業連合のネットワークのなかで形成された高度のフレキシビリティ」を有するとされている[9]。こ

の研究は拡大している中国経済に注目する形で東南アジアの華人企業が今後とも重要な役割を果たすとしており，特に中国へ進出する欧米諸国が直面した諸問題点（公的規制・言語の壁・文化の壁・財産権／契約法などの法の不整備・知的所有権の軽視・癒着など）を指摘し，華人企業がバンブー・ネットワークを利用できることの優位性をあげている。

　前述した通り華人企業研究にはさまざまな視点から研究が行われている。儒教的な価値観の側面に焦点をおき，華人企業を特徴付ける研究は多く存在する。また，この特徴だけで華人企業を説明してしまうような見解もある。一方，エズラ・ヴォーゲルは「四小龍」の発展には状況要因を補足する形で儒教的な価値観があったとしている。これによれば，明示的な指摘はないが「四小龍」の一角である韓国と「四小龍」を先導した日本でも儒教的な価値観は共有されている。このように儒教的な価値観が中国系人の国・地域のみではなく韓国や日本にも見られるものであるとすれば，華人企業を専ら儒教の価値観の側面で説明する論法では，同じ儒教的な考え方を共有している日本企業や韓国企業と華人企業が同列になってしまうことになる。筆者は儒教の価値観に基づく華人企業の性格付けは無視できないものがあると考えるし，儒教的な要因を補足要因としてとらえることに異をとなえる立場ではない。しかし，儒教の側面にのみ重きを置くような華人企業論は説得力があるものとは考えない。

　このような伝統的な儒教の価値観である「三縁」や「関係」に関しては，発展途上国における企業の創業・発展段階では十分に寄与したことは間違いないであろう。また，事業が拡大していく中で，三縁関係を飛び越えたネットワークが出てきていることは游忠勲の指摘通りと思われる。しかし，この拡大したネットワークは華人企業を含む中国系人企業のみに見られるものではないことも指摘しておきたい。なお，ネットワークに関しては華人の共通性の1つとして後述する。

　なお，Jamie Mackie の「華人は着実に『中国人』から『南東アジア人』になってきている」という視点や「華人企業には国ごとの異なったローカル性がでてきている」という研究は華人企業が一様ではなく国ごとに異なりを持ってきていることを示唆している。華人企業を画一的にとらえる見方は

Min Chen の見方にもあるが,華人企業が成長し一国の経済で大きな位置を占めるにいたった現在,各国固有の様態をしめるようになったことは Jamie Mackie の指摘通りあろうし,特に大手の華人企業グループはそうであろう。なお,華人企業の国ごとの異なりは ASEAN$_3$を対象として後述する。

3.1.2. 国ごとに分析されたもの

前項では華人企業を全般的にとらえた諸研究の検討を行ったが,ここでは1国を対象としているもので企業組織や企業形態に関連している先行研究を取り上げる。これらの研究は華人企業のプレゼンスの大きさを示すものでもあるが,タイでは特定家族が支配している企業グループ(実質的には華人企業グループ)の多角化の様態を研究した末廣昭のものを,マレーシアではブミプトラ政策の「企業のマレー化」の様態とそれに対する華人の対応を研究した原不二夫のものを,インドネシアでは共同経営者としてプリブミを取り込んだ華人企業の所有構造を研究した佐藤百合のものを取り上げる。

末廣昭は,タイでは大企業の大半が外国人企業か特定家族が支配する企業グループであるとし,後者の財閥が事業の多角化を実施した理由を研究している。タイ財閥のグループ化・事業多角化は,①範囲の経済性(economics of scope),②工業化の後発性,③華僑・華人企業と家族的経営に由来するもの,という3条件が相互に関連し重なり合いながら促進されてきたとしている[10]。この研究は,タイの財閥オーナーの大半が華僑・華人である[11]ことから,結果としてタイの華人企業の多角化の特徴を分析したものともなっている。しかし,この研究に示されている企業の多角化の条件はタイの企業グループのみに見られるものではなく,ある程度普遍的に華人企業にも見られると思われ,この視点は第Ⅱ部における三グループの検討で参照するものとする。

原不二夫はマレーシアのブミプトラ政策のもとで企業構造の再編を分析し,マレーシアの上場企業に関しては,マレー人経営者・マレー系企業は質量ともに華人経営者・華人企業に拮抗しある面では凌駕したとし,この時期の非ブミプトラ・マレーシア企業のマレー化に対する対応をブミプトラ政策が実施されていた70年代を対象として分析している[12]。この研究は「マ

レー化」がいかに華人企業にダメージを与えたかを如実に示すものとなっており，例えば「マレー化」以前では銀行は2，3の例外を除いて華人銀行を意味していたが，この政策が遂行されたことでそうではなくなった。なお，この研究ではブミプトラ政策のもとで発展していった華人企業の分析も併せ行なわれており，華人企業の中には飛躍の契機をつかむものも現れた。このようにブミプトラ政策は華人企業に大きな圧力を掛けるものであり，第Ⅱ部で詳述するクォク・グループが，その本部をマレーシア国外に移転させる理由の1つとなった。

佐藤百合はインドネシアの企業グループの傘下企業の所有構造を分析し，その株主構成から「家族型」（総帥家族による所有）と「パートナーシップ型」（総帥と共同事業者との共同所有）に分類し，個々のグループごとに実態を明らかにしている[13]。しかし，「パートナーシップ型」企業グループは総帥と各共同事業者がそれぞれに所有する複数の企業グループへと分裂を起こし，それら個々の企業グループが緩やかな企業グループ間ネットワークを形づくるようになってきたと暫定的に結論づけられている。それらの変動は，教育を受けた総帥の子供世代の台頭，有力な専門経営者の登場，共同事業のスピンオフなどが契機となっている。この研究では，「パートナーシップ型」企業グループが主要であったと分析しているが，これはインドネシアの華人企業がどのような形態でビジネスを進捗させていったかを現すものであり，華人企業の癒着のもう一方の当事者（あるいは当事者の代理人）がパートナーという形態で企業に組み込まれていることを示すものとなっている。なお，「パートナーシップ型」企業グループの代表格であるサリム・グループは第Ⅱ部において詳述される。

なお，上記の先行研究は，ASEAN$_3$において華人企業がどのような立場に置かれていたかを示す一例として取り上げたもので，各国における華人企業の発展状況は後述するものとする。

3.2. 東南アジアの華人企業の共通性

ここでは，東南アジアの華人企業を対象に，その共通性を華人ネットワー

クの側面と対中投資の側面で検討する。

3.2.1. ネットワーク

　東南アジアの華僑・華人のビジネスを説明するのによく「アリ・ババ」ビジネスという言葉が使われている。これは中国系人（華僑・華人）が政府の政策に何らかの形で縛られた場合，あるいはより有利にことを運ぶ場合，形だけの現地人のパートナーを見つけだしパートナーシップを構築することで経営に参加させ（形式的に行われる場合も含む），事業を遂行することを指している。各国が工業化を進展させるなかで，政府は諸施策を立案・実行していくが，その過程で自国産業を保護したり，現地人の優遇策がとられたりすることがよくあることは第１章および第２章で検討した通りである。華僑・華人のビジネスマンは，これらの政策が必ずしも自分たちに不利に働くことばかりではないことを熟知し，時には逆らいながら，またある時にはこれを利用しながらビジネスを展開していった。なお，「アリ・ババ」の「アリ」はイスラム教徒の代表的な名前でマレー人やインドネシア人のことを指し，「ババ」は中国人のことを指している。「アリ・ババ」ビジネスの意味を広義の意味でとらえれば，政策決定・政策実行あるいは各種許認可に重要な影響をおよぼす政治家・高級官僚・軍人などと手をむすぶことにより，ビジネスをより円滑に，より儲けの多いほうへ展開することと考えることができ，マレーシアやインドネシアに限らずタイにおいてもその形態を見ることができる。

　一方，華人ビジネスの発展に関しては，「華人同士のネットワークの繋がりから，あるいは中国人の伝統文化を基礎にしながらおこなわれてきた」ということがよくいわれている。これらは前2.1.1項の華人の特徴で集団としてのものを取り上げたが，それを含め大きく２つにわけて考えることができる。１つ目は個人に帰属するもので，その「勤勉性」「一所懸命性」「倹約性」「蓄財性」「忍耐強さ」などである。これらの性格は中国系人であるがゆえの性格であるとはいえないが，移民として異国で生活や事業を営んでいく華僑・華人の場合は，より強くこれらの性格が前面に出たであろうことは容易に想像できる。２つ目は集団としての性格である。これは「関係」や「信

用」という言葉で表される。「関係」とはネットワークのことであり，代表的なものは前述した「三縁」（血縁・地縁・業縁）関係である。すなわち，血のつながっている家族や同族などの一族のネットワークである血縁，同じ方言を使用する同郷者同士のネットワークである地縁，仕事の関係で結びついている業縁である。「信用」とは相手を具体的な担保なしでも信頼することであり，金銭の貸し借り関係を結んだり，共同で事業を興したり，相手の起業を助けることである。これらの集団としての性格も中国系人に固有のものであるとはいえないが，異国に居住し事業を展開している華僑・華人企業の経営者が，まず心を許しあい頼ったのは，同国人，特に同郷人が中心となったであろう。これらの背景には「儒教文化」の存在があるということは前述した通り普遍的にいわれていることであるが，むしろ，厳しい異国で生活や事業を営まざるを得なかったこれらの中国系人にとって，「心底からコミュニケーションできる相手は同じ方言を話す人たちしかいなかった」という現実が中国人の持つ生来の性格に，より拍車を掛けることになったと思われる。この結果として，前述した個人や集団としての性格の特徴が華僑・華人のビジネス成功の要因として強調され，普及してしまったのではなかろうか。なお，筆者はこれらの特徴による「華僑・華人のビジネス成功譚」を軽視する立場ではない。むしろ，これらの個人的・集団的性格が華僑・華人のビジネス創業期には必要不可欠であったと考えるが，その一方では，華僑・華人のみに現れている固有の特徴ではないことも指摘しておきたい。

上記に述べた三縁を初めとするネットワークを本書では「オリジナル・ネットワーク」と呼称するが，三縁のなかでは同一方言を使用していることから「地縁」が最も重要な要素である[14]。このネットワークは游仲勲の指摘する通り，業容の拡大や中国語の普通語の普及とともに「三縁」を超えるより広い概念として広がっていった。

一方，前述した通り Weidenbaum と Hughes は，改革開放以降に政治的・経済的に大きなプレゼンスをしめすようになってきた中国本土と華人企業とのネットワークを「バンブー・ネットワーク」と呼称している。この研究は中国市場に進出した欧米企業の視点からなされていると思われる。この視点で華人企業を見た場合，欧米企業が直面した問題点（公的規制・言語の

壁・文化の壁・法の不整備・癒着など)を華人企業がやすやすとクリアーしているように見えることに何か特別な仕組みがあるのではないかと考え，それを特別なネットワークの存在に結びつけたものと思われる。使用言語の観点から見れば，華人企業が欧米企業に優位性を持つことは否定できないものがある。しかし，前述したような問題点は中国に固有に現れているものではなく，華人企業が事業基盤を築いてきた東南アジア諸国にも，国により程度の差はあるが同様に見られるものである。ある意味では，華人企業の中国に対する適応の方が，同じ中国系人であるため，事業基盤国における現地適応より容易であったかもしれない[15]。いわゆる「バンブー・ネットワーク」といわれるものは欧米企業の立場から見たものであり，彼らにとっては不可思議な華人ネットワークなのかもしれないが，華人企業の立場では，中国とのネットワークは単なる「オリジナル・ネットワーク」の地域的な拡大にすぎないのではなかろうか。「オリジナル・ネットワーク」は，地縁をもとにした「故郷に錦を飾る」型の寄付行為や事業振興を除けば，専ら居留国での事業拡大に資されていたが，中国の改革開放に呼応する形で華人企業が中国に進出した際は，まず地縁が活用され，その後その範囲は拡大された。なお，華人企業は，基盤国の華人政策や対中政策の異なりにより程度の差はあるが，彼らのネットワークを利用することで一様に中国での事業展開を行っている。これらの様態については次項以下で検討する。

3.2.2. 対中投資

東南アジアの華人企業グループは当該国においてそのプレゼンスを高めるとともに事業を海外に展開した。特に改革開放の初期段階における華人企業グループの90年代の対中投資は前述した華人の「オリジナル・ネットワーク」を利用したもので，「現地側との適切なコンタクト方法の確立やアントレプレナーによる利益獲得方法などに関し重要な役割を担った」[16]。また，この時期は日欧米資本の本格的進出とともに，台湾・韓国およびASEAN諸国からの資本の受入も本格化するのと並行し，香港の中国離れが起こった時期でもある[17]。

華人企業の対中投資には彼らが華裔であることから中国に対し親近感を抱

き結びついたという側面は無視できない点であるが，むしろ，開放後の中国の立場では直接投資の供給源の１つとして，あるいは，西側技術の手っ取り早い導入の中継機関として華人企業の力が利用できるメリットがあった。その一方，華人企業の立場では居留国事業のリスク分散や巨大市場である中国で橋頭堡を構築できるメリットがあり，双方の思惑が合致したことから結びついた側面が大きい。この結びつきは出身地との「地縁」が契機となっている場合が多い。また，ネットワークの範囲が拡大し地方政府や中央政府に直接むすびついているものがある（第Ⅱ部で個別に検討する）。

　このような華人企業グループの海外投資，特に対中投資には，投資時期・投資目的・投資理由・投資資金経路などで多くの共通点がみられる。

　共通点の第１は華人企業グループの海外投資時期である。この時期はいくつかの段階を経ているが海外投資は80年代より本格化した。ASEAN諸国の主要華人企業グループの対外投資活動は朱炎によれば共通して４段階のプロセスがある[18]。第１段階は70年代までの時期で，香港やシンガポール，近隣国への小規模な試験的なもの，第２段階は80年代前半の欧米などの先進国への販売拡大と拠点作りが目的のもの，第３段階は80年代後半以降のアジアへの集中投資で多国籍化を目指したもの，第４段階は90年代以降の中国への大規模投資である。

　共通点の第２は華人企業グループの海外投資目的である。この目的は，たんなる資本逃避や「故郷に錦を飾る」的なものとして理解すべきではない。このことを末廣昭・南原真は「多国籍化の潮流として見るべきである」[19]と述べ，企業グループの海外投資に向かう理由としている。また，岩崎育夫は華人企業の投資理由を３つあげている[20]。それらは，①規模の経済や新市場を求める「資本膨張説」，②投資を分散することで危険を回避する「資本逃避説」，③故郷の経済・地域開発に利潤抜きで投資を行う「故郷投資説」であるが，実態はこれらの１つで説明できるものではなく３要素が重複したものとなっているとしている。また，特に対中投資に限れば「民族の論理と資本の論理の２つが分かちがたく結びついている」[21]ともしている。その一方で，Boltは「華人企業の故郷の町への投資は，感情面よりも利益面がより多く計算に入っている。立地の決定に際しては，郷愁に加え，方言・地

縁・血縁（によるメリット）が大きな役割を果たしている」[22]と述べ，したたかな計算も入っているとしている。なお，これらの華人企業グループの多国籍展開について，井上隆一郎[23]は「リスクの分散」「先進技術の獲得」「祖国への特別な思い」などが交じり合った「アジア型」の多国籍展開とし，先進国企業のものとは区別している。

共通点の第3は，華人企業グループの対中投資理由である。この理由にはASEAN$_3$の華人企業の多国籍化というプッシュ要因と中国の投資環境の改善というプル要因とがあった。対中投資のプッシュ要因はASEAN$_3$が保護主義から経済開放へ政策変更したことにともなう華人企業グループの政策転換である。また，プル要因は中国の投資環境の改善である[24]。プッシュ要因である各国の保護主義緩和は当該国における華人企業グループと新規進出企業との競合をもたらし，その結果として華人企業に海外進出を促すこととなった。なお，保護主義の緩和に関してはジェトロが1995年版の白書で「ASEAN各国は，1985年代後半以降民族資本にそれほど固執せず，産業育成の中で外国企業の果たす役割を認識し，外資規制の緩和あるいは優遇措置の拡充を通じて外資を積極的に誘致するようになった」[25]と分析している。また，プル要因である中国の改革・開放は1992年の鄧小平の南巡講和に端を発するが，それ以後の規制緩和[26]が華人企業の中国投資を加速させた。

共通点の第4は，華人企業グループの投資資金経路である。この経路は，当該国から中国へ直接的に投資されたのではなく，香港の拠点を経由して間接的に実行された。このことをジェトロは1994年白書で「最初にファイナンスの拠点として香港・シンガポールに投資会社などの企業を設立し，次いでそこをベースとしてアジア近隣諸国に投資を行うパターンがみられる」[27]と分析している。実際，ASEAN$_3$の華人企業は大なり小なり当該国政府の規制を受けてきた。この規制のため，有力華人企業は対中投資が本格化する以前の70年代から「中国への投資窓口」としての機能を高める香港に拠点を設けていた[28]。これは規制を嫌う華人マネーが自然と香港に集まるという純商業的理由が大きいが，「おおっぴらに中国に投資すると，居住先で得た利益を祖国に持ち帰るなどの反華僑感情をあおりかねない」との理由もある。

華人企業の対中投資は，改革開放により経済拡大を目指す中国と海外での

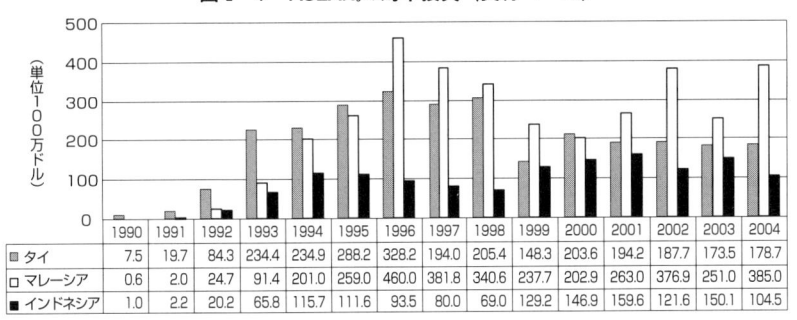

図I-4　ASEAN₃の対中投資（実行ベース）

（単位100万ドル）	1990	1991	1992	1993	1994	1995	1996	1997	1998	1999	2000	2001	2002	2003	2004
■ タイ	7.5	19.7	84.3	234.4	234.9	288.2	328.2	194.0	205.4	148.3	203.6	194.2	187.7	173.5	178.7
□ マレーシア	0.6	2.0	24.7	91.4	201.0	259.5	460.0	381.8	340.6	237.7	202.9	263.0	376.9	251.0	385.0
■ インドネシア	1.0	2.2	20.2	65.8	115.7	111.6	93.5	80.0	69.0	129.2	146.9	159.6	121.6	150.1	104.5

（出所）1998年までは『中国対外経済貿易年鑑』各年版。
　　　　1999年以降は中華人民共和国統計局データベースより筆者作成。

事業拡大を目指す華人企業の目的が合致し，ASEAN₃からの直接投資は1990年代前半以降急展開した。このことは次の図I-4の通りである。

1992年の中国の改革開放以降では各国の投資は一様に増加傾向を示している。この統計データは中国側のものであるが，前述した通り，華人企業の対中国投資は香港を拠点として行われているものが多く，実態の把握は困難である。しかし，このような公式統計でもアジア通貨危機の前年である1996年までは順調に推移し，タイで328百万ドル，マレーシアで460百万ドル，インドネシアでは94百万ドルと各国と，この時期のピークに達した。その後通貨危機で落ち込んだが，各国でそれぞれ異なった様相を呈しながらもほぼ順調に回復している。

3.3.　ASEAN₃の華人企業

ここでは各国の工業化政策と華人政策とが相互に関連しながら，華人企業の発展に作用してきたことをASEAN₃を対象として各国ごとに観察する。

3.3.1.　タイの華人企業

タイの華人企業は，タイ政府の長期にわたる「同化を進めた」華人政策のもとでタイの経済発展戦略やマクロ経済政策と密接な関係を有しながら台頭した[29]。

30年代から台頭してきたタイの大企業グループは末廣昭・南原真によれば5つに分類できる[30]。それらは①コメ財閥，②金融コングロマリット，③製造業グループ，④アグロビジネス・グループ，④建設・不動産グループである。なお，タイの華人企業は民間企業が参加できるあらゆる分野へ参入しており，華人であることによる差別を受けなかったことは前述した通りである。

　ピブーンは華僑を弾圧したがそれと同時に華僑の同化を推進した。同政権のもとで国有企業が次々に設置された。その一方で，華人資本を商業から工業へと転換させようとしたが，技術的ノウハウがない分野に進出する華人資本家は少なかった[31]。華人が進出した代表的な商業資本の一例として銀行を取り上げれば，この時期に華人系銀行は急速に発展した。これは「銀行グループ，とりわけ4大グループは，軍閥の庇護の下に成長を遂げてきた」[32]ことが理由としてあげられる。これらの4大銀行は4大家族とも呼ばれているが，チン・ソーパンパニット（Chin Sophonpanich, 陳弼臣）のバンコク銀行（Bangkok Bank, 盤谷銀行），ウテン・テチャパイブーン（Uthen Techaphaibuul, 鄭午楼）のバンコク・メトロポリタン銀行（Bangkok Metropolitan Bank, 京華銀行），バンチャー・ラムサム（Bancha Lamsam, 伍班超）のタイ農民銀行（Thai Farmers Bank, 泰華農民銀行），チェアン・ラッタナラック（Chuan Rattanarak, 李木川）のアユタヤ銀行（Bank of Ayudhya, 大城銀行）である。

　民間主導型へ工業化の方向性を変えたサリット政権のもとでは輸入代替型工業化を押し進めたが，これは華人資本にも工業化を勧めるものとなった。この政権が実施した1960年の投資奨励法制定により何よりもメリットを受けたのは地元の華人資本であった。もともとタイでは華人資本家とタイ上流階級とは過去20～30年にとりわけ接近してきており，両者は親しく交わっていたので，その共存関係はいつしか既成事実と化していた[33]。彼らは政治家，高級官僚にアプローチをおこない，機械や原材料の関税免除や税金の免除を受け，急速に資本蓄積をはたした。この時期は軍・官僚・企業（おもに華人資本）の3者連合体制が確立され，多くの軍人・官僚が華人企業に天下り，さまざまな特権を彼らに付与した[34]。

この輸入代替工業化では多くの外国企業が進出してきたが，その合弁パートナーは輸入業者であった華人資本の会社であった[35]。この時期，華人企業と外資（特に日本企業）との合弁が次々に誕生し華人企業グループの基礎を作った。それらの華人企業はターウォン・ポンプラパー（Thavorn Phornprapha, 陳龍堅）のサイアムモーターズ（Siam Motors, 暹羅機器），ブーンソン・シーファンフン（Boonsong Srifungfung, 鄭明如）のタスコ（Tasco, 泰旭, タスコ），ティエム・チョークワッタナー（Thiem Chokwatana, 李興添）のサハ・パッタナーパイブーン（Saha Pathanapibul, 協成昌）グループ，ダムリー・ダーラカーノン（Damri Darakananda, 陳如竹）のサハユニオン（Saha Union, 協聯）などのグループである[36]。このうち，サイアムモーターズはその前身は日本からのトラックの輸入であったが，その後1962年から日産自動車の組み立てを始めたものであり，タスコは旭ガラスとの合弁会社であるタイ・アサヒガラス（Thai Asahi Glass, 泰旭玻璃）が化学品メーカーへと発展していったものである。なお，この時期に進出してきた日本企業は，トヨタ・日産・いすゞ・本田・日立・松下・花王・住友金属などであった[37]。

　輸入代替型工業化から輸出指向型工業化への政策転換をおこなったタノーム政権のもと70年代には多くの製造業や金融業の華人企業が育っていった[38]。この時期に国内資源活用型輸出産業が興りアグロビジネスの華人企業グループを勃興させた[39]。この新興のアグロビジネスは「1970年代の砂糖財閥や天然ゴム・飼料用タピオカ輸出グループに引き続く，多様化した加工食品の輸出を担う」ものであった[40]。また，台頭したグループは飼料や養鶏業のCPや米などの農産物流通を中心とするスンホワセン（Soon Hua Seng, 順和盛）グループなどがそうである。

　第2次石油ショック後の80年代に実施された構造調整を契機として華人企業は重化学工業分野でも頭角を現してきた[41]。ソムサック・リーサワットラクーン（Somsak Leeswadtrakul, 李石成）の鉄鋼メーカーのSSP（Siam Steel Pipe, 泰興鋼管）グループ，プラチャイ・リョウパイラット（Prachai Liewpairat, 廖漢渲）の石油化学メーカーのTPI（Thai Petrochemical Industry, 泰国石油加工）グループ，プラパー・ウィリアプラパイキット

（Prapa Viriyaprapaikit，呉玉音）とウィット・プラパイキット（Wit Prapaikit，呉光偉）の鉄鋼メーカーのサハウィリア（Sahaviriya，偉成発）グループなどであり，不動産業ではモンコン・カーンチャナパート（Mongkol Kaancanaphaas，黄子明）のバンコクランド（Bangkok Land，曼谷置地）などである。

90年代の国有企業の経営不振を契機に民間企業との合弁が推進され，エネルギー・交通・輸送・通信などのインフラ分野において民間企業との合弁が推進された。多くの華人企業がこれに参入することとなったが，CPの電話回線事業，バンコクランド・グループの衛星放送受信事業などがそうである[42]。

一方，タイの大企業の所有形態は次の通りであった。①法人所有型企業の比率は過半数を超えているがその中心は外国人企業である，②タイ系企業の場合は個人持株比率が高く株式所有の分散はあまりない，③外国企業や合弁企業を除けば，上位3大株主が同一家族（およびそれが属する企業）に所属する企業は全体の3分の1以上を占めている[43]。すなわち，タイの大企業のほとんどが華人企業であることを考えれば，②および③から，タイの華人企業の所有の構造は特定の家族が支配しているということができる。

1997年にアジアの通貨危機がタイを基点として勃発した。タイ政府のとった政策は第1章で述べた通りであるがこの企業再生策はそのまま華人企業にも適用された。より深刻な経営苦境に直面していた華人企業は業種別にみれば不動産・金融・小売・素材産業であった。そのため，華人企業グループは債務返済のため事業の再編（傘下の関連企業や事業の整理・売却）を行うこととなったが，このような再編にともなう資金支援を行ったのはほとんどが外資であった[44]。

一方，タイの華人企業の対中投資に係わる経緯は次の通りである。タイが中国と国交を樹立したのは1975年で，その経緯は第2章で述べた通りであるが，中国がタイの望んだタイ国内の共産戦力の支援の中止を確約しなかったため，国交正常化後の数年は両国の関係はあまり進展しなかった。しかし，1979年のベトナムのカンボジア侵攻を機会に中国との共通利害関係が深まり経済交流に大きな影響を与えることとなった[45]。華人企業の対中投資は，

この時期を初期としてCPを先頭にして本格的に開始された。タイの華人企業グループは「同化を進めた華人政策」のもとで比較的早い時期から対中投資を開始することができた。対中投資を含む海外投資資金の調達に関してはタイの華人企業の多くは海外で調達している。また，海外子会社を経由した投資や既存の海外系列企業の利益再投資などの形態もとっているため，タイの華人企業の海外投資の実態はタイ政府の統計では分からない[46]。タイ系企業の対中国投資は金融自由化と国際化の流れで1992年前後から新たな段階にはいったが，この投資の流れは「故郷投資」ではなく自己の事業の発展を目指したものであった[47]。

通貨危機以前の主要なタイの華人企業グループを資産金額の順で見ると表Ⅰ-7の通りである。この表の第1位であるCPグループは第Ⅱ部において詳述する。第2位であるバンコク銀行は前述した通り4大銀行として発展してきたグループで，現在バンコク銀行はタイ最大の商業銀行であり全世界の華人経営銀行中最大規模のものである。このグループはチン・ソーパンパニットが設立し総裁は一族外からも任用されているが，現在ではソーポンパニット家が受け継いでいる[48]。チンはSGのリムに対しても支援をおこなった（後述する）。第3位のSSPは前述した通りソムサック・リーサワットラクーンが設立した鉄鋼製品メーカーであるが，鋼管製造業以外に多角化を図りサービス業・建築業などへ進出している[49]。

●タイの華人企業のまとめ：タイでは中国と国交を回復するずっと以前の戦前から華僑に対して同化政策がとられ，タイの国籍さえ取得しておればタ

表Ⅰ-7　タイの主要華人企業グループ

グループ	創業者	資産(億ドル)	創立(年)	創業業種	発展の契機	現在の業種
Chareon Pokapand	謝国民	70	1923	野菜種子・飼料輸入	飼料・畜産などアグリビジネス	飼料・畜産養殖・不動産・貿易・通信
Bangkok Bank	陳有漢	60	1944	銀行との顧客仲介	50年代前半の銀行経営改革	金融・不動産
SSP	李石成	55	N.A.	家具店	建築・鋼管	鉄鋼・不動産・金融・ホテル

（注）資産額は1996年現在，個人あるいは家族が保有する合計。
（出所）朱炎（2000）45ページを筆者加筆修正。

イ人であり，華人であるというハンディキャップはなかった。このような「同化を進めた華人政策」のもと華人企業は政府の工業化政策に沿う形でさまざまな分野に進出することが可能であった。タイの大企業グループは王室系であるサイアムセメントを除けばほとんど華人企業である[50]。そのような結果として，華人企業の発展はあらゆる分野に跨っている。

3.3.2. マレーシアの華人企業

マレーシアの華人企業はマレー人優遇のブミプトラ政策の「抑圧する華人政策」のもとで常に受身の立場におかれ，さまざまな模索を強いられながら事業展開を行ってきた。

マレーシア独立直後のラーマン政権のもとで1958年に交付された創始産業条例は，民間の製造企業に中長期の融資を提供し，貿易保護策を実施し，機械設備と原材料の輸入には関税が減免された。この奨励策のもとで多くの華人企業が台頭した。これらは，クォク・グループ，ゲンティン（Genting，雲頂）グループ，クアラルンプール・クポン（Kuala Lumpur Kepong，吉隆坡甲洞）グループ，ホンリョン（Hong Leong，豊隆）グループ，オリエント（Orient，東方）グループなどであるが，この時期ではこれらの華人企業グループの経済力はまだまだ弱かった[51]。

1969年5月13日の「人種対立事件」を契機にラザク首相により導入されたブミプトラ政策は新経済政策（NEP）という形をとりマレー・ナショナリズムが強く打ち出され，華人社会に大きな影響を及ぼすものであった。この政策では，政策目標として1990年に資本のマレーシア化を70％に，マレー化を30％にするという内容であった[52]。その華人に対する差別[53]は大きかったが華人社会は具体的な対応策を出せなかった。林華生はその原因として次の3点をあげている。①華人系企業・資本は基本的に零細であり凝集性や結団性を持たないため統一した行動がとれなかったこと，②華人の利益を代弁すると標榜する政党が無力であったこと，③NEPは国家権力により実行されたためその勢いに挑戦できず常に受身の立場におかれてきたこと[54]。このような背景のもとで政府は「マレー化」政策を実行して行った。このことは第1章でも触れたが，銀行に対する政策に如実に現れている。華人系銀行

のマレー化の発端はクー・テクプア（Khoo Teck Puat, 邱徳抜）が設立したマラヤ銀行（Malayan Bank）の国有化であった[55]。

　この時期，華人企業はさまざまな対策を余儀なくされた。華人企業は多民族社会との交流を強め，華人による単独資本・共同経営を漸次改め，企業連合の形成・株式会社化・マレー人企業／インド人企業／外国企業との合弁企業設立などを実施した[56]。また，従来の華人による単独資本，共同経営の方式の転換もおこなった。すなわち，華人諸団体（マレーシア華人協会・マレーシア中華工商連合会・華人の同郷団体など）が相互に協力して共同出資によりグループを設立するようなことである。それらにより設立された企業は馬化控股（Multi Purpose Holdings, MPHB），商聯（United Merchant Group），福聯，潮聯（United Teochew）などがそうである[57]。このうちMPHBは1977年5月にマレーシア華人協会の呼びかけで設立されたものであるが，マレーシアの好況な経済のもとで急発展し，その後他企業の株の取得や買収で数多くの子会社を設立し農林業・建築業・製造業・金融業に進出することで「馬化グループ」へと発展した[58]。この時期に新たに形成された華人企業グループとしては馬聯工業（Malayan United Industries, MUI）グループ，劉蝶（Law Yat）一族グループ，磨石（Mosaics）グループ，金獅（Lion）グループなどがある[59]。

　このようにブミプトラ政策のもとであっても70年代の高度成長期に華人企業は目覚しい発展を遂げた。これらの多くは外国企業（主に日本企業）と販売代理契約を結んだり合弁企業を設立したりしてグループの基盤を築き上げたが，有力マレー人あるいは政府機関との密接な提携関係も事業拡大の有効なテコとした[60]。このような華人企業と外国企業との提携関係は，合順社（United Motor Works）と三菱キャタピラ・小松製作所・トヨタ，陳唱モーター社（Tan Chong Motor）と日産自動車，合発社（Cycle & Carriage Bintang）とベンツ・三菱自動車，東方実業社（Oriental Holding）と本田技研などがある。しかし，それらを除く華人企業はいずれも製造業部門が弱く，事業の中心は不動産・住宅・ホテル・金融・商業であって，企業グループ内の生産工程上縦の繋がりはほとんどみられない[61]。この時期，華人企業グループは海外に多数の企業を設立している。これらの在外企業の

ほとんどは，生産工程上の要請から生まれる縦の関係ではなく，ほぼ同一の横の関係にあった。また，対中投資のためにシンガポールや香港に企業を設立している。なお，海外進出は資本ばかりではなく総帥本人にも及んでおり，クォク・グループのロバートや合衆銀行（UMBC）の張明添（Chang Ming Thien）は香港に移り住み，マラヤ銀行を追われたクー・テクプアはシンガポールに拠点を移し良木（Good Wood Park Hotel）グループを興すことになった。

1979年の第2次石油ショックの後，マレーシアは深刻な経済不振に陥りマハティール新政権は輸出指向工業化を継続する一方で，重工業化政策をとることとなる。この重化学工業化政策では，HICOM系の合弁会社のほとんどは外国資本とパートナーシップを組むものであり，地元華人企業が資本参加できた会社は限られていたので，華人からは逆差別と問題にされた[62]。この時期のブミプトラ政策では従来の華人資本が強制的にマレー人に移されるというものではなかったが，新規ビジネスは華人企業が外されマレー人の経営するブミプトラ企業が国家資金によって作られた[63]。しかし，80年代に入ってから，MPHBの急成長と1981年上半期の株価の急騰が華人社会団体の経済進出を促した。この年は華人社会団体（地縁による同郷会館・血縁による姓氏宗祠・業縁による同業公会・同窓会・MCA支部など）の大・中企業創設の「全盛期」ともいわれる[64]。

1985年にマレーシア経済はマイナス成長に陥ったが，この時期に一部の華人グループは買収・合併を通して大手企業グループとなった。この典型的な事例は，陳志遠（Vincent Tan）の成功機構（Berjaya）の買収，林木栄（Lim Ah Tam）のMPHBの買収である。なお，華人企業に対する逆差別に対して，マレーシア中華工商連合会を中心とする華人実業界は，外資に認められる条件が非マレー系国内資本に認められないのは公正でないとして規制緩和を強く求め，与党連合加盟の華人政党・マレーシア華人公会・民生運動党もこれを支持した。その結果，1989年には非マレー系資本への規制緩和も非公式に決定されたといわれている[65]。

1989年からのIMP政策では政府は華人企業を含む国内民間投資を奨励した。この投資緩和時期には，先行していた華人企業グループはさらに発展

し，新しいグループである林木栄と林天傑（Lim Thian Kiat）の甘文丁機構（KCB），成功グループ，常青（Rimbunan Hijau）グループ，山林（Samling）グループなども登場した[66]。このようにブミプトラ政策のもとで華人企業の所有形態はタイのものとは大きく異なった様相を呈した。華人企業には「マレー化」のためにマレー資本の取入れが義務付けられた。「1990年に30%」というマレー化目標に対して，マレー資本は1970年には1.9%であったものが，1975年に9.2%，1980年に12.5%，1985年に17.8%と緩やかに進捗している[67]。しかし，このようなマレー化の過程で，華人企業では「アリ・ババ」方式の形だけのマレー人の資本参加や経営への参入が行われマレー人を利用した経済活動が行われた。なお，この結果として相当数のマレー人の寄生資本家が創出された[68]。

1997年にアジアの通貨危機がタイを基点として勃発した。マレーシアは第1章で述べた通り緊急措置でこの危機を乗り越えた。この政策は金融部門や地場産業を対象にしているものであったが，華人企業の銀行業と不動産業は大きな影響を蒙った。華人銀行9行の中には再編と統合を迫られたものもあり，2000年に生き残ったのは4行のみであった[69]。それらの結果として，多くの華人企業は国内外の大規模投資で多額の負債を抱え込み，進行中のプロジェクトの延期や中止，企業資産の売却に追い込まれている。その一方では，ブミプトラ政策が緩和されたことでマレー人企業への出資や買収を行いやすい環境となり[70]，華人企業にとって新しいビジネスチャンスが生起してきたともいえる。

一方，マレーシアの華人企業の対中投資に係わる経緯は次の通りである。マレーシア華人企業グループの対中投資はブミプトラ政策の規制のもとで行われた。マレーシアが中国と国交を樹立したのは1974年でその経緯は第2章で述べた通りであるが，このことは必ずしも対中投資を誘発するものとはならなかった。これは，マレーシア政府が中国の華人問題への関与を警戒したため，民間交流の道が容易に開かれなかったためである。マレーシア企業の対中投資は1985年になって，中国の対マレーシア投資は1987年になって始まっている[71]。これはマレーシア政府が華人企業に対し，あらゆる経済活動においてマレー人・マレー資本との共同・融和が大前提となっているとい

表 I-8 マレーシアの主要華人企業グループ

グループ	創業者	資産(億ドル)	創立(年)	創業業種	発展の契機	現在の業種
Kuok Brothers	郭鶴年	70	1959	砂糖輸入	製糖(農園・工場)・その後海運・貿易・不動産・ホテル	農園・食品・ホテル・不動産・海運・通信・メディア・金融・保険
Genting	林梧桐	55	1950	建設業	建設・鉱山・農園・後 リゾート開発	観光・電力・製紙・建設・資源探査
Hong Leong M'sia	郭令燦	55	1962	船舶用設備取次販売	ゴム園・建設・外資系との合弁(セメント)	金融・製造業・不動産・ホテル・メディア

(注) 資産額は1996年現在個人あるいは家族が保有する合計.
(出所) 朱炎 (2000) 39ページを筆者加筆修正.

うような厳しい規制[72]を設けたことがその理由であるが,この規制を嫌って香港に設立した会社から対中投資を展開する例が多く見られ,そのためマレーシアの対中投資の全体像はマレーシア側と中国側で大きく異なったものとなっており,実態の把握ができない状態になっている[73]。

通貨危機以前の主要な華人企業グループを資産金額の順で見ると表I-8のようになる。この表の第1位であるクォク・グループは第II部において詳述する。第2位であるゲンティン(Genting, 雲頂)グループは林梧桐(Lim Goh Tong, 1918年福建省生まれ)が総帥である。林は観光業を中心に財をなし,ホテル内にカジノを有していることから「賭博王」とも称される[74]。また,第3位であるマレーシア・ホンリョングループ(The Hong Leong Group of Malaysia, 豊隆集団・馬)は郭令燦(Quek Leng Chan, 郭芳来の長男)が総帥である。同グループは福建省より渡航してきた郭4兄弟(芳来・芳楓・芳改・芳良)が創設者であり,郭令燦は郭芳来の長男である。金融・不動産・各種製造業などに事業を展開している多国籍企業であるが,同グループはシンガポールの華人企業であるシンガポール・ホンリョン(Hong Leong, 豊隆)より1965年のシンガポール独立を契機として分離・独立した。シンガポール・ホンリョンの総帥である郭令明(Quek Leng Beng, 郭芳楓の長男)と郭令燦とは従兄弟同士である[75]。

●マレーシアの華人企業のまとめ:マレーシアでは当初華人企業にも開か

れていた事業機会が「人種対立事件」を契機として導入されたブミプトラ政策で大きく制限され，これがマハティールにも継続されたことで，華人を抑圧する政策がとられた。このような「マレー化」の流れの中で，華人企業はさまざまな対応を迫られたが，経営者本人や本部機能が海外に流出する場合もあった。このような「抑圧する華人政策」のもとで華人企業はさまざまな工夫を強いられ，制限された分野にしか進出できなかった。それにもかかわらず，マレーシアでは華人企業はマレー人企業に次ぐ経済勢力となっている。1996年の株式市場では華人企業数は50％・時価総額の48％を占め，1995年の売上高ランク上位100社中，53社は華人企業で，売上高全体の49.4％を占めている[76]。

3.3.3. インドネシアの華人企業

　インドネシアの華人企業は「利益追求の華人政策」のもと，一握りのクローニーが時の政権と利益を分けあう形で発展を遂げてきた。

　華人企業はもともとスカルノ体制のもとで貿易・流通・海運・サービス業などを営んでいたがスハルト体制発足後に製造業に参入し急成長を遂げた。このスハルト時代と同時に始まった工業化の重要な担い手は華人企業グループであり，この工業化の波に乗り遅れた旧時代の企業家たちは没落していった[77]。インドネシアでは「アリ・ババ」関係で培われた政治家・高級官僚・軍人などと華人企業家との同盟は「主公」（チェコン）システムとして花開いた[78]。この「主公」はもともと福建語で「主人」という意味であるが，インドネシアでこの言葉は転用され，中国系ビジネスマンが出資者となり，政治的に有力な人物，とくに軍部関係者と提携し経営者に据え，その見返りとして政府の契約・基金・便宜・保護を約束されるようなシステムを指すことになった。

　「フルセット主義」の工業化過程で政府資本と華人資本は互いに産業分野を「棲み分け」[79]することで発展した。政府は国家の重要な産業分野は押さえながらも工業化関連部門に直接的には参入せず，それらの部門は主に華人資本にまかせることで棲み分けがなされた。すなわち，政府系企業は石油・商業銀行・航空・電力・製鉄・化学肥料・住宅などの国家経済の基幹産業や

戦略産業に集中し，華人企業は軽工業・消費財産業・資源産業・重化学工業・自動車産業に参入した。政府は外国資本に厳しいスタンスをとり選択的にしか参入を認めなかったが，プリブミ資本が未発達であったため，そのパートナーとなったのは政府系資本と華人系資本であった。蔡仁龍によればこの華人資本の台頭には4つの特徴がある[80]。それらは，①伝統的に得意な分野である商業から事業を開始したこと，②外国製品の販売代理からスタートした後外国企業と合弁で生産分野に進出したこと，③軍や政府高官などの有力者の子弟やプリブミの企業グループと強力関係を結んだこと，④華人企業グループ間の合弁や協力が多かったことである。

1970年4月の「商業大臣決定34号」により外資のインドネシア国内の商業活動が禁止され，次いで「大統領令第10号（Keppres No.10／1971）」によって国営企業に独占権が与えられたが，独占権は国営企業だけではなくクローニーにも与えられた。鈴木峻は食糧調達庁ブロッグを例に取り次のように説明している[81]。ブロッグはもともと公務員や軍人への米の配給機関であったが輸入や在庫管理をおこなうようになり，1971年には小麦・砂糖，1974年には牛肉，1977には大豆，1979年にはトウモロコシ・緑豆・ピーナツの輸入を独占した。この輸入代理業をスハルト一族やクローニーが行い，コミッションを支払ったが，これがスハルト側に還元されていた。

第1次石油ショック以降の「フルセット主義」の工業化で一部の華人企業はグループ化したが，それらはスドノ・サリムのサリム・グループ，ウィリアム・スルヤジャヤ（William Soeryadjaya，謝建隆）のアストラ（Astra，阿斯特拉）グループ，チプトラ（Tjie Tjin Hoan，徐清華，Ciputra）のチプトラ・グループ，ジャカルタ特別州とチプトラなどが出資したジャヤ（Jaya，耶雅）グループなどである[82]。

第2次石油ショック以降の工業化政策転換時期では，輸出拡大策に乗り大手華人企業グループが農園作物など輸出一次産品に投資をシフトさせた[83]。なお，この時期に輸入規制強化が行われ輸入窓口一本化制度が導入されたが，これにはクローニー（利権に与る華人企業）とスハルト一族の利権となり，ハイコスト・エコノミーを加速させた[84]。

この80年代の構造転換期以降，華人グループは多角化に乗り出し既に成長

を遂げていたサリム・グループやアストラ・グループに加えエカ・チプタ・ウィジャヤ（Eka Tjipta Widjaja，黄奕聡）のシナルマス（Sinar Mas，金光）グループやモフタル・リアディ（Mochtar Riady 李文正）のリッポ（Lippo，力宝）グループなどが単一の経営分野から多角化しコングロマリット（インドネシア語，konglomerat，コングロムラット）を形成していった[85]。この時期飛躍的な発展を遂げた代表的な華人企業を産業別に見れば次の通りである[86]。三大軽工業であるタバコ産業ではウィリアム・スルヤジャヤ（William Soeryadjaya，謝建隆）のグダンガラム（Gudang Garam，塩倉）グループ，ジャルム（Djarum，針牌）グループなど，食料産業ではサリム・グループ，シナルマス・グループ（製油業の他に紙パルプ産業にも参入）など，木材・合板産業ではボブハサン・グループ，プラヨゴ・パンゲストゥ（Prajogo Pangestu，彭雲鵬）のバリト・パシフィック（Barito Pacific，巴里多太平洋）グループ，ジャヤンティ（Djajanti，材源帝）グループなどである。銀行ではサリム・グループのバンク・セントラル・アジア（Bank Central Asia，中亜銀行），リッポ・グループのリッポ銀行（Lippo Bank，力宝銀行），シナルマス・グループのインドネシア国際銀行（Bank Indonesia International，印尼国際銀行）などである。なお，この時期に華人企業グループは海外展開のペースを速めた[87]。このような結果として，1990年の売上ランキングでは華人企業グループが上位10社の全てを占めており，上位20社では18社を占めている。上位20社の華人企業グループの総帥の出自をみると，リム，シナルマス，ダルマラの3人が福建省生まれの一代目華僑（トトック）で，残りがインドネシア生まれの華僑（プラナカン）である[88]。

　このようなインドネシアの華人企業の所有形態は前述した通り「家族型」（総帥家族による所有）と「パートナーシップ型」（総帥と共同事業者との共同所有）にわかれている。「家族型」には経営が閉鎖的なグダンガラム，ジャルム，シナルマスなどのグループと経営が開放的なアストラ，リッポ，バリト・パシフィックなどのグループがあり，「パートナーシップ型」にはサリム，ダルマラなどのグループがある[89]。スハルトの開発のエンジンは70年代では石油公社のプルタミナであったが，80年代半ば以降はサリム・グ

ループ，バリト・パシフィック・グループ，リッポ・グループなどの華人企業グループ，それ以降ではトゥトゥット，バンバン，トミーらのスハルトの子供たちのファミリービジネスというように変遷していった[90]。

1997年にアジアの通貨危機がタイを基点として勃発した。インドネシアは第1章で述べた通り，政治・社会の変動局面での政府による銀行再建策により企業存亡に関わる危機に見舞われた。グループが保有していた銀行で返済不能債務が発生したため，華人企業グループはIBRA（インドネシア銀行再建庁）にグループ企業の株式を供出させられた。この措置の対象となったのは8銀行9株主であり，9人の株主が返済する政府融資額合計は113兆ルピアで，彼らは自らの企業グループ資産の大部分，企業数にして合計228社の所有株式をIBRAの管理下に供出させられた。9人のうち7人が華人，2人がプリブミであったが，この2人のプリブミはサリム・グループの創設時からの共同事業者で，9人全員が華人企業グループの所有経営にかかわる者であった[91]。これらの供出された企業は外資を含む第三者機関に売却が予定されている。また，各グループは企業再建のため傘下の企業や事業の売却・多角化の収縮・海外事業の撤退・新規事業の凍結などをせまられた[92]。

一方，インドネシアの華人企業の対中投資に係わる経緯は次の通りである。インドネシア華人企業グループの対中投資は，プリブミの目を逃れ香港経由で行われた。1988年の金融自由化（PAKTO88）で華人資本は中国への投資や香港・シンガポールへの資本逃避（移転）を着実に増加させていった[93]。なお，中国との国交正常化[94]は1989年8月8日であるがその経緯は第2章で述べた通りである。しかし，インドネシア華人企業の対中投資はプリブミの目からは「故郷投資」や「資本逃避」に映り，国内経済開発に投資を必要としているにもかかわらずインドネシアで蓄財した資金を中国の自らの祖籍の地に投下しているとして問題視された[95]。この理由もあり，インドネシアの対中投資の大部分を担う華人企業の多くが香港を経由して対中投資を行った。すなわち，香港を経由する理由はこの投資の足跡の隠匿と香港での資金調達のためである[96]。なお，インドネシアの中国投資は華人企業が主体であり，なかでもトトック系華人企業グループが中心である[97]。

通貨危機以前の主要な華人企業グループを見ると表I-9のようになる。

表 I-9　インドネシアの主要華人企業グループ

グループ	創業者/オーナー	資産(億ドル)	創立(年)	創業業種	発展の契機	現在の業種
Salim	林紹良	80	1945	軍向けの商品調達	小麦製粉・セメント	金融・保険・自動車組立・不動産・製粉・食品・セメント・ホテル・農園・電子・通信・化学品
Sinar Mas	黄奕聡	50	1952	小売・転売業	製紙	製紙・不動産・金融・ホテル・農園
Astra	謝建隆	N.A.	1957	貿易	トヨタの販売代理店	自動車(組立・部品製造)・二輪車・金融・代理店(建機・電子)・通信

(注) 資産額は1996年現在個人あるいは家族が保有する合計。
(出所) 朱炎(2000)37ページ,蔡(2000)132ページを筆者加筆。

　なお,この表の時点で,資産額はサリムが第1位,シナルマスは第3位であるが,1995年の売上高で見るとサリム,アストラ,シナルマスの順になっている[98]。サリム・グループは第Ⅱ部において詳述する。シナルマスはエカ・チプタ・ウィジャヤが率いるグループであるが,主要事業は紙・パルプ,農園・食用油,金融,不動産の4分野であり,紙・パルプ事業はアジア有数の規模である。サリムとはさまざまな接点を持っており,このことは後述する。アストラの主要な事業はトヨタ・ダイハツ・いすゞ・ホンダのオートバイなどの自動車・機械工業,アグロビジネス,金融である[99]。なお,同社はウィリアム・スルヤジャヤが率いていたグループであるが,この時点ではウィリアムは同グループから離れている(後述する)。

　◉インドネシア華人企業のまとめ：インドネシアでは華僑・華人は何かあれば弾圧の対象になる存在で,1965年の「9月30日事件」に引き続く混乱状態のなかでは大きな被害を蒙った。しかしながら,クローニー華人は「利益追求の華人政策」のもとスハルトと共存共栄の関係を結び,「フルセット主義」の工業化のもとで政府系企業と「棲み分ける」形で事業を展開した。インドネシアの華人企業は国有企業を除けば民間経済の大部分を占めている。1994年のインドネシアの上位200社の民間企業グループのうち華人企業グループは155社を占め,1995年の売上高上位25社のうち22社を数えている。なお,残りのうち2つはスハルトの子供たちのグループである[100]。

第3章　華人企業グループの躍進——植民地労働者から発展の原動力へ

3.4. ファミリービジネスの継承問題

　華人企業に限ることではないが経営者の交代はどのような企業でも行われることである。特に，所有と経営が分離されていないファミリー企業の場合はグループの総帥の交代時期に所有と経営の両方が同時に行われることが多い。しかし，総帥の老齢化や経営環境の変化にともない，旧総帥が一定の統帥権を維持しながら実質的な経営を後任に委ねることもある。

　そのような場合であっても，旧経営陣により院政が敷かれ新経営陣に完全に経営権が委譲されないこともある。また，総帥の座を巡り後継者たちが争うようなこともある。このような，経営中枢の確執は，当然のことながら一般に公開されることは稀であり，それらの実態を詳細に観察することは難しく，それらに関する先行研究も限られたものしかない。ここでは，経営権が委譲される際に経営陣内部で内紛が起こり，その経緯が先行研究によってある程度把握できる華人企業グループを例にとり世代交代の問題点を検討することにする。

●タイのバンコク銀行[101]

　バンコク銀行はタイ生まれの潮州系華人であるチン・ソーパンパニットが1944年に設立し1952年に総裁に就任し，ピブーン政権下でシリン少将を董事長に迎え政府融資を受けてタイ最大の商業銀行となった。この時期に経営面では会計検査事務所を持っていたブンチュー・ロジャナスティェン（Bunchuu Rojanastien, 黄聞波），政界工作面では弁護士で副大臣などを歴任したプラシット・カーンチャナワット（Prasit Kaancanavath, 許敦茂）が発展に寄与した。かれらは後になって会長や頭取に就任している。1954年に香港支店を設立した。チン・ファミリーは1957年の米穀貿易の大幅緩和を契機として大手米穀商社を系列下においた。それらは，サマーン・オーパーサウォン（Samaan Ophasavong, 胡玉麟）のホワイチュワン（匯川）グループとプラチャイ・リョウパイラットのホンイーセン（鴻益成）である。なお，サマーンは5大米輸出業者（5頭の虎，全て華人企業である）を束ねており，プラチャイの長男はTPIを設立している。1958年のクーデターによりチンは香港に亡命し香港商業銀行（Commercial Bank of Hongkong

Ltd.）の経営に参加した後，5年後に帰国することになる。帰国後に，サイアムモーターズ・グループやサハパッタナーパイブーン・グループなどに融資を行い，インドネシアのリムなどの海外華人にも支援をおこなった。1977年にブンチューを頭取に据えたが，1980年に彼が国会副議長に就任したのを契機として，第1夫人の次男であるチャートリー・ソーポンパニット（Chaatree Soophonphanich，陳有漢）を頭取に就けた。80年代半ば第2夫人のブーンスリー・ソーポンパニット（Buunsree Soophonphanich，姚文莉）が次男である当時副頭取であったチョート・ソーポンパニット（姚永建）を立ててチャートリーと争ったが，1988年にチンが死去したあとは，チャートリーが全権を掌握した。1994年にはチャートリーが会長に，その子のチャートシリー（Chartsiri Soophonphanich，陳智琛）が頭取に就任した。1997年のアジア通貨危機以降では，米・日資本に加え多くの資本が注入された。なお，チャートリーの兄であるロビン・ソーポンパニット（Robin Soophonphanich，ロビン・チャン）は香港商業銀行を引き継いでいる。現在のバンコク銀行はタイで最大の商業銀行であり，総資産は360億ドル，国内市場シェアは22％で1,300万口座・650支店を有している。

　バンコク銀行の成功は初期の段階からファミリー以外のメンバーを経営陣に迎えいれ経営管理を近代化・制度化したことによるといわれている[102]。

　このようにバンコク銀行はファミリー企業の様態をとりながらも，ファミリー以外のメンバーを加えることには抵抗が少なかったと思われる。しかし，後継者のチャートリーが頭取時代に内紛が発生した。これは異母兄弟間の争いであり，この争いは第2婦人の系列が銀行経営から離れることで決着をみたが，「血縁」を重要視するといわれる華人企業でも一族内部で紛争が起こった一例としてあげられる。最終的には第1婦人の次男であるチャートリーからその子供のチャートシリーに頭取は引き継がれている。

　次に，ファミリーの内紛が原因となり，結果的にファミリーが企業グループから全て撤退せざるを得なかったシンガポールの企業を検討する。

● シンガポールのヨーヒャップセン[103]

　ヨーヒャップセン（Yeo Hiap Seng，楊協成，YHS）は福建省で醤油工場を営んでいたが，ヨー・ティエンイン（Yeo Thian In，楊天恩）やヨー・

ティエンキュー（Yeo Thian Kiew）など5人の兄弟が1938年にシンガポールに工場を移転したことを契機に有数の食品メーカーに成長したシンガポールの代表的な食品メーカーである。同社は1953年から食品の多角化路線をとり，缶詰・ソフトドリンクを製造するとともに，ペプシコーラ・味の素・デルモンテなどの代理店となった。1959年にはマレーシアに工場を設立し，1962年には香港への進出も果たした。ティエンインの長男であるアラン・ヨー（Alan Yeo）がイギリス留学から帰国し事業に加わり1969年に社長に就任した。また，ティエンキューの三男であるマイケル・ヨー（Michael Yeo）もイギリスから帰国し，シンガポールの大蔵省に勤めた後1970年に家業に参加した。アランはシンガポールの貿易振興庁（Trade Development Board, TDB）の長官となり，マイケルもシンガポール製造業者協会（Singapore Manufacturers' Association, 現在のSingapore Manufacturers' Federation, SMa）の会長を務めた。この2人が持ち込んだ欧米式の近代技術と経営手法でYHSは発展し，1990年にはシンガポール・マレーシア・香港に7生産工場・R&D部門，アメリカ・カナダに子会社を持ち，インドネシア・モーリシャスでフランチャイズ生産を行うにいたった。この時点での主力商品は，"YEO's"ブランドのソフトドリンク（カン，テトラパック），カレー缶詰（チキンカレーなど），ペプシ製品（ペプシコーラ，セブンアップなど）などであり基本的に現在の主力製品と変わりがない。アメリカで投資した缶詰会社（Chun King）の業績悪化と「アランのワンマン体制」が原因となり1994年に同社の経営陣は分裂し，アラン側にマレーシア・ホンリョングループが，マイケル側にング・テンホン（Ng Teng Fong, 黄延芳）グループが付いた[104]。Tong Chee Kiongによれば一族の内紛は次のような経過をたどっている[105]。1994年3月にファミリーの確執を解くために，会社秘書役（company secretary）のチャールズ・ヨー（Charles Yeo, アランの甥）に率いられる派閥（チャールズ，マイケル，ベンジャミン（Benjamin Yeo, マイケルの弟)，アランの叔父ティエンセン（Yeo Thian Seng））が4人の新メンバーを役員に選出する特別役員会（extraordinary general meeting）をアランに呼びかけた。その数日後に香港の永泰集団（Wing Tai Holdings）がYHSに対してTOBを仕掛けた。このことは後日，自分の株

式を他のファミリーメンバーに売却することを拒否したアランが呼びかけたものだと判明した。もしも役員会に掛けられていたら，チャールズ側が53％の株式を保有しているためアランは退けられるはずであったが，この騒動で委員会開催は避けられた。チャールズ側がコントロール・シェアを持っていることからTOBは退けられたが，このような内部対立が続くなか他の企業が買収に動き出し，ング・テンホンが株式の11％を取得した。しかし，ヨー・ファミリーが構成する持ち株会社がYHSの過半数の株式を保有していることから，全てのTOBは失敗に終わった。内紛が続くなか，アランはファミリーが協力しながらビジネスを遂行していくことはできないと感じとり，シンガポール最高裁判所にヨー・ファミリー持株会社の解散を申請した。裁判所は持株会社の解散，アランのYHSにおける非執行会長化，チャールズとヘンリー（Henry Yeo，チャールズの兄）のYHSよりの退任を命じた。しかし，アランは引退を表明し彼の持株も売却したので，このことがング・テンホンの持分を増加させることにつながっていった。

　YHSの発展はアランとマイケルに拠るところが大きかった。80年代後半同社を発展させた要因はこの2人を中心とする同族経営と海外投資であったが，これが会社を崩壊に導くことになった。YHSの場合は，主要経営陣にファミリー以外のメンバーが存在せず，アランに対する不満が3世代間の内紛にまで発展してしまった。その結果として，調停は司直の手に委ねられ，YHSのファミリー経営は破綻してしまった。現在YHSの経営権を掌握しているのはング・テンホンであるが，彼はシンガポール最大の不動産王であり香港でも不動産業を営んでいる。

　最後にファミリーの内紛を契機に新たな商機を見出していったインドネシアの企業グループを検討する。

◉インドネシアのアストラ・グループ[106]

　アストラ・グループは西ジャワ生まれのプラナカンであるウィリアム・スルヤジャヤが弟のチア・キアンティ（Tjia Kian Tie, 謝建智）などと1957年に設立したアストラ・インターナショナル（Astra International, AI社）が母体となって発展してきたインドネシア最大の自動車メーカーである。設立当初は雑貨販売や公共事業の請負に従事していたが，1969年にトヨタの総

代理権を取得し自動車産業に進出した。その後，ホンダ（オートバイ）・富士ゼロックス（事務機）・ダイハツ・小松製作所（重機）の総代理権を取得し，さらにはトヨタと自動車組立・部品製造の日系の合弁会社（PT Toyota-Astra Motor）を設立するなどして，80年代初頭までに企業グループを形成するにいたった。この過程で末弟のベニャミン・アルマン・スリアジャヤ（Tjia Kian You, 謝建友）や甥のテオドル・プルマディ・ラフマット（Oey Giok Eng, 黄玉英）が経営に加わった。1979年にウィリアムの長男であるエドワード・セキ・スルヤジャヤ（Tjia Han Sek, 謝重生）がスンマ（Summa）グループを設立し，次男エドウィン・スルヤジャヤ（Tjia Han Poen, 謝漢本）がアストラ・グループの後継者含みで AI 社副社長に就任した。1992年にスンマ・グループが破綻する。ウィリアムと４人の子供はアストラ・グループの株式を手放し AI 社を離れたが，持ち株を持たなかったラフマットはグループに残ることとなった。その後，所有は1996年にボブ・ハサンなどのスハルトに近い５企業グループが過半数を制したが，1997年の通貨危機でボブ・ハサンが破綻した後，その持分は創業者と関係が深いシンガポールのサイクル・アンド・キャリアッジ社（Jardine Cycle & Carriage Ltd.）に売却された（2006年10月30日現在の同社持株比率は50.11％）。現在，自動車関連で AI 社が製造している海外メーカー車は，トヨタ・ホンダ・ダイハツ・いすゞ・BMW・プジョー・日産ディーゼルである。なお，AI 社から離れたウィリアムはエドワードとともにファミリーの所有する一連の企業グループであるスルヤ・ラヤ（Surya Raya）グループを経営している

　AI 社の所有構成はウィリアムの直系家族により排他的に所有されていたが，これは複数の直系家族による共同出資を意図的に避けたものと推測される，その一方で，ウィリアムは経営専門家としてプリブミを積極的に活用していた[107]。創業者一族が AI 社を離れた後，佐藤百合が行った AI 社の経営者への聞き取り調査では，オーナー経営の消滅は「アストラはもはやファミリービジネスではない」「本当のパブリック・カンパニー」へ脱皮することができた」と評価されている[108]。ウィリアムは AI 社の所有を自身の直系家族に限定し経営陣に多くの専門家をいれていた。これらの経営専門家たち

がウィリアム家の行った事業の破綻がAI社に影響を及ぼさぬよう結束し，ウィリアム家の持つAI社株式を売却させることでファミリーをAI社から切り離した。多くの経営専門家の存在と，所有と経営がある程度分離されていたことが，結果としてAI社を破綻から護ることになったものと思われる。

　上述した3企業グループはいずれも事業基盤国において創業者である総帥のもとで基盤国の有数のグループとして発展をとげてきたものであるが，グループの発展の一時期にファミリー内部の問題や確執からグループの経営が大きく揺さぶられた。タイのバンコク銀行のファミリー内部の抗争は初代の総帥であったチン・ソーパンパニットの第1夫人と第2婦人の家系の対立によってもたらされたが，最終的には第2婦人の家系がグループの経営の中枢から外れることで決着を見た。シンガポールのYHSの抗争は2代目の総帥であるアラン・ヨーの直系ファミリーと総帥の甥・従兄弟・叔父などにあたる非直系ファミリーメンバーとの3世代間に跨った抗争である。最終的には司直の手を借りる形で一応の決着をみたが，ファミリーの結束が担保できないとしてアランが持株を手放した結果，グループは他の華人企業グループの手に渡ることになった。インドネシアのアストラ・グループは初代の総帥であったウィリアム・スルヤジャヤの直系ファミリーメンバーが本業とは異なるビジネスで破綻し，直系ファミリーメンバーが株式を手放してグループを離れることで決着し，グループの経営はファミリーメンバー以外の手で行われている。なお，総帥の直系ファミリーは別グループを形成している。現在はいずれの企業グループもインドネシアでは国を代表する企業グループである。

　ファミリー経営の問題点を検討するにはさまざまな要因を考慮しなければならない。ここでは，外部経営幹部の登用という観点に的を絞り，問題の顛末を観察すれば次の通りとなる。バンコク銀行は初代の総帥であったチンがグループ形成の初期の段階から外部経営者を注入し，かれらは会長や頭取にまで登用されている。このような経営者の存在が「ある種の盾」として機能し，例え総帥がファミリーのコントロールを失うような場合でも，その内紛がグループ経営に反映されないような仕組み作りがあったのではなかろう

か。その一方で，YHS は多数のファミリーメンバーがファミリーだけが保有する持株会社を共有しており，ある種の運命共同体のような組織を形作っていた。メンバーは企業の中枢部門に散らばったので外部から登用できる経営者はいなかった。持株会社の株式がファミリー間に分散しているため，総帥がファミリーメンバーの信頼を損ねれば主導権争いが勃発することになり，その結果として総帥が経営を放棄しファミリーは企業を手放すことになってしまった。ファミリー間の緩衝となるような外部経営者の存在がなかったため，ファミリーの問題が司直に委ねられてしまった。また，アストラの場合は直系のファミリーメンバー以外は株式を保有せず，他のファミリーが一種の外部的な存在であったことで多数のプリブミの外部経営者が登用されていた。アストラの危機は総帥直系のファミリーメンバーの経営破綻が契機となったが，この負債をアストラから切り離すことに成功したのは，それらの経営者に総帥ファミリーを護るのではなく，会社を護るという意識が強かったことに起因するのではなかろうか。

　以上で観察してきた事例に関する詳細やファミリー企業の経営形態に関する問題を検討することは本書の範疇外である。しかし，この3つの事例は，ファミリー企業には，所有者である総帥ファミリーを牽制できるような経営を担う外部人材の登用が必要であることを示唆していると思われる。さらに，華人企業グループの特徴といわれている血縁関係の重視は，企業の創業期には十分機能しえたとしても，業容が拡大する中では将来的にファミリー間に問題を発生させるかもしれない。なお，このことは第Ⅱ部で対象とする三グループを対象として検討される。

3.5. 華人企業のまとめ

　上記で検討してきた通り ASEAN₃ の華人企業の発展は各国の工業化政策や華人政策の異なりにより大きく異なったものとなっている。工業化に関してみれば，①国の自立のために輸入代替型や輸出指向型の工業化を図ったこと，②1985年のプラザ合意後に日本を中心とした直接投資が流入したこと，③1997年のアジアの通貨危機により程度の違いこそあれ国家的なダメージを

蒙り産業再編を迫られたことなどの共通面がみられる。その一方では，①天然資源の種類やその多寡により異なった工業化が進展したこと，②通貨危機後の政治的な混乱で異なった経済の回復状況が出現してしまったことなどの相違点も見られる。各国の工業化政策は，時々の世界経済の動向に大きな影響を受けながら，その国の政治指導者により天然資源の種類や多寡を考慮されながら方向付けがなされた。

　一方，工業化の立役者となった華人企業の所有者・経営者である華人は「中国系人」であるがゆえに共通の価値観や文化を共有しており，またそれゆえ一様にとらえられがちである。しかし，東南アジア諸国では西側列強の支配体制の異なりやその後に登場する各国の開発独裁体制の違いにより華人はさまざまな「生き方」を強いられてきた。華人は時の政権の華僑・華人政策により，ある場合には「同化」しながら，「抑圧」されながら，「利用」されながら事業を営み，あるものは財を成すにいたった。華僑・華人資本の蓄積についてみれば，第2次大戦以前と工業化の初期段階では流通部門に大きな蓄積が見られていた点は同じであるが，他の分野における蓄積状況は異なったものとなっている。これはタイが戦前から独立国であったため華僑の商業活動が比較的自由であったことに対し，マレーシアがイギリスの植民地，インドネシアがオランダの植民地であったことから，華僑は植民地政府と現地人との橋渡し役を担わされ，その延長線上で商業活動に従事したことが理由であると推測できる。また，第2次大戦後の工業化過程における華人企業の資本蓄積についてみれば，各国の政権が取った華人政策の異なりによりその進出分野は大きく異なったものとなっている。

　このような各国の華人政策は，ナショナリズムの動向に大きな影響を受けながら，その国の政治指導者により遂行された工業化政策のなかで，現地人との経済ギャップや華僑・華人の経済的存在感や利用価値を反映させながら実行されてきた。

- タイではタイ国籍を取得していれば華人であるというハンディキャップはないような「同化を進めた」華人政策のもと華人企業は民間企業が進出できるあらゆる分野に跨って発展していった。
- マレーシアではマレー人優遇策のブミプトラ政策が行われ「抑圧する」

華人政策のもと華人企業は進出分野を限定されながら発展していったが，事業の本部を海外に移転させてしまう事例も見られた。
● インドネシアではスハルト政権にみられた「KKN」に立脚した「利益追求」の華人政策のもと華人企業は政府関連会社やスハルト・ファミリー企業と棲み分けることで発展してきた。

このように見てくると，ASEAN₃の華人企業の発展には華人企業が事業の基盤を置く各国の工業化政策と華人政策が大きく影響を与えていることが観察される。ASEAN₃以外の東南アジア諸国やその他地域の華人企業に同様のことが当てはまるかどうかは本書の検討からは外れるが，総論で設定した仮説1に関しては少なくともASEAN₃については成立するのではなかろうか。

「華人企業グループには基盤国ごとに異なった特徴が見られ，それには基盤国の工業化政策と華人政策が反映されている」

しかし，この仮説が成立したとしても，同じ事業基盤国内に存在する華人企業はそれぞれ異なった様態で事業を発展させている。これは同一国内であっても個別の華人企業がそれぞれに異なった創業形態をとっていたり，事業ノウハウを持っていたり，人的ネットワークを持っていたりすることに起因している。このことが各華人企業グループにそれぞれ異なった事業特性をもたらすこととなった。なお，これらの諸点に関しては第Ⅱ部においてASEAN₃各国における代表的な華人企業である三グループを対象として検討するものとする。

注
1）パン（1995）293ページ。
2）『世界大百科事典第2版』平凡社。「儒教」の項目，儒教の基本的教義のうち，五常（仁・義・礼・智・信）という道徳を基に，五倫（父子・君臣・夫婦・長幼・朋友）の身分血縁的関係をあるべき人倫秩序とし，家族組織から政治体制まで貫く具体規定を備えることに重きを置くもの。
3）ヴォーゲル（1993）。①は能力によって選抜された官僚主義の発達であるとし，能力主義を基礎におく官僚主義体制が現代における東アジアの工業転換に大きな貢献

をしたとする。②は伝統的社会において官僚になるためには，基礎的な知性や才能によってではなく，長期にわたる勉学を通じて一定の教材を習得した能力をためす試験に合格しなければならないとし，この試験の内容が儒教の教えや四書五経から外国語・現代史・経済・科学・数学といった実用的な知識へと変わったとする。③は個人より集団を重んじる考え方であるとし，集団への忠誠の重視，組織内の人びとの集団の要請に対する責任，集団における個人的行動の予測可能性，集権的調整が工業化の要請にうまく適合するものであったとする。④は自己研鑽であるが，自己の感情をより完全に抑制したいという願望によって動機付けられ，行動主義よりも学問や自己省察を求めるものとし，この欲求が仕事に関連する能力を高める努力を引き出したとする。

4）Mackie（1995）．Leo Suryadinata 編集の"Southeast Asian Chinese and China"収録論文の1つ。なお，番号①以下は筆者による要約である。⑥の補足：「東南アジア華人」という語句は，過去の世紀における同様の経験（移民という経験，植民地の規則への順応，東南アジア中の40年代と50年代の騒乱状態への調和というような）を共有したという点に焦点をあてて彼らを束ねる便利な簡便語として使われるべきである。

5）Chen（1995）第5章及び第7章。華人には①自分たち自身の資源に頼ること，②伝統的なネットワークシステムを活用すること，③中国系人であるという意識を持っているという3つの特性が存在する。

6）游（1995）178-198ページ。三縁関係では「同郷」が最も重要なものであるとしたうえで，この理由は同一の言語（方言）を話すからであるとしている。しかし，中国語も方言ではなく標準語が話されるようになると他との繋がりも重要になり，新しいネットワークが登場した。まず，政治家（時には高級官僚も）との繋がりが重要視され，海外に住み地位が不安定な中国系人が安全のため繋がった。次いで，地域的経済統合とエスニックな経済統合があげられている。前者は中国大陸・香港・マカオ・台湾の経済的結びつきを高めようとする「中華経済協作系統」結成のような動きであり，後者は地域的な結びつきを超えて民族的ないしはエスニックな経済的結びつきを強めるようとする動きで，1991年に第1回大会がシンガポールで開催された世界華商大会がそれにあたる。また，非中国系の現地・土着との結びつきもあり（アリ・ババ企業がそれにあたる）。更に，標準語を共通の言語とする中国語集団や同窓会などの共通性に基づく結びつきもある。

7）游（1995）178-198ページ。同書で列挙されている経営者の特徴は多岐に亘っており，従来の三縁をベースとする関係ではとても説明できないものとなっている。それらの特徴は次の通りである。①真面目でよく働き，人に見込まれる，②事業経営は家族総動員体制，③女性の経営者は例外的，④オーナー経営者が多い，⑤株式会社化しても株式公開せず，非上場が多い，⑥経営者の世代交代，雇われ経営者の増

加により次第に所有と経営が分離する，⑦雇われ経営者が自立し独立する，⑧統括会社としての持ち株会社が増加する，⑨多角経営，⑩成功者は途上国（特に東・東南アジア）に多い，⑪創業者からの世代交代時期，⑫大陸や台湾では工業・製造業従事者がいるが，その他国・地域ではそうではない，⑬通信・情報分野での進出が目覚しい，⑭国際化・グローバル化が進行中，⑮大手企業・財閥では海外企業との結びつきが強い，⑯人的ネットワークの重視。

8) バンブー・ネットワークは Weidenbaum and Hughes (1996) の日本語訳（マリー・ワイデンバウム，サミュエル・ヒューズ［深田祐介監訳・譚璐美訳］『バンブー・ネットワーク』小学館，1997）のタイトル。

9) Weidenbaum and Hughes (1996) pp. 53-59. このネットワーク（bamboo network）の特徴は西洋式の経営スタイルと比べたうえで4つあげられている。①ほとんどの華人経営者は商業世界で目立たず公共の場を避けている，②華人企業は企業内官僚主義やペーパーワークを最小限化するため，厳しい中央集権統制と形式張らない取引に依存している，③成功した華人企業のファミリービジネスは企業集団のネットワークを通じて事業展開されている，④華人企業経営者は形式張らずに直感的な経営スタイルをとっている。

10) 末廣（1993）51-62ページ。3条件の①は複数の分野で発生する共通利用可能な未利用の資源を利用することであり，その利用目的を生産・事業関連型の多角化と製品・市場関連型の多角化の双方からとらえれば2つの統合形態がある。その1つは創業時の母体事業と直接関連した分野・製品への進出で生産工程上のつながりで後方連関的に，あるいは前方連関的に進出する垂直統合であり，もう1つは既存の流通体制やブランドを利用する水平的統合である。②には2つの側面がある。その1つは市場が小さかったことと価格競争のため余儀なく多角化をせまられた側面であり，もう1つは政府の外国資本優遇措置や工業化を推進する奨励産業部門に新規のビジネスチャンスを見出し進出した側面である。③は「世代交代」が事業多角化を促進したもので，世代を越えて家族全体の事業と資産を維持・拡大しようとする中国の伝統的な企業経営に由来している。なお，これには若い世代が新しい成長分野に向かうものと，世代を超えてファミリービジネスを維持・拡大するものとがある。

11) 末廣・南原（1991）6ページ。

12) 原（1988）177-186ページ。①スズ産業のマレー化は1976年の国営企業公社 PERNAS による London Tin 社（旧イギリス系）の株式買収に始まり，これを引き継いだ国営持ち株会社 PNB が傘下のマレーシア鉱業社（Malaysia Mining Corp.）を通じて精錬業を含むスズ産業全体に支配的地位を確立した。このことで中小鉱山を持つ華人の多くが倒産した。②ゴム・オイルパームを中心とする大農園企業のマレー化は PERNAS によるサイム・ダービー社（Sime Darby, 旧イギリス系）の株式買収に始まり，大手のほとんどが政府機関の支配下に入った。華人系農園企業の株主

には政府機関が名を連ねることになりマレー化が進んだ。地場銀行のマレー化は政府がマラヤン・バンキングを保護下に置いたことから始まり，当初15行あった華人系銀行は4行に減った。この銀行のマレー化は単なる株式取得だけではなく，政府預金引き上げなどの措置も大きな役割を果たした。

13) 佐藤（1993）108-111ページ。インドネシアでは「家族型」に属するグループは後発工業化過程では出現したが，家族という靱帯は常に必要なものではなかったとし，「パートナーシップ型」が主要であったとしている。この「パートナーシップ型」企業グループは「総帥と共同事業者とのパートナーシップの結成により，家族構成では得られない多様な経営資源を企業内グループ組織に動員し，企業グループとしての成長の契機を内部化することにより，より確実な効率的な成長を達成しようとする経営組織」である。これらの経営資源は，特定事業分野での専門家であったり，ノン・プリブミが事業を円滑に遂行するための「プリブミの顔」や権力の代理人であったりする。

14) 游（1995）188ページ。

15) 東南アジアや中国でビジネスを行う際さまざまな不透明な問題や法の不整備に直面する。この部分の記述は筆者の実体験に基づくものである。なお，華人企業の持つネットワークを不可思議なものと考えるのは欧米企業だけではなく，日系企業の立場から見てもそうである。

16) Bolt（2000）p.75。この時期における東南アジア華人企業の中国への投資は，現地側との適切なコンタクト方法の確立やアントレプレナーによる利益獲得方法などに関し，水先案内役をはたした。このような華人企業の対中投資は中国経済の改善と東南アジア諸国との関係改善をもたらすこととなった。しかし，通貨危機後では，投資規模や技術の観点で中国は華人企業に対するプライオリティを下げている。

17) 稲垣（1996）。（1995年前後の香港の状況について）これまでの中国の外資導入（直接投資）の受入は香港資本主導型であったが，1990年代に入り，日欧米資本の本格的進出とともに，台湾，韓国およびASEAN諸国からの資本の受入も本格化した。香港の「中国離れ」は，1994年以来の金融引締による中国経済の景気後退と中国の不動産バブルの崩壊である。

18) 朱（1995）76-77ページ。

19) 末廣・南原（1991）10-11ページ。

20) 岩崎（1999）130-131ページ。

21) 渡辺・岩崎（2001）120-121ページ。

22) Bolt（2000）p.73.

23) 井上（1994）51-57ページを参照されたい。「アジア型多国籍企業」の海外展開とは，先進国企業の製品開発能力や製造技術の優位性を利用した海外展開ではなく，「リスクの分散」「先進技術の獲得」「祖国への特別な思い」などが交錯している海

外展開を指す。また，これらの企業の近未来像を，①家族による所有・支配はかなりの程度まで残る，②外国資本や外国技術への依存は続く，③国家との結びつきは継続する，④経営者や幹部は西洋・アジアの両思考方式をわきまえた国際感覚，近代的な経営感覚を有する，と分析している。

24) 丸屋（1994）56-57ページ。
25) ジェトロ白書（1995）投資編，25ページ。
26) 今井（1997）66ページ。緩和政策の第1は外資導入業種の規制緩和である。これらの業種は不動産・貿易・商業・金融・保険・海運・航空関連・鉄道・倉庫・教育・法律・会計・電力・鉄道などのインフラで多くの分野は第三次産業である。第2は国内市場の開放である。製品輸出比率の緩和を実施することで外資系企業により多くの国内販売を認めた。第3は地域の全方位開放である。80年代に開放された沿海都市に加え「三沿開放」（交通幹線の沿線・長江沿岸の沿江・国境主要都市の沿辺）がなされた。
27) ジェトロ白書（1994）13ページ。
28) 桜井（1994）18-19ページ。
29) 呉（2000）372ページ。
30) 末廣・南原（1991）10ページ。
31) 鈴木（2002）93ページ。
32) 末廣（1987b）103ページ。なお，固有名詞の日本語表記は原則として『華僑・華人事典』に従った。
33) パン（1995）284ページ。
34) 鈴木（2002）128ページ。
35) 同上。
36) 呉（2000）375ページ。なお，固有名詞の日本語表記は原則として『華僑・華人事典』に従った。
37) 鈴木（1997）151ページ。
38) 若松（2003）108ページ。
39) 呉（2000）376ページ。
40) 末廣・南原（1991）19-20ページ。
41) 呉（2000）376-377ページ。なお，固有名詞の日本語表記は原則として『華僑・華人事典』に従った。
42) 同上書377ページ。
43) 末廣（1993）45ページ。
44) 呉（2000）384-386ページ。
45) 山本（1997）306ページ。
46) 同上書304ページ。海外子会社経由の投資や華人企業の閉鎖性があるため，タイの

華人企業の海外投資の実態はタイ政府の統計では分からない。なお，中央銀行の資料ではタイの中国投資は1991年以前で3,700万バーツのみであるが，CPグループの中国での投資残高は1989年3月の時点で11億米ドルとなっており，全く食い違っている。

47) 同上書327ページ。
48) 『華僑・華人事典』の「チン・ソーポンパニット」と「バンコク銀行」の項目を参照されたい。
49) 『華僑・華人事典』の「ソムサック・リーサワットラクーン」の項目を参照されたい。
50) 朱（2000）44ページ。
51) 林（伍）（2000）195ページ。
52) 原（1988）178ページ。
53) 林（華）（1990）202-203ページ。政策の概要は，①商業銀行，ないしは金融機関の貸し付け総額の20%はマレー人個人かマレー系の企業に貸し付けねばならない，②政府の入札ではマレー人が優先的に考慮される，③「第2次マレーシア計画」の期間中開発とし面積は約100万エーカーであったが，そのほとんどがマレー人に分配された，④職業の分布では政府機関の90%・民間企業の30%をマレー人に占めさせる，⑤カレッジと大学の教育枠はマレー人70%・他種族30%と配分される，⑥森林伐採・製材工場設立・木材輸出・完成車輸入・鉱業・金融・保険・交通運輸業・スズとゴムの売買などの免許はマレー人しか交付されない，などである。
54) 同上書204-205ページ。
55) 原（1991）61ページ。この時期マレーシアには2大商業銀行があった。1つはブミプトラ銀行（Bank Bumiputra）で政府が1969年にマレー人の企業活動を助成するために設立した。もう1つはでクーがマラヤ（当時）・シンガポールの華人実業家の協力を得て1960年に設立したマラヤ銀行である。クーはマレーシア国籍を取り国会議員にも指名されていたが，1965年にマレーシアとシンガポールが分離された後，クーはシンガポールへの過大投資を非難され1976年には同行を追われた。人種対立事件の半年後1969年12月に同行は実質的に国有化された。
56) 林（伍）（2000）196ページ。
57) 同上。
58) 林（華）（1990）206ページ。
59) 林（伍）（2000）196ページ。
60) 原（1988）204ページ。また外国企業との提携関係は195-203ページを参照されたい。
61) 同上書197-201ページ。
62) 鈴木（2002）147ページ。

63）鈴木（2002）98-99ページ。
64）林（華）（1990）208-209ページ。特に華人社団大企業は209ページの表を参照されたい。
65）原（1991）60-61ページ。
66）林（伍）（2002）197ページ。
67）原（1988）179ページの表「株式会社の資本構成（目標と実績）」を参照した。一方，同論文での別な試算（180ページ）では1985年にマレー資本比率は34.5％となっており目標の30％を超えている。
68）林（華）（1990）214ページ。なお，NEP の下での華人の経済活動について，『マレー人を利用し，その結果として相当数の寄生資本家を創出した』とも指摘している。
69）林（華）（2002b）140ページ。華人企業が被った影響は同書を参照されたい。マレーシアの華人銀行9行の中には再編と統合を迫られたものもあり，2000年に生き残ったのは4行のみである。
70）林（伍）（2000）213-214ページ。
71）原（1997）269-270ページ。
72）同上書272ページ。
73）同上書270-271ページ。中国側の統計では香港からの投資は香港からの投資として扱われているため，マレーシア資本の対中投資の全体像は把握できない。原（1997）200ページ，マレーシアの新聞報道（『南洋』マレーシア，1992年12月31日）では，1992年6月末現在でマレーシアからの直接投資は2.8億リンギ，香港・マカオの代理機関からの間接投資が12.9億リンギ，一方，ロバート・クォクの投資が25億リンギとなっている。
74）『華僑・華人事典』の「ゲンティン・グループ」と「リム・ゴートン」の項目を参照されたい。
75）『華僑・華人事典』の「マレーシア・ホンリョン・グループ」と「クエック・レンチャン」「クエック・レンベン」の項目を参照されたい。
76）朱（2000）39-40ページ。
77）佐藤（1991）109-110ページ。
78）パン（1995）276ページ。
79）岩崎（1999）90-93ページ。
80）蔡（2000）124-125ページ。
81）鈴木（2002）106ページ。ここでいうクローニーはスハルトとの関連を持つ華人の意味で使用されている。
82）蔡（2000）124-130ページ。なお，各グループ創業者名は『華僑・華人事典』を参照されたい。

83) 小黒（2003）169-170ページ。
84) 鈴木（2002）116-117ページ。ここでいうクローニーは利権に与った華人企業を指している。なお，スハルト一族の「輸入独占」問題をインドネシアのメディアはTosiba businessと隠語で表現した。これはスハルトの長男Sigit，次男Bambang，三男Tommyの頭文字を使ったものである。
85) 蔡（2000）129ページ。なお，創業者名は『華僑・華人事典』を参照されたい。
86) 同上書127-129ページと佐藤（1995a）343ページを参照されたい。なお，日本語表記は原則として佐藤に従った。
87) 蔡（2000）131ページ。
88) 佐藤（1991）109ページ。なおランキング表は108ページを参照されたい。
89) 佐藤（1993）86-88ページ。
90) 白石（1997）186ページ。
91) 佐藤（2002b）67ページ。
92) 蔡（2000）138ページ。
93) 鈴木（2002）120ページ。
94) 三平（1997）339ページ。
95) 同上書340ページ。
96) 同上，スハルト体制下においては，華人問題の主題は経済格差や対中投資に転化したが，プリブミの対華人不信感はけっして消滅したわけではない。
97) 同上書341-342ページ。
98) 蔡（2000）132ページの表を参照されたい。
99) 『華僑・華人事典』「シナル・マス・グループ」と「アストラ・グループ」の項目を参照されたい。
100) 朱（2000）36-38ページ。
101) 呉（2000）403-412ページ，『華僑・華人事典』の「バンコク銀行」「チン・ソーポンパニット」の項目など，同グループのウェブサイト（2006年11月28日現在：http://www.bangkokbank.com）を参照されたい。なお，チンの姓は同グループのウェブサイトでは"Sophonpanich"となっているが，氏名のカタカナ・英文表記は『華僑・華人事典』に依った。
102) 呉（2000）404ページ。
103) 岩崎（1999）174-180ページ，『華僑・華人事典』の「ヨーヒャップセン」の項目を参照されたい。
104) 同上書179ページ。
105) *International Sociology* Mar. 2005, Vol. 20, pp. 45-70.
106) 佐藤（1995b），『華僑・華人事典』の「アストラ・グループ」「ウィリアム・スルヤジャヤ」の項目，AI社ウェブサイト（2006年11月29日現在：http://www.astra.

co.id）を参照されたい。
107）佐藤（1995b）21-24ページ。
108）同上書29-30ページ。

第Ⅱ部

華人企業グループ各論

第Ⅱ部では華人企業グループにそれぞれ異なった事業特性があることを検討するためにタイのCPグループ（CP）・マレーシアのクォク・グループ（KB）・インドネシアのサリム・グループ（SG）の三グループを取り上げる。これらの企業選定にあたっては，①地域特性については第Ⅰ部で取り上げたASEAN₃に事業基盤をおいていること，②金融などの特定業種に偏重せず多方面に事業を展開していること，③多国籍展開をしていること，の諸条件が考慮されている。

　第4章，第5章，第6章の3章では，それぞれCP・KB・SGを対象とした企業活動を分析し，その事業特性を抽出する。このことは主要事業を時系列的に観察することで行われる。まず，創業期から発展期段階のグループの中心的な企業活動の流れをたどることで，グループの主要な事業特性の抽出とその出現の背景を明確にする。これは，個々の事業展開を観察することで行われる。次いで，各々のグループの海外展開を中国を中心として観察することで，抽出された主要な事業特性が出現しているかどうかの観察を行う。さらに，各々のグループが1997年の通貨危機に対してどのような対策を講じたのか（あるいは強いられたのか），そして2003年前後の事業活動がどのように変化したか（しなかったか）を観察することで，創業期・発展期における各々のグループの事業特性の変容を検討する。第7章では三グループの事業特性を定性的に比較分析するとともに，通貨危機以降の事業再編や新規事業が，抽出された事業特性に沿い行われているかどうかを観察することで仮説2の検証を試みる。第8章は三グループの代表的な諸事業を対象として数量化2類のモデルを使用し，各グループを最も判別できる分類軸を統計的に計算し分類軸の内容を検討する。

　なお，次章以下では三グループに関する諸先行研究を参照する。華人企業を個別に研究したものは多いが，当然のことながら，1企業グループに関し掘り下げたものであり，概論的に当該国の工業化や華人企業に言及することはあっても，他国の華人企業グループに触れて分析されているものは多くない。ここでは，CPは末廣昭・南原真（1991），呉崇伯（2000），その他のもの，KBはアイリーン・シア（1994），岩崎育夫（2003a），林伍珖（2000），その他のもの，SGは佐藤百合（1992b）および（2003），蔡仁龍（2000），

その他のものをあげるに留め，それ以外は都度注記するものとする。

第4章

CPグループ
——アグロビジネスを活かして

　タイは植民地化されず独立国として戦後を迎えた。タイの工業化は豊富な一次資源をもとに，輸出向け農産品の多様化を図ると同時に輸出向け一次産品を単なる原料としてではなく付加価値を高めた製品・半製品（ブロイラー・水産缶詰など）に加工するという高度化を達成し，NAIC型工業化を成し遂げた。

　一方，華人企業は「同化を進めた華人政策」のもと，タイの工業化にともない幅広い分野で台頭した。華人企業は，タイ政府の長期にわたる華人同化政策もあり，タイの経済発展戦略やマクロ経済政策と密接な関係を持ちながら台頭した。産業投資奨励法発布後の60年代の輸入代替型工業化では，輸入業者であった華人企業と外資（特に日本企業）との合弁が次々に誕生し華人企業グループの基礎を作った。さらに，1970年代の輸出指向型工業化では，自国資本の投資に優遇措置がとられ，華人企業にさらなる機会を与えた。また，この時期に国内資源活用型輸出産業が興りアグロビジネスの華人企業グループを勃興させた。

4.1. 創業期・発展期——農業の工業化

　このような状況のもと，CP（チャルンポーカパン，Charoen Pokphand，卜蜂または正大）はエクチョー・チアラワーノン（Chia Ekchor Chearvanont，謝易初，以下エクチョーとする，1891-1983年潮州生まれ）によって創設され，現在の総帥は創設者の四男であるダーニン・チアラワーノン（Dhanin Chearvanont，謝国民，以下ダーニンとする，1939年タイ生まれ）

である[1]。

　CP の事業は潮州からの移民であるエクチョーとシャウフィ・チアラワーノン（謝少飛）の兄弟が設立した正大荘行（Chia Tai Chun）に遡ることができる[2]。同社は香港から野菜の種子を輸入し，タイから鶏卵を輸出していた。この会社は1954年に飼料輸入事業に進出し，1959年に正大農業企業公司（Chia Tai Seeds & Agriculture，後に正大荘種子公司に改名）に改組された。また，1967年に CP は卜蜂飼料有限公司（Charoen Pokphand Feedmill Co., Ltd., CPF 社）を設立し飼料製造業へと進出した。

　1969年にエクチョーの四男であるダーニンがグループ経営を引き継いだ[3]。CP はダーニンの指揮のもと，70年代以降にタイの NAIC 型工業化の一環であるブロイラー輸出を事業の中心とする新興のアグロビジネス・グループとして台頭し，その後他の事業分野に進出することでコングロマリット化した。CP の更なる発展は中核事業とは直接的な関係を持たない分野で多角化路線を展開することで行われた。これらの事業は，いずれの場合も技術・ノウハウなどは必ずしも最先端ではないが，タイでは新規といえるものを外国企業と組むことでタイへ導入する形でおこなわれた。

　グループの事業は，まず農業製品の生産，販売を含むアグロビジネスを拡大することで行われ，飼料製造，畜産と水産養殖の分野で国内のトップ企業となった[4]。この事業分野での多角化は，当初はブロイラー肥育用飼料を生産する飼料事業から始まり，後にその事業を川上や川下へタテ展開するという垂直統合でおこなわれた。飼料事業は輸入飼料を代替するもので，その中心となったのは CP フィードミル（Charoen Pokphand Feedmill Co., Ltd., 以下 CPF 社とする）であり，主原料は国産のトウモロコシであった。事業統合の契機となったのは1970年のアメリカのアーバーエーカー（Arbor Acres Farm Inc.）との合弁会社（Arbor Acres (Thailand) Co., Ltd.）の設立であった[5]。同社を通じて，タイ市場に適した鶏原種・種鶏の輸入が行われ，さらに，「素ビナ」の生産・販売事業をおこなうバンコク・ファーム（Bangkok Farm Co., Ltd., 以下 BF 社とする）を1973年に設立した。

　ブロイラーは養鶏農場で素ビナから肥育され，解体・処理工場（パッカー

といわれている）であるバンコク・ライブストック・プロセシング（Bangkok Livestock Processing Co., Ltd., 以下 BLPCO 社とする）などへ出荷される。CP の当初の事業である飼料事業から見た場合，ブロイラーの肥育は直接的な川下産業にあたるが，養鶏農場に自ら参入するだけではなく農家にも委ねられた。その具体的な取引形態は，飼料を農家へ販売した代金を回収する一環として，農家から「生鳥」を引き取るという方法である。このように CP は代金回収のリスクを回避しながらブロイラーの原料を入手することになる。さらに CP の川下展開はパッカーから開始されたが，単なる解体・処理工程に留まらず，1977 年にはバンコク・フード・プロダクト（Bangkok Food Product Co., Ltd., 以下 BAFCO 社とする）を設立しブロイラーの加工・販売業に進出した。この製造販売事業はブロイラーを中心とする国内市場での卸売・小売・外食産業へ，あるいは日本向けの「串刺し焼き鳥」などを含む畜肉加工食品の輸出販売へ展開されていく。また，畜産事業の川上部門では主力事業の飼料製造や「素ビナ」の生産以外にもワクチン・栄養剤製造事業（Advance Pharma Co., Ltd.）にも参入している。なお，「素ビナ」の供給では海外品種の導入が行われている。その生産にはタイ国内で 3 段階の工程が必要であり，技術的なノウハウや海外原料の供給源も含めた仕組みつくりが必要となり，次のように行われている[6]。

　●肉用や採卵用の実用鳥を生産するには 4 世代が必要とされる。その一連の流れは，鶏原々種（Grand Grand Parent Stock）⇒鶏原種（Grand Parent Stock）⇒種鶏（Parent Stock）⇒素ビナ（Commercial Stock），と続く。素ビナは肥育されて生鳥（実用鶏）となり，肉用の実用鶏はブロイラー（broiler）と呼ばれ，採卵用の実用鶏はレイヤー（layer）と呼ばれる。「鶏原種」は通常欧米の育種会社により供給される。なお，「鶏原種」の親鳥である「鶏原々種」は遺伝的に優れた特性（少ない餌でも速く大きくなり病気にも強いなど）をもっており，その開発には膨大な資金とノウハウが必要で，世界に数社しかない育種会社により生産されている。このため，一般的には外部に供給されることはない。実際の取引対象となるのは「鶏原種」以降である。「素ビナ」生産の第 1 段階は鶏原種」の輸入である。第 2 段階では「鶏原種」の産卵・孵化によ

り「種鶏」の生産が行われる。第3段階では「種鶏」の産卵・孵化により「素ビナ」の生産が行われるが，この工程は孵卵場（hatchery）で行われる。鶏原々種⇒鶏原種⇒種鶏⇒素ビナ，と続く一連の流れの系統図は次の通りである。4系統の鶏原々種（それぞれA，B，C，Dとする）の♂（オス）と♀（メス）から4系統の鶏原種の♂と♀を生産する。鶏原種Aの♂とBの♀から種鳥ABの♂を，鶏原種Cの♂とDの♀から種鳥CDの♀を生産する（この例では，鶏原種Aと鶏原種Cの♀，鶏原種Bと鶏原種Dの♂は使用していない）。種鳥ABの♂と種鳥CDの♀から素ビナを生産する（この例では，種鳥ABの♀，種鳥CDの♂は使用していない）。素ビナを肥育させて生鳥（実用鶏）を得る。

これら一連のブロイラーを中心とした事業の垂直統合は，飼料事業から畜産事業へと，それらの関連部門を統合しながら展開された。なお，飼料事業のさらに川上部門には，飼料の主原料であるトウモロコシ栽培がある。この分野では，CPはハイブリッド種子や高収量品種の開発・製造にまで手を拡げ，アメリカのデカルブ社（Dekalb Agresearch Inc.）との合弁で種子会社を設立している[7]。ブロイラーの垂直統合で培ったノウハウを他の畜産物・水産物に応用する形で対象品目を拡大し，それらの事業へヨコ展開することで水平統合も同時並行的に取り進めた。これらの対象はブロイラー以外の畜産物であるアヒル・豚・エビなどであり，幅広い製品ラインナップを揃える水平統合をおこなった[8]。1980年に養豚事業，1984年ごろから養アヒル事業は本格化した。1985年に三菱商事との合弁会社（Thai Prawn Culture Center Co., Ltd.）でエビのブラック・タイガーの養殖事業を開始した[9]。なお，畜産業や水産養殖業のさらに川下分野には加工度を上げた食品製造業や卸・小売業があるが，これらの分野にも進出した。1985にはアメリカのオスカーマイヤー（Oscar Mayer）との合弁会社でハム・ソーセージを，1989年には明治乳業との合弁会社で殺菌牛乳・冷凍食品を手がけている[10]。その一方で，CPは流通業へも参入し（後述する），食料産業での完全統合を行った。CPはこのように垂直的統合と水平的統合を組み合わせることによって広範囲に食料関連事業で基盤を確立した。このようなアグロビジネス展開の契機となったのは，タノーム・プラパート政権の1970年の輸入関税を

引き上げによる国内産業保護策や1972年の「投資奨励法」「外国企業規制法」「外国人職業規正法」の制定によるところが大きい。

80年代以降，CPは更なる多角化に乗り出し，製造業・石油化学産業・流通業・不動産事業・通信事業に参入した。このCPの多角化は中核ビジネスと関係のない分野で新たな事業機会をとらえるという柔軟性によりもたらされている[11]。

この多角化戦略は，世界でも第一級の技術を有している企業と戦略的にパートナーシップを持つことで実施されている[12]。石油化学産業では，1989年にベルギーに本拠を置くヨーロッパの大手化学メーカーのソルベイ社（Solvay）との合弁でプラスチック製品製造会社ビニタイ（Vinythai）の設立を決定し，石油製品関連では，1994年にタイ石油公社との合弁会社で石油製品販売会社ペトロ・アジア（Petro Asia）を設立した。また流通産業においては，1989年にオランダのマクロ社（Makro）と共同出資した大型卸売市場のサイアム・マクロ（Siam Makro）を設立する一方で，スーパーマーケットのロータス（Lotus）を展開し，さらに1988年にアメリカのコンビニエンスストア・チェーンのセブン・イレブン（7-eleven）との提携，アメリカのファストフード・チェーンのケンタッキー・フライド・チキン（KFC）との提携などをおこなった。

その一方でサービス産業へも進出した。80年代以降の不動産市況の活発化にともない不動産事業に進出し，CPランド（CP Land）の不動産部門は90年代に入るとグループ内で最も大きい部門となった。通信事業は，1990年に創業したアメリカのナイネックス（Nynex）とBOT方式で設立した電話回線会社テレコム・アジア（Telecom Asia），香港の携帯電話会社オリエント・テレコム（Orient Telecom），中国の国営通信会社と設立した衛星通信サービスの亜太衛星（APT Satellite）などである。これらの新規事業[13]のほとんどは，技術をもった先進工業国のパートナーとの合弁であり，また，海外展開する事業のほとんども現地パートナーとの合弁である。

CPは証券市場を通して系列会社の株の上場や社債発行で資金を調達している。株式の上場では，後述する上海易初摩托車の1993年のニューヨーク市場での8,000万ドル，テレコム・アジアのバンコク市場での5億ドルなどが

確認されている。一方，社債発行では，80年代の本国における系列会社の上場を機会に BAFCO 社の6億バーツ，バンコク・アグロインダストリー（Bangkok Agro-industrial Co., 以下 BAP 社とする）の1億8,000バーツ，CPF 社の3億バーツが確認されている[14]。この時期，ダーニンはチャワリットの資金源[15]であったともいわれていたが，ダーニンは政治的なコネクションがあったことを否定しており，彼の事業との関連性は不明である。

このように CP はアグロビジネスで出発したが。それ以外の分野にも大きく事業を拡大していき，1997年の通貨危機の時点では9つの事業部（種子／肥料・アグロインダストリー・養殖エビ・貿易・流通小売・石油化学・不動産開発・自動車／機械・電気通信）と2つの準事業部（石油／発電・加工包装食品）を傘下に収めるにいたった[16]。

4.2. 海外展開──ブロイラーから衛星まで

タイの華人企業グループの中国を中心とする海外展開は第3章で述べた通りであるが，「同化を進めた華人政策」のもとで早い時期から開始されていた。CP の海外展開は，当初は国内の飼料事業の海外市場開拓から始まった。これは飼料の輸出販売網や生産事業の海外展開を目的とする。この海外展開はきわめて早い時期に行われており，輸入・投資会社の初出は1959年の香港，生産工場の初出は1972年のインドネシア，中国への初出は1981年の飼料生産工場であり，1979年の時点で8カ国25社の存在が確認できている[17]。CP は，1959年に香港に CP 国際投資（CP Overseas Investment）を設立し，同社を通じて海外投資を行っている[18]。

タイは1975年7月1日に中国と国交を樹立したが，本格的な関係改善の契機となったのは1979年のベトナムのカンボジアへの侵攻であった。対中投資はこの時期を初期として本格的に開始されることとなった。なお，この時期は中国に経済特区の設置が決まった時期でもある。CP の中国での展開は1979年の中国の改革開放とほぼ時を同じくして行われたが，CP は深圳の投資家認証番号001番を取得している[19]。1979年 CP 国際投資はアメリカのコンチネンタル・グレイン（Continental Grain）との合弁でコンチネンタル

CP国際投資を設立し,同社を通して資金調達をおこなうとともに,在中国のグループ企業を所有させた[20]。CPの対中投資事業は,まず「食」に関連するものからスタートしている。その進出第1号が,深圳で設立されたコンチネンタル・グレインとの合弁である飼料会社チアタイ・コンチネンタルである[21]。この深圳での飼料製造業を契機として,1985年に北京で北京市飼料公司との合弁会社である北京飼料有限公司を,長春で吉林省飼料公司と吉大有限公司を,鄭州では豫大畜牧有限公司を設立し飼料工場を立ち上げ,1985年には松江県畜禽公司と上海大江有限公司を設立し産卵用種鶏,解体・処理工場を立ち上げた[22]。これは基盤国で培われた飼料・畜産業の垂直統合を応用したものである。このようなCPの中国事業の中核をなすアグロビジネスは飼料製造業を皮切りに,家禽飼育・水産養殖・肉類加工などへと国内の仕組みを導入した形で展開された。

CPのアグロビジネス以外の事業展開は,1984年のホンダとの技術提携による上海易初摩托車(Shanghai Ekchor Motorcycle)の上海・洛陽でのオートバイ事業,ベルギーのソルベイ社より技術を導入した海南・汕頭での石油化学事業,北京・汕頭での金融業,上海での不動産業,河北省での電話事業,通信衛星事業,オランダのマクロとの広州での小売業,ハイネケンとの上海でのビール製造業,上海でのケンタッキー・フライド・チキンのチェーン展開などである[23]。なお,その他の主な投資事業については表Ⅱ-1の通りである。

CPの対中投資は中国の改革開放が始まった1979年からであることは前述した通りであるが,以後,1989年の天安門事件後も撤退せず,逆に投資を拡大し,対中投資の先発利益を享受してきた[24]。これは中国政府との太いパイプ・コネクションがあったためで,グループの設立者エクチョーは周恩来

表Ⅱ-1 CPグループのその他の主な対中投資

投資先	投資金額	投資内容	パートナー
上海	2億ドル	黄浦江右岸都市開発	N.A.
上海近郊	30億ドル	石化コンプレックス	N.A.
上海	N.A.	浦東都市開発	N.A.
福州	N.A.	福建亜州銀行	中国銀行

(出所) 丸屋(1994) 66-67ページ,ジェトロ白書(1994) 11ページをもとに筆者作成。

と親しかったといわれている[25]。また，CPの対中投資事業は，技術が重要な構成要素となり多岐にわたっているため，CPは技術のブローカー役を果たしているともいえる[26]。これらの技術はその当時の中国にとり新規であったもので，CPはそれらの技術をいち早く中国に紹介したという意味においてパイオニア的役割を果たしたことになり，また海外パートナーから見れば「中国への水先案内人」的な役割を果たしたことになる。このことについて，雑誌のAsia Weekは「外部者やそのノウハウに開放的なこと」はダーニンの特性であると分析し，ダーニンの発言を次のように記述している。「外国企業が自分自身で（中国へ）直接進出すると多くの問題に直面するであろう。それは彼らが金融システム・会計システム・その他を理解できないからである。（しかし）我々は理解している」[27]。

CPのグループ海外事業を統括しているとみられるCP Pokphand Co., Ltd.の「監査済み1994年度決算書」でみると，資産に関しては「グループ持分総資産の8億3,200万ドルのうち中国が67.3％の5億6,000万ドルであり，グループ持分税引き後利益7,000万ドルのうち中国は72.4％の5,900万ドル」で，「総売上高28億5,900万ドルのうち，対中アグロビジネスの売上高は37.8％」を占めている[28]。これで見るかぎり，CPの対外投資に占める対中国比率は70％に近く非常に大きいことが分かる。このようなCPの対中投資は，歴史も長く中国全土に万遍なく着実に実行されているため中国側の評価が高いという特徴を持ち，中国政府から「CPの1996年までの投資企業は110社以上で，投資総額は50億ドルを超える」とし，中国への企業投資が最も多い企業の1つであると評価されている[29]。

通貨危機前後のCPの中国における事業展開はAsia Weekの1997年8月25日号に次のように示されている。「中国の鶏肉市場の20％と飼料製造業の10％を握り，中国最大のオートバイメーカーであるEk Chor China Motorcycleの半分の株式を保有している。グループ全体の売上高は80億ドルで，中国はその半分，タイは25％，残りはトルコ・中南米・ヨーロッパ・アメリカである。しかし，中国事業を主に統括する香港のC.P. Pokphandは，対前年比で売上高は13億ドルに伸ばしたものの，利益を90％落ち込ませ710万ドルになっていた。これは高騰した原料穀物価格と飼料と鶏肉販売の落ち込

み，オートバイ販売の国内競争と過剰生産によるものであった」[30]。

このように中国事業を進展させてきたダーニンの中国市場に対する取組方針は同誌のインタビューによれば次の通りである。「中国はグループの売上高の半分を占めるにいたった。(CP の) 中国戦略は長期的に成功を見通せるものを探し出すことである。我々は貪欲ではなく，喜んで（他のパートナーと）分担し，彼らを呼び入れる。我々が技術を持っていないならば，それを持っているものを引き入れる。工場を買収した時にレイオフは行わない。ともかく賃金は低い。事業活動が拡大した時，従業員を系列のサービス店や新規の分野に送り込む。（それらの従業員に対しては）広範囲な管理研修を行い，会長・社長・製造部長・その他の役割を従業員に周知徹底せしめる。我々は外部の投資家のための準備作業を行う。経験と技術を兼ね備えた彼らは我々が家を整頓した後で来ることができる」[31]。しかし，多くの分野に進出してしまった CP は通貨危機を契機として中国での事業縮小に追い込まれることになる。

4.3. 通貨危対応時期——アグロビジネスへの回帰

タイの通貨危機時の対応は第 1 章で述べた通りであるが，IMF のプログラムを実行したことでオーバーキルの状態となり，チュアン政権から，愛国党のタクシンに政権が交代した。このような環境のもと，タイの華人企業グループは，政府のとった企業再生策がそのまま華人企業にも適用されたことから，債務返済のため事業の再編（傘下の関連企業や事業の整理・売却）を行うこととなった。なお，このような再編にともなう資金支援のほとんどは外資により行われた。

CP が直面した困難は，経営不振や業績の悪化よりも急成長がもたらした巨額の債務負担[32]であった。一例をあげれば，香港の CP Pokphand は中国・インドネシア・アメリカにおけるプロジェクトの資金として10億ドルのローンと債券発行を行っていたが，その返済を迫られた。このため，CP は中核事業を維持しつつ返済資金を捻出するための経営戦略転換を迫られることになった。ダーニンは危機時の企業経営に関する失敗について「我々はあ

まりにも速く拡大しすぎた。これが教訓である。中核ビジネスに関しては速くも遅くもなく上手くやれた。しかし、非中核ビジネスを急ぎすぎた」として「改革方針として、借入金を自己資本の3分の2に抑えることと、事業の統合を推し進め、企業の株式を上場することで経営を公開していく」と語り借入金返済と事業の公開についての改革方針を出している[33]。その一方では「異なった国への投資を行ったことで、リスクが分散できた」[34]とも語っている。

　その後これらの発言は実行に移され、CPはマッキンゼー社（McKinsey & Company）に事業再編の計画作成を依頼し、アグロビジネスの集約化と非中核事業や不採算部門を整理した[35]。具体的な経営戦略転換の第1は事業の再編である[36]。まず、中核事業であるアグロビジネスの強化のため、関連企業をグループの上場企業であるCPF社に統合した。これは経営資源を集中することと、情報開示による透明化により外部資金の調達を目論んだものである。また、それ以外では非中核事業や不採算部門を整理した。例えば、小売部門ではセブン・イレブンを除くロータス株のイギリスのテスコ（Tesco）への一部売却、石油販売部門ペトロ・アジアのタイ石油公社への売却などである。第2は比較的ダメージの少なかった中国を中心とする海外資産を売却し資金を本国へ還流させることである。中国では90年代に多角化を図りその多くが失敗していたが、多くの事業を全部（あるいは一部）整理・売却した[37]。その主な事業はオートバイ事業・不動産・ビール製造業・テレビや通信事業・半導体基板製造事業・自動車用コンプレッサー製造事業などである。第3は財務体質強化のために増資を行ったことである。例えば、テレコム・アジアは増資をおこない、結果としてCPは少数株主となった。第4は競争力強化のための合弁の推進である。例えば、テレコム・アジア傘下のケーブルテレビ会社のUTVは華人系のチナワトラ傘下のUBCと合併させた。このようにアグロビジネスを中心とした事業再編を行っているのにもかかわらず、ダーニンの通信事業への思い入れは深く、「インフラ事業のなかで電話への投資がベストである」と述べている[38]。実際、テレコム・アジアへはパートナーのベル・アトランテック（Bell Atlantic）から役員を採用するとともに、息子のスパチャイ・チアラワーノン

表Ⅱ-2 CPグループの傘下企業整理

会社名	売却額(百万ドル)	備考
Ek Chor China Motorcycle	12.8	上海のオートバイ製造会社の50％の株式
Lotus Supercenter	365.0	タイの卸売チェーンの大多数の株式
7-Eleven	N.A.	11％の株式
Telecom Asia	N.A.	少数株式
Kopin Corp.	19.0	ボストンのハイテク電子開発研究会社の株式
Shanghai Brewery	N.A.	ハイネッケンとの合弁会社の株式
Sunny's supermarket	N.A.	会社売却
Vinythai	N.A.	会社売却
Petroasia	N.A.	会社売却

(出所)"Back to School," *FEER* 8 Apr. 1999, p.12.

(Supachai Chearvanont，以下スパチャイとする)をテレコム・アジアの社長に任命している。このスパチャイの人事に関連してダーニンは同インタビューのなかで「この人事は世代交代を意味するものではないと否定したうえで，グループの昔（older）のビジネスは専門家に任せ，新しいベンチャー・ビジネスは気概（mettle）を試すためにファミリーメンバーに任せる」とも述べている。

CPのアジアの通貨危機対応は，CPF社を中核会社としてアグロビジネスを中心に事業の再編を行ったものとなっている。これは，グループの根源事業は死守していくという戦略を貫いたものと思われる。また，このような事業再編の最中でも，将来の発展を見越し，通信事業分野ではテレコム・アジアを強化している。なお，CPF社とテレコム・アジアは上場会社であり，その透明性は確保されているかに見える。しかし，この2社ともファミリーの持ち株会社である非公開会社 Charoen Pokphand Group Company Limited（以下CPG社とする）の傘下にあることを鑑みれば，CPの今後の事業展開はダーニンの手腕に頼らざるを得ないことを示しているものといえよう。このようなCPの事業再編は表Ⅱ-2に示す通りである。

4.4. 現状——本業への回帰と中国での重点事業

CPは，前項で述べた通り通貨危機後に拡大基調を押さえ込み，投資を引

き上げるとともに，株主に対しグループをより開かれた形にすることを公約し実施した。その後，ダーニンの陣頭指揮のもと，タイの引き続く低迷の中で，「出来ない分野には手を出さず得意な分野で」という経営方針でグループの中核であるアグロビジネスを堅固することに加え思慮深い投資でリード役を務めている」[39]。

　また，ダーニンは十分なシナジー効果が見込めない分野にも事業を「集中化」「透明化」させている。その対象となっているものは国内の情報通信事業と中国の小売業であるが，それぞれ2人の息子が運営している[40]。

　CPのタイにおける事業を統括しているCPG社のウェブサイトによれば，同社の事業グループは食品加工業を包含したアグロビジネスと通信・マルチメディアサービスの2つに大別されている[41]。アグロビジネスの中核会社であるCPF社はCPG社が40％の株式を所有しているが，この事業は畜産事業と水産事業に大別され，各々飼料（動物用・水産動物用），養畜・養殖，畜肉・魚介製造加工／調理食品製造の3分野に分けられており，2005年の売上高は113,374百万タイバーツ，ネット利益6,747百万タイバーツである[42]。

　CPの国内小売業の展開は，イギリスのテスコと組んだテスコ・ロータス（Tesco Lotus），マクロ，セブン・イレブンなど[43]であり，危機後の国内小売業の株式売却を通じた事業縮小から立ち直り国内小売業の再編をおこなっている。なお，C.P. Seven Eleven Public Company Ltd.の2005年連結ベース売上高98947百万タイバーツ，ネット利益952百万タイバーツである[44]。

　国内通信業では，テレコム・アジアとケーブルテレビのユナイティッド・ブロードキャスティング（UBC）の2社の上場企業を核として位置づけている[45]。2000年にCPはイギリスのOrangeグループと提携した合弁会社のTAオレンジ社を通じて携帯電話事業へ参入し，タイ国内のGSM（global system for mobile communications）ネットワークを構築するための合弁会社Bangkok Inter Teletech Co. (BITCO) を設立した[46]。2003年にCPはアメリカの大手電話会社のVerizonn Communicationsの子会社Nynex Network Systemよりテレコム・アジアの株式を購入することで，同社の持分を41％から47％に引き上げた[47]。2003年にテレコム・アジアはTrue Corporation PLC に名称が変更され，2006年現在では，通信事業は同社を核として構成され，同社は260万回線の固定電話を保有するとともに，携帯電話のTrue Move 社（TA オレンジから名称変更），ケーブルテレビの UBC，インターネット関連の Asia Infonet を統括している。なお，同社の責任者はスパチャイである。

　CP の中国での展開は3つの分野（農業・小売業・不動産開発）に重点を置いているが，2001年のグループの中国での売上高は30億ドルに達している[48]。特に農業関連分野では売上高の半分を占める動物飼料以外にもブロイラー関連ビジネス・種子・大豆搾油・農業機械・生化学の分野にも手を広げている。小売事業はロータス・スーパーセンター[49]を中心に展開し，不動産開発分野は上海でショッピング・モール（Super Brand Mall）を立ち上げた。2003年には中国の売上高は35億ドルに達し，そのうちアグロビジネスは70％を占め，従業員数は7万人である[50]。しかし，飼料事業では，競合他社の低価格の圧力や農家のブランド・ロイヤルティの低さのため，シェアは最大ではあるが17％に落ち込んでいる。このため，ダーニンは小売業と流通業に焦点を絞り，5億ドルをかけることで90店近いロータス・スーパーセンターの展開を行い，流通とサービスの国内ネットワーク構築を計画している。ダーニンはこの事業について，「CP は伝統的に村落レベルの人びとを相手として種子から家畜まで商売を行ってきた。この事業は CP が彼らを相手に小売業で関わっていく機会を生み出す。その結果として，村落レベルで何が作り出されても，彼らを供給元として入手することができる。中間業者なしで我々の設置した既存のインフラが利用できる」[51]と述べ，農村での事業展開に固執している。CP は東南アジアのコングロマリットのどこよりも中国に深入りしており，2003年の中国における売上高はグループ全体の23％を占めるにいたった[52]。なお，ダーニンの息子であるナロング・チアラワーノン（Narong Chearavanont，以下ナロングとする）が中国での事業を担当している。

　ダーニンは，中核事業であるアグロビジネス以外に国内では情報通信事業，中国では小売業に注力している。それらの事業は2人の息子たちにより運営されており，前者をスパチャイが，後者をナロングが担っている。これ

は新しい事業を息子たちに，既存の事業はグループのベテランや外部からの経営者に委ねるというダーニンの通貨危機後の考えが現在でも不変であることを現すものであるが，ダーニン自身がグループを束ねるというグループの基本的な構図には変わりが見られない。

4.5. 事業展開のまとめ

　CPのタイにおける事業展開はタイの農村社会を組み込んだアグロビジネスの分野で行われた。その一方で，後の事業の多角化では海外パートナーとその技術を利用した合弁事業を興すことで新規の事業分野の開拓が行われている。

　アグロビジネスはCPの当初の事業でもあり，現在でも引き続き中核をなす事業となっている。当初のアグロビジネスは初代のエクチョーが興した貿易商から出発した。この輸出入事業で飼料の輸入を手がけたことが契機となり，飼料製造事業に進出した。ダーニンが総帥を引き継いだのち，アグロビジネスを拡大していくことになるが，まずブロイラーを中心にした畜産事業に展開していくことになる。海外提携先から新品種を導入し，自グループや委託農家で肥育してブロイラーを生産するが，飼料や素ビナを農家に販売し，それらの代金と相殺する形で鶏を入手し，それを自社工場で処理・加工するとともに，ブロイラーに関連する食品加工業にも進出した。ブロイラーの川上産業では飼料事業に加え，ブロイラーの原料となる種鳥／素ビナの生産やワクチン製造などの薬品事業にも参入し，さらに飼料事業の上流であるトウモロコシの種子開発にまで手を広げている。ブロイラーを中心とした事業を垂直統合したCPは，同様のシステムを豚・アヒル・エビへと拡大し対象製品を拡大することで事業を水平統合した。次いで，畜産品・水産品の川下にあたる食品加工産業，卸・小売販売業にも参入した。このようなアグロビジネスを中心とした事業の統合は，農産品の貿易商として出発したCPのタイの農村を事業基盤とする事業特性が現れたものとなっている。このアグロビジネスはグループ事業の原点となったもので，農村を基盤として事業を展開するという「農村基盤」の事業特性が確立したものと思われる。

ここでいう「農村基盤」の事業特性とは，単に農村から原料を調達する，あるいは農民に製品を販売するというような「モノとカネの一方的な流れ」のみを意味するものではなく，これらの要素を媒介としながら，農村を基盤としたビジネスの仕組み造りをおこなうような事業特性を指す。この基本形態は，飼料の実儒者である農民にブロイラー用飼料を販売するとともに，成鳥を買取るというようなビジネスであるが，自らも養鶏場経営に乗り出したり，解体・処理工場を経営したりというように農村に根を下ろして事業の範囲を拡大していくような形態に発展していく。

　一方，アグロビジネスの展開に当たっては，特に初期のブロイラー事業では海外技術の導入が必要不可欠であった。このアグロビジネスの展開を通して，CPには，タイの伝統産業である農業部門においてさえ，海外技術に依存しなければ新たな展開が図れないという認識が生まれ，この段階で海外技術やノウハウを内包化して事業展開を行う「海外技術内包化」の事業特性が確立された。

　海外技術やノウハウを導入していく事業形態は，多くの企業において事業の初期段階に限らずあらゆる段階で普遍的に見られるものである。しかし，ここでいう「海外技術の内包化」の事業特性とは，単なる導入にとどまらず，それらを吸収することで地場に適用した独自の事業形態を構築していくような事業特性を指す。この基本形態はブロイラーの原鶏種の導入であり，ブロイラー事業のタテ展開に発展していく。

　CPの新規事業による多角化は，世界で第一級の技術を有している海外企業とパートナーシップを形成することで，技術やノウハウを導入し合弁形態の事業を展開している。これはプラスチック製品製造などの製造業，卸やスーパーマーケットなどの流通業，電話回線などの情報通信事業などで展開され，CPは大グループへと成長していった。これらの展開は「海外技術内包化」の事業特性が働いたものであろう。

　CPの海外展開は中国を中心として行われた。中国では，まずグループの原点であるアグロビジネスで進出し，ブロイラー関連の飼料事業や畜産事業を展開している。この事業はCPがタイで構築したシステムがそのまま応用され，従来の中国の伝統的な方式に比ベブロイラーの生産性が高かったた

表Ⅱ-3　通貨危機以前のCPの主な事業

年	事業内容	会社名	主な出来事	事業特性の出現
1921	農産物輸出入商	正大荘行(初代エクチョー)		農村基盤
50年代	＜ダーニン事業参加＞			↓
1959	◎投資会社	CP国際投資(在香港)		↓
1960			投資奨励法	↓
1967	飼料製造業			↓
1970	＜畜産業参入＞			↓
	鶏原種輸入(＊)	アーバーエイカー・タイ		海外技術内包化
1972			外国企業規制法など	↓
1973	素ビナ生産	BF社		↓
	ブロイラー処理	BLPCO社		↓
1975			中国との国交回復	↓
1977	ブロイラー加工販売	BAFCO社		↓
1981	◎(中国で飼料・畜産業開始)			↓
1982			外資規制緩和	↓
1983	＜エクチョー死去＞			↓
1984	◎オートバイ生産	益初摩托車(在上海)		↓
1988	コンビニエンス・ストア(＊)	セブンイレブン		↓
1989	卸売業(＊)	サイアム・マクロ		↓
	石油化学(＊)	ビニタイ		↓
1990	電話回線(＊)	テレコム・アジア		↓
1994	石油販売	ペトロ・アジア		↓

(注)　◎印は海外で展開した事業。(＊)は海外パートナーがいた事業。
(出所)　第4章を筆者整理・作成。

め，中国市場を席巻することになった。また，その他の事業では，中国では新規となる技術を仲介するという「技術のブローカー役」を果たした。オートバイ製造業・ビール事業・石油化学事業などがそうであり，技術は海外のパートナーに依っている。このように中国では「農村基盤」の事業特性や「海外技術内包化」の事業特性が，タイでの事業展開と同様に出現している。

　この時期までにCPが国内外で展開していた事業は表Ⅱ-3に示される通りである。

　CPは通貨危機前に国内および中国で多岐に亘る事業に参入していたが，負債の返済を迫られたことで国内外ともに事業の縮小を余儀なくされた。このため，CPは主要な事業を除いて，非中核部門や不採算部門は撤退・縮小を行った。この時に死守された分野はグループの事業の原点である国内・中国のアグロビジネス分野と新規展開を進めてきた国内の情報通信分野である。CPはこれを機会に，アグロビジネス分野では海外アドバイザーのノウ

ハウを借りることで事業の再編を実施し，事業の透明性を図ることや経営資源の集中化が実施された。通貨危機後の対応でも，アグロビジネスを死守するという「農村基盤」の事業特性，および，中核事業の再編にまで外国企業のノウハウを借りるという「海外技術内包化」の事業特性は健在であったといえよう。

　現状では，タイ国内は通貨危機時の重要事業として残された2つの分野に集中して事業展開がなされている。アグロビジネスは再編されたCPF社に従来のアグロビジネスと食品加工業が統合されている。一方，情報通信産業でも，True Corporationを中心に事業が再編され統合されている。しかし，中国ではタイ国内とは異なった展開が見られる。アグロビジネスは厳しい価格競争にさらされ，業界1位の地位は確保しているものの，ブランド力に翳りが見えてきている。また，通貨危機後に縮小しつつ残したオートバイ産業は創業者メリットが見られず過当競争に巻き込まれている。スーパーマーケット事業は，国際的な展開を図っている欧米の同業者との競争が激しく，グループのロータス・スーパーマーケットの展開も計画通りには進展していない。このような状況のもとでも，ダーニンは「農村こそCPが関わっていく多くの分野がある」として流通チェーンの展開を図っている。このことに見られるように中国ではアグロビジネスの範疇を越えた形で農村を巻き込んだ事業展開を計画しており，「農村基盤」の事業特性は健在である。

　CPはエクチョーが初代であり，それを現在の総帥であるダーニンが引き継ぎ現在にいたっている。ダーニンは通貨危機時に陣頭指揮を取り，重要事業を死守し，発展させてきた。グループの伝統的な事業はファミリー以外の専門経営者に任せ，子供たちを今後の有望事業に振り向けている。スパチャイは国内のメディアおよび情報通信事業を，ナロングが中国での事業を担当している。ダーニンが健在である以上，グループの発展を下支えしてきた2つの事業特性は健在であろうが，後継者たちにどのような形で継承されるのかは現段階では判然とはしていない。

注

1）ダーニンの英語表記はCPのグループ本社であるCPG社のウェブサイトのものを参照されたい（2006年9月26日現在：http://www.cpthailand.com）。なお、"Dhanin"ではなく"Thanin"と表記している先行研究もある。
2）末廣・南原（1991）79-81ページ。
3）呉（2000）398ページ。
4）同上書391ページ。
5）末廣（1987b）93ページ。
6）家畜改良センター岡崎牧場のウェブサイト（2006年6月20日現在：http://www.nlbc.go.jp/okazaki/）を参照されたい。
7）種子事業に関しては末廣・南原（1991）86-87ページを参照されたい。
8）末廣・南原（1991）86ページ。
9）エビの養殖事業に関しては末廣・南原（1991）102ページを参照されたい。
10）末廣・南原（1991）79ページの表「CPグループの事業拡大（年表）」を参照されたい。
11）Weidenbaum and Hughes（1996）p. 33.
12）*FEER* 23 Jan. 1997, pp. 38-44.
13）CPの事業多角化に関しては呉崇伯（2000）394-396ページ，末廣・南原（1991）103ページを参照されたい。
14）山本（1997）321ページ。
15）*FEER* 23 Jan. 1997, *op. cit.*, pp. 38-44.
16）末廣（2002b）92ページ。
17）末廣・南原（1991）88-89ページ。
18）末廣（1987a）302ページの表を参照されたい。
19）*FEER* 26 Aug. 2004, pp. 26-41.
20）呉（2000）391ページ。
21）*FEER* 23 Jan. 1997, *op. cit.*, pp. 38-44.
22）古澤（1996）75ページ。
23）中国での事業展開に関しては，山本（1997）321-323ページ，古澤（1996）75ページを参照されたい。
24）呉（2000）397ページ。
25）山本（1997）325ページ。
26）*FEER* 23 Jan. 1997, *op. cit.*, pp. 38-44.
27）*Asia Week* Aug. 25 1997, NOPGCIT, 括弧内のコメントは筆者によるものである。
28）古澤（1996）76ページ。
29）呉（2000）397ページ。CPの発表では「1999年6月時点で中国に設立した企業数は

170社，資産総額430億ドルである」となっており，3年間という時点的な差を考慮しても，中国側が把握しているものとは大きく食い違っている。

30) *Asia Week*, Aug. 25, 1997, *op. cit.*, NOPGCIT.
31) *ibid.* 括弧内のコメントは筆者が挿入した。
32) *FEER* 8 May 1998, pp. 60–62.
33) *FEER* 8 Apr. 1999, pp. 10–14.
34) *Asia Week* Aug. 25, 1997, *op. cit.*, NOPGCIT.
35) 東（2003）53ページ。
36) 再編の内容は *FEER* 28 May 1998, pp. 60–62，呉（2000）400–402ページ，東（2003）53–55, 62ページを参照されたい。
37) *FEER* 26 Aug. 2004, pp. 26–31.
38) *FEER* 8 Apr. 1999, pp. 10–14.
39) *FEER* 27 Dec. 2001–3 Jan. 2002, pp. 82–83，ダーニンの基本的な考え方は次の通りである。"Don't take on more than you can handle and what you are good at." 「出来ない分野には手を出さず得意な分野で」。
40) *Economist*, 24 Mar. 2001, p. 78，ダーニンの最近の好きな言葉は "focus" and "transparency" であり，その対象となっている事業は国内が電気通信分野と中国の小売業であり，それぞれ2人の息子が運営している。
41) 前掲 CPG 社のウェブサイトを参照されたい。
42) CPF 社のウェブサイト（2006年9月26日現在：http://ww.cpf.co.th）を参照されたい。
43) *KRTBN* 19 Oct. 2002, p. 1.
44) C. P. Seven Eleven 社のウェブサイト（2006年9月26日現在：http://www.7eleven.co.th）を参照されたい。
45) 東（2003）54–55ページ。
46) *European Report*, 11 Oct. 2000, p. 1.
47) *KRTBN* 18 Jul. 2003, p. 1.
48) *KRTBN* 1 May 2002, p. 1. この記事のコメントは中国における CP のビジネス拠点である正大集団の会長 Thirayut Phitya-Israkul のものである。
49) *KRTBN* 30 Apr. 2003. p. 1. 本記事の出た2003年4月30日の時点でのロータス・スーパーセンターの展開状況は上海10店，杭州1店，武漢2店，広州3店，汕頭1店の合計17店舗で，華北での計画は北京，山東省，河北省，山西省，河南省，天津など合計30店舗である。
50) *FEER* 26 Aug. 2004, pp. 26–41. 小売業と流通業に関する記述は同誌を参考にされたい。
51) *ibid.*

52) *FEER* 26 Aug. 2004, pp.26-41.

第5章

クォク・グループ
―― 人的ネットワークを活かして

　マレーシアはマラヤ連邦として1957年8月31日にイギリスの植民地より独立を果たし，1963年9月16日にシンガポール自治領，サバ，サラワクを統合したマレーシア連邦となったが，1965年8月9日にシンガポールは分離独立した。マレーシアの工業化は豊富な一次産品輸出構造の多様化（錫・天然ゴム→原油・パーム油・木材）を並存させながら工業化を進めた。豊富な天然資源の輸出に下支えされたため，中間財や資本財の輸入が規制されず，過度の国産保護措置をとる必要性がなかった。このため，ハイコスト・エコノミーに陥ることなく，工業基盤が整備でき，後の工業化を有利に展開できることとなった。

　一方，華人企業はブミプトラ政策のもと，常に受身の立場におかれ，さまざまな模索を強いられながら事業展開を行ってきた。創始産業条例発布後の60年代では国内各民族資本が各業種へ投資した。マレー人優遇政策である新経済政策（NEP）が実施された70年代では，華人系諸団体が共同出資で多くの企業グループを設立した。その後の投資緩和時期でも，先行華人グループは発展し新華人グループも登場したが，これらの華人企業の多くが外国企業（主に日本企業）と販売代理規約を結ぶか合弁企業を設立するとともに，有力マレー人もしくは政府機関との密接な提携関係で基盤を築き上げた。しかし，大多数は製造業部門が弱く事業の中心は不動産・住宅・ホテル・金融・商業であって，企業グループ内の生産工程上縦のつながりはほとんどみられない。

5.1. 創業期・発展期——基礎作りはマレーシア・新展開は香港で

　このような状況のもと，KB はロバート・クォク（Robert Kuok Hock Nien, 郭鶴年，以下ロバートとする，1923年英領マラヤ生まれ）によって創設され，現在の総帥もロバートである。KB は1949年に彼と彼の兄フィリップ・クォク（Philip Kuok Hock Khee, 郭鶴挙）や従兄弟たちによって創設されたクォク兄弟社（Kuok Brothers Sdn. Bhd., 郭兄弟有限公司）に遡ることができる[1]。なお，KB はマレーシア政府の規制を回避するため1976年にグループ本拠を香港に移転し，その後ロバート本人も香港に移り住んでいる[2]。

　KB はクォク兄弟のマレーシアやシンガポール人脈に支えられながら食糧一次加工関連事業を中心にマレーシア国内で発展した。この発展には，マレーシアの政治・ビジネス・銀行分野で要職にあったロバートの多くの友人の後押しが寄与し，マレーシアの政策に上手く乗って，マレーシアの GNP に比例する形で成長した[3]。このようなロバートの人脈は彼がジョホール・バルーで生まれ育ったことと大きな関係がある。彼はジョホール・バルー英語学院で学んだ後，シンガポールのラッフルズ学院（Raffles College）に進んだ。この地での学友・同窓生として，タイブ・アンダク（Tan Sri Taib Andak）元マラヤ銀行会長，リー・クアンユー（Lee Kuan Yew）元シンガポール首相，トゥン・イスマイル（Tun Dr. Ismail）元マレーシア副首相などがおり，近所の人びととしてラザク（Tun Abdul Razak）元マレーシア首相，フセイン・オン（Tun Hussein Onn）元マレーシア首相がいる。また，ジョホール王室との人脈も形成されている[4]。

　クォク兄弟社が設立される以前に，その前身ともいえる東昇公司（Tong Seng & Co.）がロバートの父親（福建省から移民）であるクォク・ケンカン（Kuok Keng Kang, 郭欽鑑，以下ケンカンとする，1863-1948年福建省福州生まれ）により設立され，第2次大戦前にジョホール・バルーで，マレー人指導者のスルタン・イブラヒム（Sultan Ibrahim）から米・砂糖・小

麦粉の取引許可を得て，これら食料品を州全体へと販売し，後にはイギリス軍にも食材を供給していた[5]。ロバートは戦争のためにラッフルズ学院を短縮して卒業した後，三菱商事に入社し米穀部門に勤務した[6]。第2次大戦終了後，1949年にクォク兄弟社がオーストラリア人の公認会計士のハリー・トゥークス（Harry Tooks）の手助けにより設立され，東昇公司の事業を引き継ぐとともに，第2次大戦後に復帰してきたイギリス植民地政府より新たに米の配給・代理店のライセンスを取得してイギリスの大商社の米と砂糖の下請けとして活動を開始し，タイ米の輸入・販売もおこなった。この時期にKBは植民地政府から輸送用のトラックの払い下げを受けるなど現地有力者との繋がりが見られる[7]。しかし，ロバートは末弟のウィリアム（William Kuok Hock Ling，郭鶴麟）がマラヤ共産党の一員としてゲリラ活動中に死亡したことを契機に一時的にイギリスへ逃れ，共産党の武力闘争が鎮圧された後に帰国することとなる[8]。

　帰国後にロバートはKBの事業を拡大していくことになるが，この発展はマレーシアの輸入代替政策を利用して行われた。ラーマン政権下で1958年に交付された創始産業条令は，民間の製造企業に中長期の融資を提供し，貿易保護策を実施し，機械設備と原材料の輸入には関税が減免されるものであった。この奨励策のもとで多くの華人企業が台頭したがKBもそれらの1つであった。この時期，ロバートは砂糖や小麦粉などの食糧一次加工業に参入し，原料加工工場の拡大を図るとともにプランテーション経営にまで事業を拡大し，それを統合することにより食糧関連ビジネスでグループの基盤を作りあげた。なお，ロバートは同時並行的にシンガポールの貿易会社であるリクウド社（Rickwood and Compay）を買収し，日本からのアワビ・グルタミン酸ソーダ・化粧品・印刷用品などの販売代理権を獲得するとともに，同社が行っていた機械類の船積み輸送も行うことで，貿易業への突破口を開いた。なお，同社は60年代に郭兄弟有限公司（Kuok Brothers Singapore）と社名が改められ，現在にいたっている[9]。

　砂糖事業に関しては，ロバートはまず1960年にロンドン砂糖取引所の会員となり，イギリスの砂糖会社からマレーシア・シンガポール地域の砂糖の独占販売権を取得し原糖入手の直接ルートを確保した[10]。砂糖産業の原料か

ら製品にいたる一連の流れは原料（サトウキビ・テンサイ）の栽培・収穫，原糖（原料糖）の製造，精製糖の製造の3段階に分かれ，次のように生産される[11]。

①原料はサトウキビ（sugar cane）とテンサイ（sugar beat）であるが，ここではサトウキビを例に説明する。原料のサトウキビは主に熱帯・亜熱帯圏の中南米・アジア・アフリカで栽培・収穫されるが，その世界最大の生産国はブラジル，次にインド，続いて中国・タイ・オーストラリア・キューバなどである。この農産物はそのままの形で国際的に流通することはなく，原産国の工場でサトウキビから原料糖（raw sugar）が生産される。これはサトウキビの搾り汁から不純物を沈殿させた上澄み液を煮詰め，結晶を作り，遠心分離器で蜜と振り分けて製造される。なお，このサトウキビを原料とするものは「甘しょ糖」と呼ばれる。なお，ビート（サトウダイコン）からのものは「てん菜糖」である。これらの原料糖が一般的に国際商品として流通している。

②原料糖は国際商品として取引され，他の穀物（小麦・大豆・トウモロコシ）と同様に非常に値動きが激しいという特徴を持つ。その主な価格変動要因は天候・為替相場・世界の需給在庫状況，国際的な政治状況などであるが，その価格変動を回避するために先物取引が行われている[12]。この先物市場には，生産者や実需者以外に投機資金も流れ込み非常に高度な取引ノウハウが必要とされる。なお，これらの取引はトレーディングと呼ばれ，それに携わる人はトレーダーと呼ばれる。

③一般的に砂糖といわれているものは，この原料糖をさらに精製し純度を高めた精製糖（refined sugar，ショ糖）のことである。この砂糖は食料自給のための中核となる食品の1つであることから，現在では消費国で生産されるのが一般的である。しかし，植民地支配を脱却した時期の発展途上国では，当初はやむなく輸入に頼らざるをえず，マレーシアの場合はイギリスや香港から輸入されていた。

ロバートは国際商品である原料糖を取り扱うことで砂糖産業へ本格的に参入した。砂糖のトレーディングで基盤を作ったKBは，引き続き砂糖製造業のマラヤ製糖（Malayan Sugar Manufacturing，馬来亜糖廠，以下MSM社

とする）と小麦粉製粉業のフェデラル・フラワー・ミルズ（Federal Flour Mills Bhd., 聯邦面粉廠, 以下 FFM 社とする）を創業し, 砂糖事業および小麦粉事業の基盤を築いた。1958年に創始産業条例が制定されたが, これにより MSM 社は「創始産業」として資本金600万リンギの砂糖精製工場として認可された。当初はクォク兄弟社と日本の三井物産・日新製糖との合弁会社であったが, その後増資に当たり, 政府系の連邦土地開発局（Federal Land Development Authority, 以下 FELDA とする）の資本も導入されている。同社は1962年にプライ（Prai）で工場建設を開始し1964年には完成させている[13]。MSM 社が操業を開始した後, KB は1962年に FFM 社を設立し, ポート・クラン（Port Klang）の自由貿易区に専業用地を確保し1966年に操業を開始した[14]。

次いで, KB は1968年の投資奨励法を利用し, FELDA の資本も入れてペルリス・プランテーション（Perlis Plantation Bhd., 玻璃市種植, 後の PPB グループ社, 以下 PPB 社とする）を創業し, サトウキビを栽培するプランテーション事業に参入した。これは砂糖事業の上流への展開である。また, この PPB 社は1976年に MSM 社を買収した。このことは砂糖産業における一連の流れである「自社プランテーションでのサトウキビ栽培⇒自社工場での原糖生産と精製糖の生産⇒流通」を一貫しておこなうという垂直統合を成し遂げたことを意味する。なお, ロバートは「アジアの砂糖王」と呼ばれている[15]。これは, 一時期 KB が国際砂糖市場で当時の国際砂糖貿易量の10％に相当する年間150万トンの取引を行い, 同社がマレーシアの砂糖輸入の5分の4を支配していたことに由来するもので, ロバートは世界の砂糖業の同業者から「マラヤの砂糖王」と称され, その後「アジアの砂糖王」と呼ばれた。一方, FFM 社は, 小麦粉製粉事業に植物油搾油事業と飼料事業を加えることで, 食糧一次加工分野で水平統合を完成させた。

この水平統合は各製品の製造工程で発生する副産物を飼料産業に供給する形でおこなわれている。すなわち, 原料糖の製造工程でのサトウキビの搾り滓（バガス）, 小麦の製粉工程での麸（ブラン）, 食用油の搾油工程での絞り粕（大豆の絞り粕はソイビーンミール, soy bean meal, 略して SBM とも呼ばれ, 単体でも国際流通する国際商品である）などの副産物を有効利用す

ることでおこなわれている。さらに，PPB社は1988年にFFM社を買収することで，砂糖・小麦粉・飼料・食用油の食糧一次加工事業を統合した。この時期，FFM社のマレーシアにおける小麦粉市場のシェアは40％になっている[16]。なお，この食糧一次加工産業を水平統合させることは，輸入原料の海上運賃（ocean freight rate）を大きく低減できる可能性がでてくることを意味する。すなわち，製粉産業の小麦，製油産業の大豆，飼料産業のトウモロコシのような穀物・油脂原料は，積み下ろし港の設備が許す限り大容量の船舶を傭船（charter party）するほうが単位あたりの海上運賃が安くなるという傾向があるからである。例えば，積出港がアメリカの場合，いずれの原料も供積することが可能となる。また，これらの原料穀物は原料糖と同様の国際商品であり，砂糖で培われたロバートのトレーディング・ノウハウが生かされたものとなっている。

　KBは食糧事業以外では海運事業にも進出した。ロバートは60年代にマレーシア政府より国有の海運会社の創設可能性についての調査を依頼されたが，これを契機として1968年に設立されたマレーシア国際海運公社（Malaysian International Shipping Corporation，以下MISC社とする）にマレーシア政府や他の企業家とともに主要な株主として参加した。なお，この時ロバートは初代会長として就任している。マレーシアが国際海運会社を必要とした理由は政府が自国の豊富な天然資源の輸出に関わる利益を保護するためである。マレーシアは自国の主要輸出品目であるゴムとスズの輸送を海運に頼っていたが，自国の海運会社がないため，極東運賃同盟に海上運賃の決定権を握られ，価格が左右することが大きな問題であった。一方，ロバートが参加した理由は，原料糖の輸入を通して海上輸送の実務経験を有していたからである[17]。なお，極東運賃同盟は海運同盟の1つであり，歴史は第2次大戦前に遡ることができる。この海運同盟は船主の利益を擁護することを主目的として結成されたものであるが概要は次の通りである[18]。

- ◉「海運同盟」とは，同一航路に定期船を就航させている船社間において，相互の競争を抑制するため，運賃およびその他営業上の事項について取り決める協定である。世界最初の海運同盟は，1875年に締結されたイギリス－カルカッタを結ぶ航路で結成された「カルカッタ同盟」と言われ

ている。当時，英印間の貿易量が著しく増大したところ，次第に就航船腹量が過剰となり，船社間で激しい運賃競争が始まった。そこでイギリスの7船社が配船数を相互制限するとともに，一定の最低運賃を取り決めたのがその起源といわれている。そして，1879年にはアジアと欧州を結ぶ航路において現在の極東運賃同盟（Far East Freight Conference）の母体である中国同盟が結成され，その後海運同盟は欧州発着航路を中心に発展を遂げた。なお，海運同盟の登場は，1890年に米国反トラスト法が成立する15年前のことであり，当時はカルテル自体は違法とされていなかった。このようにして成立した海運同盟は運賃以外にもさまざまな事項を船社間で取り決めていた。

　KBの観光業との関わりは60年代から始まった[19]。これはロバートが，マレーシア・シンガポール航空（Malaysia-Singapore Airlines）の会長やマレーシア観光開発公社（Tourist Development Corporation Malaysia）の会長に就任し，観光業に係わったことを契機とする。なお，ホテルの第1号はシンガポールに建設され，1971年に開業したシャングリラホテル（Shangri-La Hotel，香格里拉酒店）である[20]。この成功により1971年にはペナンにRasa Sayang Beach Hotel Bhd.を設立し，その後香港など多くの国・地域へホテル事業が進展していくこととなる[21]。

　なお，このようなマレーシアにおける主要事業のすべては政府機関との合弁会社であった。MSM社・PPB社・MISC社などがそうであり，政府系のFELDA（当時の長官はロバートの同窓生のアンダク）は常に参加していた[22]。

　このようにして，KBは70年代末には数多くの子会社を持つ多角経営の企業グループとして成長を遂げてきたが，その一方で1970年から海外投資をはじめた。70年代前半にはシンガポールを，70年代後半には香港を重点に投資を拡大した。ほかにもタイ・インドネシア・フランス・フィジーなどにも投資した。これらの投資分野は押しなべてホテル事業・不動産・貿易・海運業である[23]。なお，得意とする砂糖事業では華人企業家とタイとインドネシアで製糖工場を設立しているが，インドネシアのパートナーはSGであった[24]。

しかし，マレーシア政府の干渉を嫌ったロバートは1978年には活動の拠点を香港に移してしまった。これは単純な資本逃避ではなかったと思われる。この時期のKBの主な事業はあくまでもマレーシアにあったが，それらの事業を保全するため，ロバートはブミプトラ政策に対処し，柔軟かつ機敏な措置を講じた。まず，傘下の会社の改変を実施し，役員と資本のマレー化を促進した[25]。クォク兄弟社の資本構成は不明だが，取締役10人中にはマレー人が1人含まれている。また，系列企業の上場4社（①製糖，②製粉，③スズ鉱山，④不動産）の資本構成では，各社のKB保有分とマレー系機関・個人の保有分は，1989年現在でそれぞれ，①29.8％と23.9％，②55.0％と29.6％，③41.9％と21.4％，④29.6％と32.9％となっており，マレー系資本の内訳ではLUTH（巡礼基金局）やASN（国営投資信託公社）のような政府系資本が個人を上回っている。役員構成では延べ38人中18人がマレー人であり，元高級官僚・パハン州の王族・退役大将などが参加している。このように一連の関連会社のマレー化を推し進める一方で，ロバートの娘スエ・クォク（淑蒄）は1989年にマレー人新興実業家アブドル・ラシドと結婚している。

5.2. 海外展開——シンガポールから香港へ

　マレーシア華人企業グループの中国を中心とする海外展開は第3章で述べた通りであるが，ブミプトラ政策の規制のもとで香港経由で行われた。この発端となったのは1974年5月31日における中国との国交の樹立である。
　KBの更なる発展は，本部機能を海外に移転し事業分野を多角化していくことで行われた。まずシンガポールで海運業の太平洋航運（Pacific Carriers Ltd.）・不動産開発（後のAll Green Properties Ltd.）・ホテル事業のシャングリラホテル（Shangri-la hotel, シャングリラ・ホテルチェーンの第1号）を手がけ，次いで香港でも同様の事業展開をしている。これは事業の拡大もさることながら，国家による企業活動の制約を嫌ったもので，マレーシアからより自由の利くシンガポールへ，後にはレッセフェール政策をとる香港へと移っていった。なお，これらの海外事業はマレーシアやシンガポール

で「手馴れた，馴染んだ事業」を香港に展開していくことで拡大された。さらにロバートは1976年にグループの拠点も香港に移転している。ロバートが香港に拠点を移した理由はさまざまにいわれているが，直接の契機は，「マレーシア政府により砂糖の輸出を拒否されたこと」[26]がその1つとされている。なお，このことについて Edmund Terence Gomez はロバートの移転の理由に関して次のように述べている。「マレー人企業家や華人企業家との競合の激化，および彼自身の事業意欲を発展させていく必要性が，彼を海外へ導いた」[27]。実際，ロバートはマレーシアから逃避しなかった。トレーディングから始まったロバートのビジネスは，製造業やサービス業に展開していったが，食糧一次加工事業やプランテーションは事業基盤国であるマレーシアで引続き事業を継続させ発展させている。

80年代前半から KB は中国で事業を展開することになるが，その形態は，香港を拠点にしつつマレーシア・シンガポール・香港で培った事業ノウハウを応用する形で行われている。KB は香港に拠点を移した1976年以降，ケリーグループ（Kerry Group，嘉里集団）として更なる発展を遂げた[28]。KB は当初の海外投資で3つの重点分野を設けていた。第1は海運業でありグループの貿易業務を支えるための海運会社をシンガポールや香港で設置した。このため1997年にケリーシッピング（Kerry Shipping，嘉里船務）が設立されたが，後に一部を除き撤退することになる。第2はサービス産業でありシンガポール・マレーシア・香港・フランスなどで貿易会社と不動産会社ケリープロパティ（Kerry Properties，嘉里建設）を開設し，輸出入・不動産開発・工事請負などをおこなっている。第3はホテル事業であり前述したシンガポールのシャングリラホテルが皮切りであるが，1981年にシャングリラ・アジア（Shangri-La Asia）を開設し，これを中核としてクアラルンプール・ペナン・バンコク・香港・ジャカルタ・フィジーなどにホテルチェーンを展開していった[29]。

KB は上記の重点分野に加える形で80年代以降に香港でメディア事業に参入した。1998年にテレビ放送局企業電子広播（Television Broadcasts）の株式を取得したうえ，1993年にオーストラリアの新聞王ルパート・マードック（Rupert Murdoch）から英字新聞の南華早報（South China Morning

Post, 以下 SCMP 社とする) の経営権も取得したことで香港メディア業界の大手に躍り出た。この SCMP 社は1996年に不動産・娯楽産業・小売業・出版業に携わっていた TVE Holdings を1.5億ドルで買収した[30]。

1996年に，KB は一族の保有するホテル展開事業をシャングリラ・アジア (Shangri-la Asia) に譲渡し，嘉里建設 (Kerry Properties) は本社から分割し香港市場に上場した。KB は一連の企業買収・資産譲渡・株式上場などで事業の再編や構築を行うとともに，香港で一族の保有する資産を傘下企業へ譲渡したり株式を上場したりすることで資金を回収し，事業拡大資金や中国向け資金を調達した[31]。

KB の対中投資がスタートするのは1983年の北京でのホテル建設が皮切りであるが，以後さまざまな事業展開を行い果敢にリスクに挑戦した[32]。すなわち，文化大革命の最中でも60年代初期に開始した砂糖・コメの貿易を継続し，また天安門事件以後でも政府との共同開発プロジェクトである北京の中国世界貿易センター (China World Trade Center) に資本を注ぎ込んだ。一連の投資事業は前述したホテルチェーン展開・オフィスビル・住宅の建設・高速道路・港湾・発電所・食品加工・清涼飲料水 (コカ・コーラ) 事業の展開などであり，これらの投資総額は1996年までで30億ドルを超え，地域別では中国投資が最も多くなっている[33]。なお，中国におけるその他の主な投資事業については表Ⅱ-4 の通りである。

このように海外展開していったロバートの華人ネットワークはバンブー・ネットワークとして *Malaysian Business* で次のように紹介されている[34]。タイのチャートリー・ソーポンパニット (バンコク銀行総帥)，マレーシアのクー・ケイベン (Tan Sri Khoo Kay Peng, 邱継炳)，タン・チンナム (Da-

表Ⅱ-4　クォク・グループのその他の主な対中投資

投資先	投資金額	投資内容	パートナー
上海	1.3億ドル	上海駅近隣総合開発	長江／光大／中創
広西チワン自治区	190億円	防城港港湾拡張事業	NA.
上海	27億ドル	閘北区再開発	N.A.
北海	26億ドル	石油精製	N.A.
北京	N.A.	王府井の不動産開発	長江
上海・成都など	N.A.	食用油製造	N.A.

(出所) 丸屋 (1994) 66-67ページ，ジェトロ白書 (1994) 11ページをもとに筆者作成。

tuk Tan Chin Nam, 陳振南), インドネシアのリム (SG の総帥), シンガポールのウィ・ホンレオン (Oei Hong Leong, 黄鴻年), 香港のリー・カシン (Li Ka Shing, 李嘉誠), ラン・ラン・ショウ (Run Run Shaw, 邵逸夫), フィリピンのロバート・オンピン (Roberto Ongpin, 王彬) など。

5.3. 通貨危対応時期――新たなチャンス

マレーシアの通貨危機時の対応は第1章で述べた通りであるが, 非常手段により危機を回避し IMF の支援も受けなかった。そのためマレーシアでは, タイのような「人間の危機」の問題は提起されず, またインドネシアのような反華人暴動も生起せず, 社会的安定性がしめされ, 経済の更なる悪化は食い止められた。このような環境のもと, マレーシアの企業再生は外資の資本参加に対し慎重な姿勢が取られ, 自国主導で金融部門の再編計画や地場産業の再編が実施された。そのため, 多くの華人企業は国内外の大規模投資で多額の負債を抱え, 進行中のプロジェクトの延期や中止, 企業資産の売却に追い込まれた。

表Ⅱ-5　クォク・グループ上場企業の業績

上場会社名	業種	持分比率(%)	ネット損益(百万ドル)	前年比(%)	備考
Kerry Properties	不動産	60	84	－24	7-12月
Shangri-La Asia	ホテル	62	64	－5	
Pelangi	ホテル	25	8	－23	3-9月
Shangri-La Singpore	ホテル	22	8	－11	
Shangri-La Thailand	ホテル	N.A.	5	83	
Shangri-La Malaysia	ホテル	45	9	－29	
Kuok Philippines Properties	不動産	29	3	－25	1-9月
Abbey Woods Developments	不動産	49	0.3	N.A.	1-9月
PPB Oil Palms	製油	52	N.A.	N.A.	新規上場
Perlis Plantation	プランテーション	33	51	28	
Federal Flour Mills	製粉	65	23	90	
South China Morning Post	新聞	34	53	9	7-12月
Pacific Carriers	海運	37	5	－53	
Jerneh Asia	保険	83	4	N.A.	

(出所) FEER 19 Mar. 1998, p.12. 期間は備考に記載がない限り1997年1-6月。

KBが直面した困難は,「事業資金の借入れ比率が小さく債務負担が軽かったため,ほかのグループと比べれば小さかった」[35]といわれている。しかし,事業採算が悪化したため収益改善を迫られることになり,これを契機としてグループの構造改革が実施されることとなった。KBは不動産やホテル事業で収益が悪化していた。なかでも大きな影響を受けたのはシャングリラ・アジアなどの上場企業であった。これらは自立してきた後継者たちに率いられながら急速に拡大が図られた分野である。これら後継者たちにより率いられた上場企業の危機直後の業績は表Ⅱ-5に示す通りであり,特に不動産事業とホテル事業では凋落への徴候が見て取れる[36]。

　なお,1998年時点でKBの後継者と目されていたのは次の通りである。ロバートの長男でシャングリラホテル担当である郭孔丞(Beau Kuok,以下ボゥ・クォクとする),次男でSCMP社とマレーシア・シンガポールの事業担当である郭孔演(Ean Kuok,以下イアン・クォクとする),甥でフィリピンの事業担当である郭孔輔(Chye Kuok,以下チャイ・クォクとする,ロバートの兄フィリップの長男),甥でケリープロパティ担当である郭孔鋪(Edward Kuok,以下エドワード・クォクとする,フィリップの次男),義理の甥でケリートレーディングとケリービバレッジ担当であるである柳代風(Richard Liu,以下リチャード・リウとする,フィリップの娘婿)。

　しかし一方では,基盤国の中核を形成している食糧関連事業のなかで,特にプランテーション事業は一次産品の価格の上昇と通貨リンギの下落による輸出価格の上昇で収益が拡大し通貨危機を無傷で乗り切っている[37]。なお,通貨危機でブミプトラ政策が緩和されたのを契機として事業拡大の動きもみられる。例えば,PPB社が1998年にライオン(金獅)グループからスーパーマーケットを購入し国内最大のスーパーチェーンとなっている[38]。

　KBは外部資金調達に有利に働くようグループ傘下企業の構造改革を行うことで上場企業の価値を高める方策をとった。この構造改革では会社をより公開された形にするものとなっており,そのためファミリー所有の有力企業が上場企業に注入されるという動きがみられる[39]。一例をあげれば,1997年にシャングリラ・アジアにはファミリー所有のスリム・インターナショナル(Slim International,シャングリラホテルのマネジメントを行う会社で

同ホテルのトレードマークを所有している）が注入されるとともに，シンガポール・タイ・マレーシア各地にあるグループの上場ホテルがシャングリラ・アジアに統合された。また，マレーシアのPPB社も対象となり，中核事業のプランテーションに関連するPPB Oil Palms社やFFM社との関連性を薄めることで，娯楽・小売・環境事業会社へと同社の変貌を計っている。さらに，シンガポールに本拠をおくファミリー所有の住宅関連会社 All Green Properties は1999年5月にシンガポール市場に上場された。

KBのアジアの通貨危機への対応は，アグロビジネスやホテル事業を中心に事業を再編することで行われた。一般株主の資金導入に重点が置かれる一方で，マレーシアの政策転換を機会としたスーパーマーケットのチェーン展開や環境ビジネスなどで新規分野への展開も行われている。

5.4. 現状──一族の分割統治と新分野での展開

KBは前項で述べた通り通貨危機後にグループの構造改革を実施する一方で引き続き中国を中心とする海外事業に注力している[40]。ロバートは第一線を引き，彼自身が興味を持つ事業以外の経営は，子ども・甥たち・雇用した経営専門家に経営を委ねていた[41]。

2002年の時点で，中国での事業は食用油事業・飲料事業・倉庫／物流事業・不動産業・ホテル事業・インフラ事業である。中国以外では，世界物流戦略の一環として，ケリープロパティが，イギリスのトライデント・インターナショナル（Trident International Ltd.）を買収し，同社をして物流拠点をバンコクの南のリーム・チャバン港（Laem Chabang Port）に構築させるとともに，フィリピンで物流事業を営むEPHIロジスティックス会社（EPHI Logistics Holdings Inc.）を合弁で設立させた。ホテル事業のシャングリラ・アジアは，2001年末で17,985室を保有し，さらに中国では1,404室の増室を行った。

マレーシアとの政治的な関係はロバートが握っている[42]。香港に滞在している一族の後継者たちは未だ修行中だといわれており，ロバートはグループの長老たちに信頼を寄せている。KBはマレーシアに強力な地盤は持って

いるが，ここ十年間マレーシアで大プロジェクトや民営化の動きには関与してこなかった。しかし，ロバートは2002年に甥のチャイ・クォクをマレーシアにおけるグループ事業のトップに任命した[43]。この任命は2002年10月に公表されずに行われたもので，クォク兄弟社の会長に就任するものであった。この会社は現在でもマレーシアのKBグループの上場会社を含む全ての傘下企業を統括しており，かつてのロバートの旗艦会社でもある。なお，これに対しては「マレーシアでの事業を縮小し中国にシフトするロバートの動きを，時の首相であったマハティールが牽制したため，ファミリーメンバーを戻した」との見方がある。

　2003年から翌年にかけて，KBの事業基盤である砂糖事業を揺さぶるマレー人企業家シェド・モフタル（Syed Mokhtar Albukhary）の動きが表面化した[44]。シェド・モフタルはマハティール首相に近い人物であるが，KBの持つ大きな砂糖輸入割当に圧力を掛けていた。マレーシアは年間100万トンの原料糖をオーストラリアのQueensland Sugarから3年契約の固定価格で輸入している。2002年3月を期限とする契約ではKBの割当は88％を占めていた。なお，この時点でマレーシアの精糖会社はMSM社，Central Sugar Refinery, Kilang Gula Felda Perlis, Gula Padang Terapの4社であるが，KBは前3社を，シェド・モフタルが後の1社をコントロールしていた。Gula Padang Terapから制度の改善（割当の改善と輸入元の多様化）を求められた政府は同社の割当を若干増やしたが，その後でもKBの割当は85％を占めていた。このことについて政府は「1997年の通貨危機の際には通貨が切り下がったが，ロバートは砂糖価格を安定させてきた」「ロバートは損失を蒙っても常に砂糖を配送できる体制を作ってきており，他の誰かに政府が賭ける理由は全くない」として要望を拒否した。しかし事態は2004年に急転する。シェド・モフタルがCentral Sugarの株式を100％所有しているPernas International Holdingsの株式を買い進め，この会社の53％を持ち，社名をTradewinds Corp.と変更してしまった。KBはTradewinds Corp.の株式を間接的に21％しか所有していなかったため，これら一連の買収劇によりCentral SugarがKBのコントロールから外れることになった。なお，この時点でもMSM社は国内の砂糖の50％を供給している。

2003年にロバートが最も信頼していた後継者の1人であるリチャード・リウが死亡した。ロバートはリチャードを後継者と目していたため，その死は彼に衝撃を与え，ロバートは半引退状態から復帰した。しかし，ロバートはグループの役職には就かず，グループを監督するファミリーの舵取りを行う委員会の長となった[45]。この時点で後継者と目されるファミリーメンバーは次の通りとなった。長男ボゥ・クォク（香港のケリーグループの会長代理で専務），次男イアン・クォク（香港のSCMPグループの執行会長），甥のチャイ・クォク（マレーシア事業の責任者），甥のエドワード・クォク（香港のケリープロパティの専務），姪の郭雯光（Kay Kuok Oon Kwong，以下ケイ・クォクとする，シャングリラホテル・マレーシアとシャングリラホテル・シンガポールの専務）。ファミリーメンバーに加え，マレーシアでは経営専門家たちがグループを支えてきており，チャイ・クォクがマレーシアの責任者となる以前は，専門家たちと香港にいるロバートとの間にはホットラインが繋がっていたといわれている。このようにロバートは経営陣に多くの専門家を起用しているが，義理の娘たちをファミリーメンバーとして経営に関与させていないともいわれている。

チャイ・クォクはKBのマレーシアでの事業を推進させている。2003年にグループの海運会社のMalaysian Bulk Carriers Bhd.（以下MBC社とする）をマレーシア証券取引所に上場した。また，上場されていたグループの製粉会社FFM社の株式を買い付け，非公開としたうえでグループの農業関連の旗艦会社PPB社への子会社化を実施した。また，このPPB社を核として環境ビジネスにも進出している[46]。PPB社の100％子会社であるChemquest Sdn Bhd.はマレーシア国内外で環境や公益プロジェクトに従事し，排水・廃棄物のプロジェクトに投資を行っている。同社はKonsortium ABASS Sdn Bhd.（30年間セランゴールのSungai Semenyihの水処理の認可を受けている）の株式を25％取得し，さらに北京のLugouqiao汚水処理場の運営保守をBeijing Municipal Water Discharge（Group）との連合で落札している。

ここで後継者世代に経営が委ねられているKBの事業を上場会社を中心としてレビューすると次のようになる[47]。マレーシアにおけるMBC社の上場

やFFM社の子会社化は前述した通りである。それ以外では，PPB社傘下のPPB Oil Palms社はサバ・サラワク（75%）とインドネシア（25%）で103,000ヘクタールのプランテーションを所有するとともに，食料油の川下展開を実施している。MBC社は散積船とタンカーとを14隻保有しているが，新たに11隻の発注を行っている。

　香港ではシャングリラ・アジアが世界各地でホテル事業を推進しており，合計14カ国・地域（中国・香港・台湾・シンガポール・マレーシア・タイ・インドネシア・フィリピン・ミャンマー・インド・フィジー・オーストラリア・オマーン・アラブ首長国連邦）で48ホテル（所有・運営しているものが35ホテル，所有し運営していないものが1ホテル，運営だけ行っているものが12ホテル）を傘下に治め，さらに開発中のものが19ホテルある[48]。不動産関連のケリープロパティは，2003年に経営陣による会社買収には失敗したが，倉庫業・運輸関連業・インフラストラクチャー関連プロジェクトや運営管理サービス業を統括するとともに，フィリピンで上場企業EDSA Properties Holdingsを所有し，中国でも市場を急拡大させている。なお，同社は香港で最大の倉庫会社でもあり，オーストラリア・中国の深圳・タイのLaem Chabangの配送センターを運営している。メディア関連のSCMPグループは，英字新聞South China Morning Postを発行するとともに，香港で中国語番組制作では世界最大のテレビ局であるTelevision Broadcast Ltd.を所有し，コマーシャルフィルム製造・レコードの出版配送・雑誌書籍の出版を行うTVEの株式も取得している。

5.5.　事業展開のまとめ

　KBのマレーシアにおける事業展開はロバートの人的ネットワークに強く依存しながら，マレーシアの国策に沿った形で行われてきた。その一方で，新たな分野での事業展開はマレーシアのブミプトラ政策からの抑圧を避ける形で海外に本部を移転して行われている。

　KBの当初の発展はマレーシアの諸政策に則りマレーシアで行われた。ロバートは第2次大戦後に砂糖トレーダーとして発展の契機をつかみ，後に

「アジアの砂糖王」といわれるまでになった。原料糖のトレーディングから,その川下分野である砂糖精製業へと展開し,さらに川上分野であるサトウキビ・プランテーションへと手を広げ砂糖関連事業の垂直統合を完成させた。また,同時並行的に小麦粉製粉業・植物油搾油事業・飼料製造業へと進出することで食糧一次加工産業を取りまとめ水平統合を達成した。グループ発展の初期に展開されたアグロビジネスを始めとする諸事業では,いち早く当時では新規であった事業に参入を果たしているが,これはロバートの豊富な人脈が寄与していた。この段階でKBには「人的ネットワーク」を活用して事業機会を見出すという事業特性が顕在化し「トレーディング・ノウハウ」の事業特性も出現した。

事業の展開に当たり個人的な人間関係を利用することは,ある程度普遍的に見られるものであろう。しかし,ここでいう「人的ネットワーク」の事業特性とは総帥の個人的な人間関係を一方的に利用するものではなく,総帥の資質がパートナーを引き寄せ,双方が共同で新たなビジネスを起業し,事業機会を先取りするような事業特性を指す。この場合,ネットワークの一方の当事者は政府関連者や政府関連組織であるが,相方であるロバートの資質(保有している業界知識や商品知識などの無形の資産)を利用することで政府の国策的な事業を遂行することが可能となり,KBは新たな事業を共同で起業することになる。また,「トレーディング・ノウハウ」の事業特性とは,食糧原料の国際商品取引に関連する知識・ノウハウなどを単に原料の入手に活かすだけではなく,個人に帰属するそれらの無形の資産を手がかりとして手広く関連ビジネスに参入するような事業特性を指す。ここでいう食糧原料とは原糖(粗糖)・小麦・大豆・トウモロコシなどの輸入食糧原料を指し,知識・ノウハウとは買付けに関連する穀物価格のリスク・ヘッジ方法,船舶の傭船,為替リスク・ヘッジ方法などである。これらの特性の基本形態は砂糖事業に見ることができるが,その後他の食糧一次加工産業に展開していった。この事業特性は「人的ネットワーク」の事業特性と表裏一体の形を成している。

次いで,マレーシアの国策に組み込まれた形で海運業に進出するとともに,マレーシアの航空会社や観光開発公社の会長就任を機会としてホテル事

業にも進出し，シンガポールにシャングリラホテルを開設した。

　ロバートは，ブミプトラ政策に対しては企業の「マレー化」を取り進めることで対応したが，70年代に「レッセフェール政策」をとる香港に本部を移転させ既存事業の拡大や新規事業の開拓に向かっていった。これらの事業展開はシンガポールや香港が拠点となり展開されている。新たな事業機会をブミプトラ政策をとるマレーシアではなく海外に見出すという形はKBだけの特徴ではない。しかし，本部機能まで移転させた例は他に例をみないものである。この段階で，KBにはマレーシアより自由放任的な政策をとる国・地域へ事業本部を移動させていくという「自由放任指向」の事業特性が出現した。ここでいう「自由放任指向」の事業特性とは，単に市場を求めて規制の少ない国・地域へ進出するというようなビジネス形態を指すものではなく，グループの本部機能をより経済活動の規制のない国・地域に移転させることで，既存ビジネスや新規ビジネスをより自由放任的におこなうような事業特性を指す。なお，ここでいう自由放任性がある国・地域とはレッセフェール政策をとる香港のみを指すものではなく，基盤国に比較してのものであり，その意味では華人企業にとりシンガポールはマレーシアより自由放任的であり，さらに香港はシンガポールより自由放任的である。

　KBの海外展開は香港を拠点として統括されている。まず香港でマレーシアやシンガポールで手がけた既存事業であるホテル事業・海運事業・不動産開発が踏襲され，次いで新規事業分野であるメディア事業へも進出した。さらに中国にはこれも既存事業であるホテル事業・不動産開発で進出している。ロバートと中国の関係は文化大革命の最中でも砂糖・米の貿易を継続したことや，天安門事件の折でも不動産開発を継続したことから強い「人的ノットワーク」があるといわれており，この事業特性は中国でも発揮されたのではないかと思われる。

　この時期までにKBが国内外で展開していた事業は表Ⅱ-6に示される通りである。

　通貨危機時，アグロビジネスを中心とするマレーシアでの事業は一次産品の価格上昇やマレーシア通貨の下落もあり大きなダメージは蒙らなかった。ロバートは通貨危機以前からマレーシアでのグループの伝統的な事業は一族

表Ⅱ-6　通貨危機以前のKBの主な事業

年	事業内容	会社名	主な出来事	事業特性の出現
大戦前	食材商人	東昇公司(父親ケンカン)		人的ネットワーク
	<以下はロバートの事業>			トレーディング・ノウハウ
1949	父親の会社を改組	クォク兄弟社		
1958			創始産業条令	
1960	ロンドン砂糖取引所会員			
60年代	中国への米・砂糖の輸出			
1964	製糖業(＊)	MSM社		
1966	製粉業	FFM社		
1968	プランテーション	PPB社	投資奨励法	
	海運業	MISC社		
	◎ホテル	シャングリラ(在シンガポール)		
1969			人種対立事件	
1974			中国との国交回復	
1976	◎香港への本部移転	ケリー・グループ		自由放任指向
1977	◎海運業	ケリー・シッピング(後に撤退)		
	◎不動産	ケリー・プロパティ		
1981	◎ホテル	シャングリラ・アジア(在香港)	マハティール首相就任	
1983	◎ホテル	(在北京)		
1988	食糧加工事業の統合	PPB社のFFM社買収		
1993	◎メディア	SCMP社		

(注) ◎印は海外で展開した事業。(＊)は海外パートナーがいた事業。
(出所) 第5章を筆者整理・作成。

以外の経営専門家たちに委ねていた。その一方で、ロバートの後継者たちは香港を拠点とする各事業を率いていたが打撃を蒙ったのはこれらの事業であった。ロバートは危機の対応に陣頭指揮をとり、これを契機としてグループの構造改革を実施し一族の保有する資産を上場会社に組入れたり、それらの上場を図ったりすることで事業の透明性を確保した。

　その後、ロバートは第一線を引き具体的な事業経営はグループの経営専門家や一族の後継者に任せていた。マレーシアとの関係はロバートが掌握していたが2002年に甥のチャイ・クォクをマレーシアの責任者として登用した。これはマレーシアとファミリーのパイプを太くするための人事であるといわれている。しかし、2003年に最も信頼していた義理の甥リチャード・リウが急死したことでロバートは第一線への復帰を余儀なくされた。なお、KBの各事業が後継者たちにより率いられている構図には変わりがない。KBの後継者たちは、それぞれの部門の責任者としてグループの事業を分担している。マレーシアでの事業は甥のチャイ・クォクが、ホテル事業は長男のボ

ウ・クォクが，メディア事業は次男のイアン・クォクが，不動産事業は甥のエドワード・クォクが責任者であり，姪のケイ・クォクはホテル事業を補佐している。

　KBの事業発展はロバートにより実行されてきた。創業期の基盤作り，発展の契機となった香港への本部移転，中国での事業展開，通貨危機への対応など全てがそうであった。実行部隊を担う後継者たちにKBの「人的ネットワーク」の事業特性が継承されるのかどうかは現在のところ判然としない。また「自由放任指向」はマレーシアでの事業を除きすべて香港を本拠として事業展開されていることから継承されていると思われる。しかし，マレーシアの事業はマレーシア国内にその本部機能があると推測される。今後のマレーシアのブミプトラ政策の緩和状況次第では，一部のグループ本部機能が将来移動していく可能性はないとはいえない。

注

1) 林（伍）(2000) 217ページ。クォクの初期の事業は同書を参照されたい。
2) 岩崎（2003a）204-206ページ，原（1988）202ページを参照されたい。
3) シア（1994）80ページ。
4) シア（1994）88-89ページ。
5) *Malaysian Business* 1 Feb. 2001, p.70, シア（1994）76-77ページを参照されたい。
6) シア（1994）78ページ。
7) 現地有力者とのつながりに関しては岩崎（2003a）185ページ，シア（1994）78ページを参照されたい。
8) 岩崎（2003a）186-187ページ。
9) シア（1994）79ページ。
10) 岩崎（2003a）189ページ。
11) 大日本明治製糖のウェブサイト（2006年6月30日現在：http://www.dmsugar.co.jp/）を参照されたい。
12) 東京穀物商品取引所のウェブサイト（2006年10月20日現在：http://www.tge.or.jp/）を参照されたい。
13) MSM社のウェブサイト（2006年9月30日現在：http://www.msm.com.my/）を参照されたい。
14) シア（1994）84-85ページ。
15) 林（伍）(2000) 217ページ。

16) 同上書196ページ。
17) シア（1994）86-87ページ。
18) 政府規制等と競争政策に関する研究会『外航海運の競争実態と競争政策上の問題点について（案）』電子版，公正取引委員会，2006年5月19日（2006年6月30日現在：http://www.jftc.go.jp/），8ページ。
19) シア（1994）87ページ。観光業については同書を参照されたい。
20) シャングリラ・アジアのウェブサイト（2006年9月30日現在：http://www.ir.shangri-la.com）
21) シア（1994）88ページ。
22) 岩崎（2003a）195ページ。
23) 林（伍）（2000）196ページ。
24) 岩崎（2003a）199ページ。
25) 原（1991）66-67ページ。以下のKBのマレーシア化は同書を参照されたい。
26) ロバートによるKB本社機能の香港への移転については，FEER 25 Nov. 1999, p. 12, 及び岩崎（2003a）204-206ページを参照されたい。
27) *Malaysian Business* 1 Feb. 2001, p.70.
28) KBの香港での事業展開は林（伍）（2000）225-226ページ，及び岩崎（2003a）196-197ページを参照されたい。
29) 林（伍）（2000）218ページ，70年代のシャングリラホテルのチェーン展開は15店である。
30) 前掲 *Malaysian Business* 1 Feb. 2001, p.70と岩崎（2003a）197ページを参照されたい。
31) 林（伍）（2000）235ページ。
32) *Forbes* 28 Jul. 1997, pp.95-96. 輸出やプロジェクトの継続は同記事を参照されたい。また同記事では，このようなロバートの親中国姿勢について「北京のボスとの同衾も憚らぬ」（"Kuok has never hesitated to get into bed with the Beijing bosses"）と表現している。
33) 林（伍）（2000）225ページ。
34) *Malaysian Business* 12 Dec. 2002, p.70. 国・地域名及び漢字表記は筆者の調べであり，国・地域ごとにまとめて記述してある。
35) 林（伍）（2000）228ページ。
36) *FEER* 19 Mar. 1998, pp.14.
37) *FEER* 25 Nov. 1999, pp.10-14. 事業再編は同誌を参照されたい。
38) 林（伍）（2000）228ページ。
39) *FEER* 25 Nov. 1999, *op. cit.*, pp.68-70. 構造改革の例は同誌を参照されたい。
40) *Malaysian Business* 16 Feb. 2003, p.24. KBの後継者や事業展開は同誌を参照され

たい。

41) *Malaysian Business* 1 Feb. 2001, p.29.
42) *Malaysian Business*, 12 Dec. 2002, p.70.
43) *FEER* 16 Jan. 2003, pp.10–11.
44) 一連の流れは *Wall Street Journal* 3 Sep. 2003, *FEER* 4 Sep. 2003, pp.40–42, *Business Times: Kuala Lumpur*, 15 Oct. 2004を参照されたい。
45) ロバートの後継者たちやグループの専門経営者に関する記述は *Malaysian Business* 16 Mar. 2004, p.25を参照されたい。
46) *Malaysian Business* 16 Mar. 2004, *op. cit.*, p.32.
47) *ibid*. グループの2004年時点での事業展開は同誌を参照されたい。
48) シャングリラ・アジアのウェブサイト（2006年9月30日現在：http://www.ir.shangri-la.com）の2005年アニュアルレポートを参照されたい。中国本土では20ホテルで17都市（北海・北京3・長春・大連・杭州・哈爾濱・青島・上海2・瀋陽・深圳・武漢・西安・中山，福州・南京・常州・昆山）に跨っている。

第6章

サリム・グループ
―― 政商のコネを活かして

　インドネシアは日本の敗戦の2日後1945年8月17日に独立を宣言した後旧宗主国オランダと戦争となり独立は1949年まで持ち越された。スカルノ政権下では独立後の混乱が続き，その後1966年3月11日にスハルトが政権を掌握し，輸入代替型，輸出指向型，資源利用型の産業が「フルセット主義」で進められた結果，工業化の段階はタイやマレーシアのものとは異なっている。この工業化過程では，中間財や資本財の輸入が規制され，国産保護措置がとられた。このため，ハイコスト・エコノミー体質に陥り，後に構造転換をせまられることとなった。

　一方，華人企業は，プリブミ政策である新秩序体制のもとにおかれ政治エリートや外資と結びついて発展した。プリブミ資本が未発達であったため，そのパートナーとなったのは政府系資本と華人系資本であり，これらは互いに産業分野を「棲み分け」しながら発展した。華人企業はスハルト政権下の輸入代替型工業に参入し保護された国内市場向けの生産で事業基盤を拡大した。この工業化の過程で，一部の華人企業はグループ化し，さらに1980年代の構造転換期以降の多角化で1980年代後半にはコングロマリットを形成するグループも出現した。

6.1. 創業期・発展期――スハルトとともに

　このような状況のもと，SGはスドノ・サリム（Liem Sioe Liong，インドネシア名 Soedono Salim，林紹良，以下リムとする，1916年中国福建省生まれ）によって創設され，現在の総帥もリムであるが，実態的には三男のアン

トニー・サリム（Anthony Salim，林逢生，1949年ジャワ生まれ，以下アントニーとする）が後継者としてその任に当たっている。SGはリムがスハルト大統領との協力関係を利用して設立した諸会社に遡ることが出来る。

SGはスハルト政権下で，スハルトとの協力関係を利用したチュコン（主公）として登場し，80年代初めには国内最大の企業グループへ，そして80年代末には東南アジア最大級の多国籍コングロマリットへと発展した[1]。サリムとスハルトとの関係は第2章でも触れた通りであるが，国民革命の時期（1945-49年）まで遡ることができる。リムは当時オランダ支配下の西スラウェシからタバコ製造業者に丁子を，またシンガポールから武器・食糧・被服・薬品・その他を中部ジャワを拠点とするスハルトのディポヌゴロ師団に密輸入して供給した[2]。この過程でリムと当時高級将校であったスハルトとの間に協力関係ができた。

SGの当初の発展はインドネシアの広範な輸入代替工業化のなかで行われた。サリムはスハルト体制下でスハルトとの個人的なコネクションを活かし，政府の直接支援のもと輸入代替産業の綿紡績一貫生産や小麦粉製粉業に乗り出し，軽工業でグループの基盤を作った。

このSGの投資には「リム投資家グループ」が大きく関わってきた。この構図は地縁で結びついたジュハル・スタント（Djuhar Sutant，林文鏡，福建省福清生まれ）とプリブミのイブラヒム・リシャド（Ibrahim Risjad，アチェ生まれ）とスドウィカトモノ（Sudwikatmono，スハルトの従弟で中部ジャワ生まれ）とリムを加えた「四人組」（enpat serangkai）であり，この4人は血縁関係を持っていない。この2人の一代目華僑と2人のプリブミの結びつきは互酬性のもとに深く結びついていた[3]。華僑の側からプリブミをみると，①対外的なスポークスマンとしての「プリブミの顔」の必要性，②スハルトの権威と権力の代理人としての役割があげられ，プリブミ側から華僑をみると，①役員報酬や配当の受け取り，②自身でビジネス展開する際の資金や名声での有利性があげられ，特にスドウィカトモノはスハルトとリムの互酬の象徴的存在であった。標準的な投資家グループの投資割合はリムとジュハル・スタントが各々40％，イブラヒム・リシャドとスドウィカトモノが各々10％であった[4]。

グループの発展は，リムとスハルトとの個人的な関係を利用する形でインドネシアの工業化過程に沿い行われた。リムはスハルト政権発足後に，インドネシアの重要な輸出品目であるコーヒー・ゴム・コプラなどの一次産品の輸出を行う一方で，丁子の輸入一括窓口として貿易業を営み利益を稼ぎ出した。輸出入両面で重用品目を取り扱い，しかも割り当てを超えた輸出許可や輸入独占権といった経済特権を獲得できた裏にはリムとスハルトとの旧来の親密な関係があったといわれる[5]。リムの貿易会社である PT Mega は丁子の輸入ライセンスを持つ2社のうちの1社であり，それ以外の貿易会社である Waringan 社と Waringan Kentjana 社はコーヒーとゴムの貿易で特別扱いされた[6]。

　60年代後半からの時期，SG は「利権に基づく商業資本から産業資本」[7]へと急速に変貌した。これはインドネシアの「フルセット主義」の工業化政策に乗っ取ったものである。SG はまず輸入代替製造業に参入した。それらの事業は，1968年の綿紡績一貫生産会社タルマテックス（PT Tarumatex），1969年の製粉会社ボガサリ・フラワーミル（PT Bogasari Flour Mill，以下ボガサリという）などである。これらはいずれも，政府系資本とは棲み分けた独占・寡占が可能な軽工業であるが，資金調達と市場の両面でスハルト政権による支援を受けて始動している[8]。これらの事業展開に資したのはスハルトの「新秩序」体制のもとで公布された大統領令第10号（Keppres No. 10／1971）」である。これは国営企業に独占権を与えるものであったが，独占権は国営企業だけではなくクローニーにも与えられ，サリムは小麦の独占輸入・加工・販売権を獲得している[9]。

　ボガサリは食糧調達庁ブロッグが輸入する小麦を小麦粉に製粉する国策会社として1969年に設立された[10]。当初ボガサリは許可を受けた2工場のうちの1つでしかなかったが，70年代に徐々に規模を拡大していった。1980年にブロッグは競合会社をブロッグのコントロール下にあった会社に売却し，会社名称を Berdikari Sari Utama と変えた後その経営権をボガサリに譲渡した。このような経緯を経てリムは国内の製粉事業を独占するにいたった。ボガサリは小麦を国際市場から買い付け，3艘の自社船舶でそのほとんどを輸入し，小麦粉に製粉した後ブロッグに売り戻した。ジャカルタ在の西側大

使館の報告によれば，ボガサリはブロッグよりトン当たり116ドルの製粉費用を得ていたが，これは世界の相場から40ドル程度高いものであった。なお，新聞報道によれば，利益の26％は２つの社会基金に向けられているとのことで，それらの基金はスハルトの妻に関連している Yayasan Harapan Kita と軍隊につながる Yayasan Dharma Putra であった。インドネシア市場の小麦粉を独占するボガサリは1990年に8,500億ルピア（4.6億ドル）の売上高を計上したが，これは SG の全体の売上高の６％に相当している。ボガサリの工場はジャカルタ・スラバヤ・ウジュンパンダンの３工場で独占的に小麦を製粉・販売することでインドネシアの小麦粉市場を独占するにいたったが，このことは，後に参入する即席麺市場で SG が市場を席巻する大きな要因となる。なお，インドネシアの小麦製粉業の構造は，ブロッグにより輸入された小麦をボガサリが製粉し，大別すると３種類の小麦粉に一次加工され，ボガサリがその全量を販売するものとなっており，その概要は次の通りである。

◉インドネシアでは小麦は商業ベースでは栽培されず，全量が輸入されている。小麦は国際流通商品であり，おもな輸出国・地域はアメリカ・カナダ・EC 諸国・オーストラリア・アルゼンチンであるが，海上運賃の関係からインドネシアには距離的に近いオーストラリアが主な輸出国となり，アメリカ・カナダがそれに次いでいる。インドネシアの小麦の輸入は1970年の16万 MT で始まり，翌年には18万 MT，1975年には72MT と急激に増加した後，70万 MT 台で推移し，1980年に148万 MT へと急増する。1990年には172万 MT，1996年には412万 MT とピークを着け，以後300万 MT 前後で推移している[11]。原料の小麦は産地から積出港へ搬送され，海上輸送されて消費地のサイロに搬入され，小麦の製粉工程（挽砕など）を経て小麦粉が生産される。なお，小麦粉は原料の小麦の特質により，大別すると３種類に分けられる。たんぱく質を多く含む硬質小麦からはパン用の小麦粉（強力粉）が，中程度に含む中間質小麦からは麺用の小麦粉（中力粉）が，少ししか含まない軟質小麦からは菓子・ケーキ用の小麦粉（薄力粉）が生産される[12]。

70年代前半にはセメント事業への参入や銀行の改革に加え，自動車・木材

加工・不動産にも進出しコングロマリット的多角化の萌芽を呈している。SG は1973年にセメント事業[13]の拡大に乗り出したが，これにはタイのバンコク銀行のチン・ソーポンパニットの協力があった。チンとは，チンの香港への亡命時の1958年から1964年にかけて知り合ったとされるが，チンは事業パートナーとして台湾セメント（台湾水泥）を紹介し，自らも出資・融資をおこなっている。このセメント事業は増設を重ね，1985年に国内生産の51%に当たる年産能力890万トンに達し，6社を統合する形でインドセメント（Indocement）を発足させた。

また，1975年には銀行業のバンク・セントラル・アジア（Bank Central Asia，以下 BCA という）を改革することで企業グループとしての骨格を形成した[14]。1975年にモフタル・リアディ（Mochtar Riady，李文正，リッポ・グループの創設者）を BCA の頭取に就任させ改革を開始した。モフタルは新株を発行し自らが17.5%の株主になるとともに，スハルト大統領の長男のシギット・長女のトゥトック・将軍スルヨの家族も株主に加えた。この結果，リムの持ち株比率は75%から37%に低下したが，自己資本は5倍に増加し，インドネシア最大の商業銀行となった。なお，スハルト関係の持分は30%となるが，この資金はリムが肩代わりしたといわれている。

さらに，1981年前後より鉄鋼・自動車・化学・食料品・アグロインダストリーへの展開をおこない独占・寡占的事業のコングロマリット的多角化を図った[15]。多角化した分野はオートバイ・商用車の組立／部品製造・タイヤコード・即席麺（以上1981年），プラスチック成型自動車部品（1982年）・アルキルベンゼン・食用油・農園・段ボール箱・冷延鋼板（以上1983年），スナック菓子・乳製品・エビ養殖・自動車エンジン組立（以上1984年），ベビーシリアル・養豚（以上1985年）である。これらの企業のうち，国内で唯一の輸入代替を担うメーカーとしては，タイヤコード・アルキルベンゼン・冷延鋼板があり，それ以外の企業も業界で優位なシェアを持つものが多い。この展開は，「政府よりの利権，輸入代替工業化政策に伴う保護育成，融資，政府契約を期待できる分野に野放図に進出」[16]するものであった。

冷延鋼板事業では1983年に国有製鉄会社クラカタウ・スティールの川下分野である Cold Rolling Mill Indonesia（以下 CRMI 社とする）へ出資を行っ

た[17]。株主構成はクラカタウ・スティール40%，Kaolin Indah Utama 40%，ルクセンブルグのSestacierが20%であり，Kaolinの3分の2はリム投資家グループが出資し，残りはチプトラ・グループが出資していた。CRMI社に注入された純資産額の2.5億ドルのうちSGは1億ドルを負担した。この負担の見返りとして，政府は1984-87年の期間さまざまな鉄鋼製品を輸入する独占輸入権を新会社Giwang Selogam社に供与したが，この主な株主はリム投資家グループとチプトラであった。この新会社の鉄鋼製品価格はトン当たり100ドル上乗せされていた，との新聞報道もある。

　SGは先発企業を買収することでも事業を拡大した。自動車産業において，SGは1971年にボルボの総代理店であったが業績は上がっていなかった。SGは1981年にスズキの総代理店兼組立会社のインドモービル（Indo Mobil）に資本参加し経営者を送り込むとともに販売会社にも投資した。そのうえで，BCAの資金を活用することでインドネシアでは最初となる自動車の割賦販売に乗り出し，低価格戦略をとることで，それまで5%であったスズキ車の市場シェアを30%にまで押し上げた[18]。このように始まった自動車産業の多角化はスズキ・ボルボ・ニッサン・マツダの自動車，ヒノのトラック，スズキのオートバイの組立・販売の総代理店として拡大され，インドモービル・グループの売上高は1989年の6,000億ルピアから1990年には1兆ルピアに達し，商業自動車で22%，乗用車で10%のシェアを握るにいたった[19]。この結果として，SGはインドネシアでアストラ・グループに次ぐ第2の自動車メーカーとなった。

　さらに，食用油と即席麺では，既存ブランドを乗っ取る形で市場を席巻した。即席麺市場には1981年に進出したが，先発のインドミーのブランド力に勝てなかった。このためインドミーとスナック菓子での共同事業を立ち上げ，1985年にはインドミーの事業に資本参加し，最終的にはインドフード（Indofood）に吸収合併し，即席麺で国内市場の9割のシェアを獲得するにいたった[20]。なお，即席麺の主原料は小麦粉と食用油であるが，インドネシアで小麦粉の独占販売権を持つボガサリがSGの傘下であったことを鑑みれば，原料供給の側面で何がしかの圧力を掛けたであろうことは想像に難くない。また，インドネシア即席麺業界の構造を概観すれば次の通りであ

る[21]。

● 即席麺は日本の日清食品が1958年に開発し販売を開始した後，日本国内に留まらず世界中に拡がり，2005年現在で世界全体の消費量は857億食である。その内インドネシアでは124億食が消費され，中国・香港市場をあわせた442億食に次ぐ世界第2の市場である。

即席麺の主原料は小麦粉であり，主な副原料は食用油である。その一般的な製造工程は次の通りである。小麦粉に主として水と塩が混ぜられ，まず「麺」に加工され，その「麺」は油で揚げられ，包装され，製品の即席麺となる。なお，即席麺は大別すると，上記で説明したフライ麺，油で揚げずスープが別添されているノンフライ麺，容器にいれられたカップ麺の3種類に大別されるが，後者の2タイプがインドネシアに登場するのはずっと後のこととなる。

食用油はシナルマス・グループが国内市場の6割を制していたが，SGはシナルマスにオイルパーム農園や油脂化学で共同事業を提案し，同時に食用油事業にも資本参加することで食用油事業の乗っ取りに着手し，共同事業が決裂したことを契機に食用油・農園・油脂化学の分野でシナルマスを上回る生産規模を確保し，食用油のトップブランドであるビモリを入手した[22]。なお，この資本にはスハルトの三男トミーの資本も加わっていた。

これらの拡大戦略は，既に進出していた市場でSG自身では業績を上げられなかった事業を，同分野で業績の好調な企業に資本参加し，後には自身が経営権を握るという形で行われており，パートナーにとり「指を差し出せば腕をもぎ取られる」[23]ような「庇を貸して母屋を取られる」形となっている。これは自動車の例に見られるグループ傘下の商業銀行BCAからの豊富な資金提供や即席麺の例に見られるスハルトの影響力があったためと推測できる。

SGは1982年以降の景気後退時期の構造転換では，これを飛躍の機会ととらえ，赤字事業を切り抜ける一方で，前述したような新規事業を傘下に加えた。赤字事業では「政治・経済同盟」を最大限に活用し輸入代替部門の赤字事業からの負担を軽減した[24]。この例はセメント事業や冷延鋼板事業に見ることができる。

セメント事業では，80年代中ごろの景気後退でセメント消費が激減し政府が救済に乗り出したことを契機とする。政府はセメント5工場を吸収したSGの持ち株会社インドセメントの35%の株式を3.25億ドルで購入するとともに，高金利のドル建ローンを政府によるルピア建て債権へ切り換えた。その後，SGは1989年にインドセメントを基準見達のままジャカルタ株式市場に上場した。これらの結果として，インドセメントの財務内容は好転し，1990年に国産セメントの製造能力全体の44%を占めるに至り，グロス利益率は47%に達し，売上高は6,700億ルピア・利益2,500億ルピアを計上した[25]。また採算が悪化していた冷延鋼板事業CRMI社では，SGは持株全てを国有会社のクラカタウ・スティールへ売却することで事業撤退した[26]。

　一方，新規事業では新たに有望産業と見こめるものに参入した。それらは，油脂化学・アグロインダストリー・労働集約型輸出財（フットウエアー・玩具・縫製品など）製造業・工業団地開発・観光開発である[27]。

　この時期SGには既存事業の関連部門へ進出する動きが出てきた。このうちアグロインダストリーは，前述した食用パーム油の精製・販売業に加え，20万ヘクタールのパーム農園，2万ヘクタールのサトウキビ農園を始めとしてゴム・紅茶・コーヒー・野菜・果物のプランテーションを拡大するとともに，後述するブラン島の畜産コンプレックスに参入した。

　砂糖工場の副産物である廃糖蜜（Molasses，モラセスともいう）を利用し，グルタミン酸ソーダや食品添加物の製造も行っている[28]。また，パーム油・パーム核油事業を脂肪アルコールを製造する天然油脂化学へ展開し，脂肪アルコールを原料とする洗剤・シャンプー・石鹸製造にまで事業を拡大した。この油脂化学では，1983年にウングル・インダ・コーポレーション（PT Unggul Indah Corporation）を設立して合成油脂化学に参入した。合成油脂のアルキルベンゼン製造は，輸入品を完全に輸入代替したうえで，余剰分の輸出も視野に入れている[29]。

　アグロインダストリーのセンター「ブラン・コンプレックス」[30]の設立は輸出を目的としたものである。この施設はシンガポールの沖合のインドネシア領リアウ諸島のブラン（Bulan）島に建設されており，市場となるシンガポールとは目と鼻の先にある。このセンターは，1985年の養豚に始まり，養

鶏・搾乳などの畜産業，エビ・ワニ・魚の養殖，トウモロコシ栽培，ラン・果物・野菜などの園芸農業を展開している。

これら一連のSGの新規事業は川上分野・川下分野に沿い関連事業を展開するという従来とは異なった形態がみられる。これにはSGの経営改革によって組織された新組織が寄与しており，佐藤百合はこの新組織を「新経営体制」と呼んでいる。この新体制では，リムはサリム・グループの会長，次男のアンドレーが副会長，アントニーがグループ社長兼最高経営責任者（CEO）となり，400社を超える傘下企業が11事業部に分けられ，ピラミッド型の組織が構築されている[31]。この体制では三男のアントニーが後継者として，ビジネスの機敏性に欠ける2人の兄達を差し置いて抜擢された[32]。アントニーの主導によりSGは80年代に大きく変貌を遂げたものと思われるが，この一連の動きを*Far Eastern Economic Review*の1991年3月14日号は，「リムは自ら舵取りをしながら，アントニーにそれを移して行った。（中略）将来の展開は，リムの本能的な穀物トレーダー・スタイルからロンドンで教育を受けたアントニーの専門的な経営学的アプローチに道を譲っている」と分析している[33]。

このような新体制のもと，SGは旗艦会社であるインドセメントを中心に資本の再編に乗り出した。まず1992年にSGはインドセメントに，①ボガサリ，②インドフードの51％，③インドセメントの本社ビルの3つの資産を注入した。さらに，1995年にインドセメントはインドフードにボガサリを155兆ルピア（7億ドル）で売却した。この時点でリムはインドセメントの59.6％，インドフードの58.2％を所有していることになる。この一連のM&Aで，リムは旗艦会社であるインドセメントから多額の負債を軽減させるとともに，インドフード経由でボガサリを間接的にコントロールすることを担保した。インドセメントもインドフードも上場企業であるが，ボガサリをインドフードの子会社化するようなリムの経済行為は市場を全く無視したものであるとの指摘がなされた[34]。ボガサリを巡るスハルト一族とSGの企業の私物化は前述したが，この時期にインドネシアの小麦・小麦粉市場を調査したStephen L. Magieraの報告書でも分析されており，次で要点のみ紹介する[35]。

●インドネシア政府は国内の小麦・小麦粉を全ての面で規制している。ブロッグは小麦・小麦粉の唯一の公認された輸入者であり，小麦粉の工場出価格をコントロールし，配送も行っている。ブロッグは3つの製粉工場に無料で輸入小麦を供給するが，これらの工場は小麦を製粉する代理人である。かれらは小麦も小麦粉も所有しないが，その代償として利益をカバーできる加工賃と副産物の販売収入を受け取る。

 ＜現状と問題点＞（抜粋）

① 工場出（Ex-factory）価格は世界的な価格より25％高いが，これは税と価格管理構造に組み込まれた経費によるもので，これらの経費は特殊な政府プロジェクト経費とブロッグの管理経費である。

② 流通における政府の許可制限が過剰な市場マージンを生み，小麦粉の高価格になって消費者に付け替わっている。

③ 製粉業者は過剰な利益を得ていると思われるが，行政による価格システムが不透明なため探査することは困難である。その潜在的な利益の源泉は，㋑加工経費が世界的に見てトン当たり3ドル高いこと，㋺小麦粉の歩留まりを政府指導のものより上げていること（これが小麦粉の低品質を生んでいる），㋩法外な船積経費と報告されない輸入小麦の値引きがあることであり，これはボガサリが全ての輸入を取り仕切ることから来ている。

④ 製粉業は1社によりコントロールされている。ブロッグが小麦の輸入と流通をコントロールしているので，たとえ規制緩和がなされ新しい製粉会社への投資が行われても操業は困難である。

⑤ 小麦粉の独占はインドフード（80-90％の市場占有率を持つ）による即席麺市場の統合を招いた。単一のコングロマリットが上流の製粉業（ボガサリ）と小麦粉ユーザーの主要な下流（インドフード）をコントロールしている。タテ方向の事業統合から生み出された独占的な利益は即席麺に移転されている。

⑥ （小麦粉を原料として使用する）ビスケットや菓子は競争的業界である。インドフードは，より利益の出る製品に向かって動き出すかもしれない。

SGの更なる発展は，このように国内で多業種にコングロマリット的に事業展開をすることで行われた。鉄鋼・自動車・化学品などの「政治・経済同盟」が利用できる多くの業種に参入した。また，不採算部門となった鉄鋼事業やセメント事業の赤字脱却を図る際は，政府に資金を肩代わりさせることで身軽になり，これを契機として更なる新規事業に乗り出している。このようなSGの事業展開に関して，リムは1991年のインタビューで，自己弁護的に「我々はどこにいけるのか？」と切り返し，「海外に投資すれば資金の逃避といわれ，国内に投資すれば独占を求めているといわれる」と述べており，アントニーは「グループの形成はたまたまそうなっただけであり，デザインされたものではなかった。（我々の成長）は我々にとって利用できる機会によって駆り立てられた」と述べている[36]。

6.2. 海外展開——インドネシア拠点のアジア展開

　インドネシア華人企業グループの中国を中心とする海外展開は香港経由で投資することで行われた。この発端となったのは1990年8月8日における中国との国交の回復である。香港を経由する理由は投資資金の調達と投資足跡の隠匿（プリブミの目からは，投資が「故郷投資」や「資本逃避」とみなされる）のためである。しかし，SGの海外展開はこの時期よりも早く80年代に入ってから積極的に行われている。

　SGは1982年に香港にファースト・パシフィック・ホールディング（First Pacific Holdings，第一太平控股，以下FP社とする）を設立したのを皮切りに金融・不動産会社を新設あるいは買収することで，ファースト・パシフィック・グループ（以下FPグループとする）を形成した。海外展開を統括するFPグループは金融会社FPファイナンス，投資会社FPホールディング，FPバンクなどで構成されており，海外事業は貿易・銀行・不動産・通信の4部門で構成されている[37]。

　SGは香港のFP社を海外の第1拠点として海外事業をシンガポール・リベリア・オランダ・アメリカ・フィリピンに拡大していく。また，1983年にシンガポールに設立したKMP社（Kabila Mandiri Persada）は海外の第2

拠点としてシンガポールと中国の事業を統括していると見られる[38]。FPグループの所有は基盤国と同様に4人の「リム投資家グループ」が所有しているが，KMPグループはリム一族の排他的な所有のもとにおかれている。これは新たな輸出市場を狙うアントニーの戦略の一環とも考えられる。

SGの当初の海外事業は国内事業と関連性の少ない流通・金融・不動産の企業買収が中心であったが，後には国内外の事業を統合する動きがみられる。これは国内で従来から追求してきた供給独占を海外へ展開するもので，このことを佐藤百合は「単なる輸出指向を超えた，インドネシアを拠点とするアジア・ビジネスの展開といったほうがより正確かもしれない」[39]と分析している。このようなSGの海外投資額は日中経済協会の1996年の報告書では9.5-10.5億ドルと推定されている[40]。

SGの対中投資がスタートするのは80年代半ば過ぎからで，当初はリムの出身地である福建省の福清市で行われた[41]。この進出には遠縁にあたる福建省共産党長老とKBのロバートとの人脈が大きな助けになった。また，福清での総合開発にはリアウ諸島での事業を機に関係が深まったリー・クアンユーも協力し福清での総合開発に繋がっていく。この展開は地方で大プロジェクトを立ち上げることで中央政府の協力を取り付けるという地方から中央への波及効果を狙ったものである。このようなSGの対中投資は地縁ネットワークの影響が非常に強いものとなっており[42]，この80年代後半からの福清への投資に関してアントニーは「父のノスタルジア」に過ぎなかったと述べている[43]。

このようなSGの対中投資額は7,000-8,000万ドルと推定されている[44]。なお，中国におけるその他の主な投資事業については表Ⅱ-7の通りである。

対中投資とは別に海外の第1拠点として設立されたFP社はアジアを基盤とした投資会社として活動している。オランダの商社Hagemeyer NVの買

表Ⅱ-7 サリム・グループのその他の主な対中投資

投資先	投資金額	投資内容	パートナー
厦門	2.7億ドル	石化プロジェクト	東帝士（台湾）
福州	N.A.	福建亜州銀行	中国銀行

（出所）丸屋（1994）66-67ページ，ジェトロ白書（1994）11ページをもとに筆者作成。

収(1998年に売却)やアメリカの銀行 Hibernia Bank の買収などを行い First Pacific Securities を設立したが,1988-90年にかけてアメリカの銀行と保険会社は売却された。また,香港の3つの携帯電話会社の1つである Pacific Link を運営している。FP 社は SG の海外展開の拠点として1990年には経常利益で3.66億香港ドル(4,700万ドル),売上高で162億香港ドルを計上し,24カ国で75拠点を運営している[45]。海外展開の第2拠点として設立したシンガポールの KMP 社は着々と根を下ろしている。同社はリムの投資家グループとは別にリム一族により1981年に設立されたが,長い休眠期間を経て1990年に United Industrial Corp.(以下 UIC 社という,SG の同社株式は通貨危機後に手放されている)の主要株主となった。この UIC 社は子会社である Singapore Land 社の株式を75%所有していることから,リムはこの時点ではシンガポールの最大の商業用土地の所有者となった[46]。また,ブラン・コンプレックスのアグロビジネス関連の販売拠点となるシンガポールで輸送・加工・流通・販売拠点となる諸会社を設立している[47]。

6.3. 通貨危対応時期——事業や拠点の再編成

インドネシアは IMF により強硬な政策パッケージを提示され公表されたことで社会不安や治安が悪化した。緊急的な財政金融政策と構造改革のパッケージは,華人企業に大きな影響を与える流通部門の規制や「ファミリービジネス」の既得権益の排除にメスが入るものであったため,政策が発表されると社会不安や政治不安が深刻化した。政治社会的混乱がスハルトの退陣(1998年5月21日)を早め民主化の突破口となった。この一連の民主化は混乱も引き起こし,地方分離独立運動の激化や宗教紛争,反華人暴動(1998年5月)などが発生し治安悪化が生じた。このような環境のもと IBRA が企業売却も含めた企業再編を行った。この銀行の再構築と企業グループの再編はスハルト体制下の癒着構造の解体という側面を合わせ持つため,権力者スハルトに密着して築かれた企業勢力図は塗り変り,インドネシアの華人企業は企業存亡に関わる危機に見舞われた。華人企業グループのほとんどが傘下の銀行に返済不能債務を保有していたため,各グループは企業再建のため傘

下の企業や事業の売却,多角化の収縮,海外事業の撤退,新規事業の凍結などを迫られた。

　SGが直面した困難は為替の急落と不況の悪化による収益の落ち込みと対外債務の増大であり,政府主導の事業再編を迫られた。SGは1998年5月の暴動で傘下企業が襲撃され被害を被った。また,グループの銀行であるBCAから預金が大量に流出した[48]。この銀行の株式は70%をリム一族・30%をスハルトの子供たちが所有しており,このことがスハルト退陣後に取り付け騒ぎという形で致命的な結果をもたらした。BCAは中央銀行から30兆ルピアの緊急融資を受けたが,このためにBCAは国有化された。また,グループ企業は政府からの特別融資とBCAからの融資を受けていたが,48兆ルピアの債務返済を迫られ,27兆ルピアしか実行できなかったために,グループ企業104社の株式の一部あるいは大部分が政府に供出された。この供出された主な株式[49]はBCAの100%,インドモービル72%,インドフード2.5%,インドセメント10%,シンガポールのQAFの20%,香港のFPの5%であり,IBRAのコントロール下に置かれた。

　しかし,有力会社の株式の供出を低い数字に押さえ込めたのはアントニーの交渉力による。アントニーは政府と交渉し,「グループが撤退すると,会社の価値が下がってしまう」ことを主張することで,104社に対し引続きSGがマネジメントすることを政府に認めさせた。また,この交渉過程でサリムはグループの有力会社である即席麺メーカーのインドフードの株式割譲を2.5%に,また国内3位のセメント会社のインドセメントのものを10%に押さえ込むとともに,将来SGが政府に押収された株式の買い戻しに道を開くため種々の模索を重ねた[50]。例えば,資産の売却による資金を使ったBCAの株式の一部買い戻しである。これは「数ある負債を背負ったインドネシアの大君の中でも積極的に再建を図る最初の動き」であったが,IBRAはBCAをその金融技術面での優位性や支店数の多さから国有化された銀行再編の中心と位置づけており,アントニーの意向通りには進みそうにない[51]。

　この時点でのSGの対応策は,まず国内で中核事業の食品事業の所有権は確保する姿勢であるが,同じく主力であるインドモービル傘下の5社(それ

表Ⅱ-8 サリム・グループの傘下企業売却計画

会社名	売却予定株式	備考
Indofood	少数	世界有数の即席めんメーカー
Indocement	20%	国内二位のセメントメーカー・シェアー35%
Indomobil	少数	マツダ・スズキの自動車組立工場
Bogasari	60%	小麦粉製粉の独占メーカー
United Industrial Group	23%	在シンガポールの不動産開発会社

(出所) *Global Finance*, New York, Jul/Aug 1999, pp. 48-49より筆者作成。

ぞれスズキの乗用車・オートバイ,ボルボの乗用車,日産の自動車,マツダの乗用車,日野のトラック・バス)[52]の一部やパーム農園・石油化学・セメント事業の一部を失う恐れがあった。このような株式売却は表Ⅱ-8に示される通り傘下優良企業の株式を売却することで行われることになった。

一方,IBRAは1999年にSGより供出された株式(当初は78社の株式,後に108社に増加)を処分するためホルディコ・ペルカサ(PT Holdiko Perkasa)を設立した[53]。IBRAの規則では,リムやリムに関連した投資家はホルディコの資産に値付けできないことになっている。IBRAは入札参加者にリムと関連性がないこと,および獲得した資産や株式を2年以内にリム関連者に移転・販売しないことを書信で確認することを求め,また,リムとの関連性が判明した際には,ホルディコの販売はキャンセルされることとなっている[54]。しかし,不透明感が残るものがある。テレビ局のIndosiarの49%を購入したPT TDMの7,550億ルピア(7,250万ドル)の資金源には問題が指摘されている。また,インドモービルの73%の株式がPT Trimegah Securities(一時期SGグループと関連していた)にホルディコから売却され,後に売値が廉価すぎるという理由で関係者に罰金が課されたが取引は取り消されてはいない。その他の有力企業の売却は,インドセメントの株式がドイツの世界最大のセメントグループであるハイデルベルガー(Heidelberger Zement Group)に売却され[55],パシフィック・インドマス・プラスティック(PT Pacific Indomas Plastic Indonesia,インドネシア最大のポリスティレン・メーカー)の株式がダウ・ケミカルに売却されている[56]。

このような売却劇のなかで,一族がその51%を保有していたインドフードの株式の40%は香港のFP社に売却された。この一連の株式売却の経緯は次

の通りである[57]。インドフードの株式はもともとリム一族が62.7％，政府が10.6％所有していた。1998年にIBRAが政府持分の処分に動いた際，12月にFP社と日本の日清食品が共同で設立した会社がリム一族からその60％の株式を取得したと公表した。しかし，売買が成立するにはインドフードの債権者の承認が必要とされ，その承認が得られず日清食品は1999年4月に買収案件から撤退することになった。最終的には，FP社が単独で1999年6月に40％の株式をリム一族の会社から6.5億ドルで購入することとなり，これは実行に移された。なお，この買収劇に先立ち，前述した通り，インドフードはインドネシア最大の製粉工場であるボガサリを1995年に傘下に収め，1997年にはインドマルコ油脂を吸収合併している[58]。なお，インドフードはFP社に買収された1999年の時点で，インドネシアの即席麺市場の90％・小麦粉の80％・消費者用食用油の60％のシェアを保有していた[59]。

　IBRAのSG資産売却に関しては，上記のテレビ局やインドモービルの売却に見られたような不透明性みられるものもあるが，1999年から2001年末までに7割にあたる74社が売却された。売却先は①合弁事業の海外パートナー，②公開入札，③香港・シンガポール市場での売却，④インドネシア国内の投資会社による資産購入，⑤グループによる間接的な買戻し，に大別できる[60]。

　アントニーがインドネシアのグループ企業の整理に奔走する一方で，この時期に香港のFP社を率いていたのは同社の会長であったパンギリナン（Manuel Pangilinan，フィリピン人）であった。彼は通貨危機の発生とともに同社の世界中にある資産を現金化して1998年の初めには20億ドルを現金化していた。この資金はインドフードの40％の株式の購入に当てられるとともに，12.4億ドルがフィリピンのPhilippine Long Distance Telephone Co.（以下PLDTとする）の24.4％の株式の購入に当てられた[61]。処分された主な資産は香港4位の通信会社Pacific Linkやオランダの商社Hagemeyerの株式などであり，FP社の債務は完済された。このように，海外事業はアジア，とくに香港・中国・タイ・フィリピンに集中することで他地域からの撤収を計っている[62]。また，KMP社が所有していたシンガポールのUIC社の株式の23％は1991年に3.1億シンガポールドルでフィリピンのゴコンウエ

イ・グループの JG Summit Holdings, Inc. の関連会社である Telegraph Developments Ltd. に売却されている[63]。

SG はアジアの通貨危機で壊滅的な打撃を受けた。グループの要であるBCA を国有化され傘下企業の株式を政府に供出させられた。このため，SG は資産の売却を行うことで借入金を返済し大幅な事業縮小を余儀なくされたが，アントニーが後継者としてそれに対応した。

6.4. 現状──国内有力企業の死守と選別された海外展開

SG の通貨危機後の対応は後継者のアントニーが取り進めている。アントニーは「我々はオーガナイザーであり最良の相手とパートナーシップを組む。我々のビジネスは機会追求であり，技術追求や製品追求ではない」と述べ，グループ自らをオーガナイザーと位置づけ[64]，「個人的な関係や政治的なコネよりもビジネス・スキルに長けたプロを配属する」[65] としている。また，FP 社のパンギリナンは「今後は長期的な観点で，より少数の，より大規模なものに投資をしていかねばならない」[66] とコングロマリット的展開からの脱却を図っている。これらの考え方はリムのものとは異なり，従来とは異なった事業展開を示すことになった。

香港の FP 社は1997年から2000年にかけて積極的な資産運用を展開している。前述したフィリピンの電話会社 PLDT の買収に関してはパンギリナンが中心になりとり進められたが，後に多大な負債があることが判明した。2002年時点で，フィリピンに投資したその他資産と合わせ，当初の20億ドルの価値が35％にまで低減していた。この年，その処分を巡り，FP 社の実質的なオーナーであるアントニーと FP 社の会長であり PLDT の社長でもあるパンギリナンとの間で対立が発生した[67]。2002年5月にアントニーはパンギリナンに相談せず，フィリピンのゴコンウェイ・グループ（Gokongwei，フィリピンの華人企業グループ）に対し，FP 社の所有する PLDT の株式の66.7％と Bonifacio Land Corp. を6.167億ドルで売却し両者の共同運

営の事業会社を設立する計画をとり進めた。なお、ゴコンウェイはPLDTの競合会社である Digital Telecommunications Philippines を所有している。この商談はPLDTの15%の株主である日本のNTTも巻き込むこととなったが、これに対しPLDTの社長としてのパンギリナンは同じく会長であったコファンコ（Antonio O. Cojuangco）と組んでそれに対抗した。PLDTの経営陣は買収前に必要な帳簿の精査などのデューデリジェンス（due diligence）を拒否することで、同年10月にFP社に対する買付申込からゴコンウェイを撤退させた。

アントニーのPLDT売却の意図は新たな投資の資金源を求めたものであり、新たな投資先はシンガポール・マレーシア・オーストラリア・中国である[68]。PLDT株式の売却案件の失敗はパンギリナンの反対があったとされるが、彼は売却を進めたFP社の会長でもあり、この一連の流れがアントニーの企業統治力の低下を示したものかどうかは定かではない。その後2003年にパンギリナンはPLDT社の社長に在籍のままFP社のCEOに選出されたが、これはPLDTの買収を進めていた前任者の引退によるもので、この一連の人事でアントニーがFP社の会長となった。

香港のFP社が保有するインドフードは2004年にアントニーがCEOに就任し陣頭指揮を執ることになったが、これはインドネシアでの即席麺市場でのシェアが2000年の95%から80%に落ち込んだことによる[69]。

SGが保有していたBCAの債務はIBRAが管理していた。世銀の *Indonesia financial sector monthly report*[70] によれば、2004年にIBRAはリムに対し債務完済を証明するSKL（certificate of full payment）を発行している。なお、リム投資家グループのメンバーであったスドウィカトモノとイブラヒム・リシャドは、それぞれ Bank Surya と Risjad Salim Internasional に対する負債者であったが、彼らも同様にSKLを取得しており、このことでSGグループのIBRAに対する債務は完了したことになる。なお、IBRAは2004年4月に閉鎖され、未回収の債権は国庫に戻されることとなった。

6.5. 事業展開のまとめ

　SGのインドネシアでの事業展開は，リムとスハルト大統領との強い結びつきに基づき展開された。SGには当初からスハルトと結びついた「スハルト・クローニー」の事業特性が見られた。

　事業の展開に当たり個人的な人間関係を利用することはある程度普遍的に見られるものであろう。しかし，ここでいう「スハルト・クローニー」の事業特性とは，スハルトが大統領であった時期にスハルトとの人的な関係を利用して取得した特定の利権を保有することで市場を支配していくような事業特性を指す。その基本形態はリム投資家グループが主体となって行われた事業である。ここで注目すべきは，リムの事業が一族に限定される形ではなく，スハルトにつながる人物と「リム投資家グループ」を結成したことであり，このグループがスハルト・ファミリーに明示的に利益を還元したことである。

　SGの発展はインドネシアの工業化政策とも結びつき，あらゆる分野に展開されている。この局面では，スハルトとの関連を保ちながら，事業を「野放図」に拡大していくという事業特性が見られる。「野放図拡大」の事業特性とは，「スハルト・クローニー」の事業特性のもとで，利権のあるところには事業の相互関連性を無視して野放図にビジネスを展開していくような事業特性を指す。これはアントニーが後継者として経営参画するまで継続された。

　60年代から70年代にかけては輸入代替ビジネスが展開されたが，その代表的な事業である小麦粉製粉事業はインドネシアの政府機関であるブロッグを舞台に展開された。製粉会社のボガサリは国内の小麦粉の生産・販売・流通を独占して利益を享受し，その一部はスハルト一族に還元されている。また，同様の投資形態でセメント事業にも進出し，国内最大のセメント事業の統合体が形成されている。SGは銀行業にも進出し，スハルトの一族を役員に加えることでBCAをインドネシア最大の民間銀行に育て上げ，この豊富な資金を背景としてグループの事業を拡大していくことになる。

　80年代にはインドネシアの国策に協力する形で，国営の製鉄会社クラカタ

ウ・スティールの川下分野である冷延鉄鋼事業に進出した，その見返りとして鉄鋼製品の輸入割当の恩恵を受けたが，事業採算が悪化し事業を撤退する際には，株式をクラカタウ・スティールに売却している。また，同様に政府の要望で増設したセメント事業は，これも景気後退時期に事業を縮小したが，政府から救済を受けて負債を軽減させている。なお，この時期に新規に進出した分野として，食品加工業の即席麺事業と食用油事業，および自動車組立事業がある。これらの事業では，ブランド力の劣るグループ内企業と国内一流のブランドを有する会社とを合弁させることで，最終的には相手の会社を乗っ取るという手法が見られる。これは即席麺事業ではグループのボガサリが小麦粉を独占していたこと，および自動車事業ではグループ銀行のBCAが豊富な資金を有していたことが後ろ盾となった。なお，乗っ取りによる事業参入や既存事業の撤退・縮小には，リムの後継者のアントニーが関与していたと思われる。また，90年代には，統一性を無視した従来の事業展開を統括し，アントニーによる経営体制が確立されている。この後，食用油事業から油脂化学事業への展開やアグロインダストリーにおける複合コンプレックスの展開などに見られるような各種の事業を統合するという経営方式がみられることになる。アントニーの登場により，リムの「野放図拡大」の事業特性は「拡大を統合する」方向に軌道修正された。

　この「拡大の統合」にはM&A手法が多用され，「M&A活用」の事業特性が出現した。M&Aを「企業の吸収・合併・買収・売却・分割など企業の取得にかかわる活動」を指すものとしてとらえた場合，この手法はSGに限らず普遍的に多くの企業で活用されている。しかし，ここでいう「M&A活用」の事業特性とは，グループ・オーナーの利益ために，時には政府をも巻き込んだ形でM&Aの手法を利用するような事業特性を指す。この事業特性のもとで，場合によっては合法的なM&Aを装い，不良事業の政府への売却，競合会社の乗っ取り，一般株主を無視した上場有力企業の分割や合併などがおこなわれた。

　SGの海外事業展開は80年代に香港・シンガポール・中国でそれぞれ異なった形で展開されている。香港では「リム投資家」によりFP社が創設されたが，この会社では所有と経営が一応分離された形で経営されており，東

表Ⅱ-9 通貨危機以前のSGの主な事業

年	事業内容	会社名	主な出来事	事業特性の出現
国民革命(45-49)	軍需商人			スハルト・クローニー
1965			9月30日事件	↓
1966			スハルト大統領就任	↓
不明	貿易業	P. T. Mega		↓
1969	製粉業	ボガサリ		↓
1973	セメント業(*)	後のインドセメント		野放図展開
70年代	〈アントニーの事業参加〉			↓
1975	銀行業	BCAの改革		←拡大の統合
1981年	事業の多角化開始			↓
	自動車組立・販売(*)	後のインドモービル		M&A活用
1982	◎投資会社	FP社(在香港)		↓
1983	冷延鋼板事業	CRMI社(後に撤退)		↓
	天然油脂化学事業	P. T. Unggul Indah		↓
	◎投資会社	KMP社(在シンガポール)		↓
1985	即席麺	後のインドフード		↓
	アグロインダストリーセンター	ブランコンプレックス		↓
80年代半ば	◎中国での事業展開	(リム主導故郷投資型展開)		↓
1990			中国との国交回復	↓
1995	事業統合	インドフードのボガサリ吸収		↓

(注)◎印は海外で展開した事業。(*)は海外パートナーがいた事業。
(出所)第6章を筆者整理・作成。

　南アジア以外の欧米にも目が向けられている。香港のFP社はM&Aを事業の主体とする投資会社であるが，「M&A活用」の事業特性のもとで起業された。これはリムの「野放図拡大」の事業特性が国内中心であったものと比較すると大きく様相が異なったものとなっている。また，中国ではリムの故郷である福建省福清市を中心に事業が展開されたが，これはリムのノスタルジックな「故郷投資型」の様相を帯びている。シンガポールでは一族の資本で作られたKMP社が独自の展開をしている。

　この時期までにSGが国内外で展開していた事業は表Ⅱ-9に示される通りである。

　通貨危機はスハルトの退陣というインドネシアの政変を生み出し，グループの資金面で核となっていたBCAが債務超過により国有化された。リムはBCAの借入金の返済のためにグループ企業の株式を政府に供出することになり，大幅な事業撤退を迫られることとなった。アントニーは政府と交渉し，有力会社の株式供出を極力抑えることに成功したが，結果としてパーム・プランテーションやセメント事業などの有力企業は手放すこととなっ

た。アントニーはインドフード（小麦製粉事業や製油事業は「拡大の統合」の事業特性のもと同社の傘下に入っていた）を香港のFP社に買い取らせることで即席麺事業・小麦粉製粉事業，食用油事業を確保した。なお，インドモービルはSGに関連していると噂される会社により株式が購入されている。一方，香港のFP社はM&Aにより入手していた海外資産を整理することで資金を捻出し，その一部はインドフードの買収資金に当てられた。このように大幅な事業縮小の局面でも「M&A活用」の事業特性が活かされている。

　SGはサリムが初代としてスハルトとの互助関係を築き発展を遂げたが，スハルトの失脚とともに利権を失い大きな事業再編を迫られた。通貨危機以前にアントニーが後継者として活動していたこともあり，事業縮小では多くの有力事業を失いつつも，インドネシア国内の有力事業インドフードなどは死守された。なお，長らくBCAの債務者であったリムは2004年にIBRAに債務を返済し，現在はシンガポールに居住しているといわれている。SGは香港に拠点を持つFP社が国際的な投資会社として東南アジアを中心にM&Aを展開している。また，シンガポールに拠点を持つKMP社は一族の海外事業を継承していると思われる。これらの会社の運営はアントニーに委ねられている。アントニーの「拡大を統合する」方向に軌道修正された「野放図展開」の事業特性と「M&A活用」の事業特性とが今後どのように混在していくのかは今のところ判然とはしていない。

注

1) 佐藤（1992b）54ページ。
2) 白石（1987）236ページ。
3) 佐藤（1993）102-104ページ。「リム投資家グループ」に関しては同書を参照されたい。
4) *FEER* 14 Mar. 1991, pp.46-53.
5) 佐藤（1992b）59ページ。
6) *FEER* 14 Mar. 1991, *op. cit.*, pp.46-53. 貿易会社に関しては"Powerful Patron"の項を参照されたい。
7) 白石（1987）241ページ。

8) 佐藤（1992b）61ページ。
9) 鈴木（2002）106ページ。
10) *FEER* 14 Mar. 1991, *op. cit.*, pp. 46-53. ボガサリに関しては"Powerful Patron"の項を参照されたい。
11) FAOSTAT のデータベースを参照されたい。
12) 日清製粉グループのウェブサイトを参照されたい。
13) 佐藤（2003）95-96ページ。
14) 同上書93-94ページ。
15) 佐藤（1992b）65ページ。
16) 白石（1987）242ページ。
17) *FEER* 14 Mar. 1991, *op. cit.*, pp. 46-53. 冷延鋼板事業に関しては"Monopoly money"の項を参照されたい。
18) 佐藤（2003）101ページ。
19) *FEER* 14 Mar. 1991, *op. cit.*, pp. 46-53. 自動車産業に関しては"Powerful patron"の項を参照されたい。
20) 佐藤（2003）101-102ページ。
21) 即席麺家具（日本即席食品工業会のウェブサイト，2006年6月20日現在：http://www.instantramen.or.jp/）を参照されたい。
22) 佐藤（2003）102ページ。
23) *FEER* 14 Mar. 1991, *op. cit.*, pp. 46-53. 原文表記は次の通り，"Give him a finger and he'll rip your hand off."
24) 佐藤（1992b）66ページ。
25) *FEER* 14 Mar. 1991, *op. cit.*, pp. 46-53. セメント事業に関しては"Monopoly Money"の項目を参照されたい。
26) 佐藤（1992a）142ページ。
27) 同上書67ページ。
28) *FEER* 14 Mar. *op. cit.*, 1991, pp. 46-53. アグロビジネスに関しては"Powerful patron"の項を参照されたい。
29) 油脂化学に関しては佐藤（1992b）69ページを参照されたい。
30) ブラン・コンプレックスに関しては同上書69ページを参照されたい。
31) 佐藤（2003）110ページ，および111ページの組織図を参照されたい。
32) Weidenbaum and Hughes（1996）p. 44.
33) *FEER* 14 Mar. 1991, *op. cit.*, pp. 46-53.
34) *Euromoney: London* Apr. 1995, pp. 30-32.
35) Magiera（1995）p. 2, 本調査報告は通貨危機後に USAID とインドネシア政府の共同で作られたプロジェクト（USAID/GOI Project）の PEG（Partnership for Eco-

nomic Growth) により刊行されている (2006年10月20日現在：http://www.pegasus.or.id/publication.html)。なお，括弧内は筆者による注である。
36) *FEER* 14 Mar. 1991, *op. cit.*, pp.46-53. 原文表記は次の通りである。リム："Where can I go?" he asked plaintively. "If I invest abroad, you call it capital flight; if I invest here, you say I want a monopoly.", アントニー："(Our growth) was driven by the opportunities available to us."
37) 蔡（2000）154-156ページ。
38) 三平（1997）344-345ページ。
39) 佐藤（1992a）。
40) 石川（1996）102ページ。
41) 三平（1997）345-349ページ。この開発の1995年の時点での概要は第1期・第2期が完成し，第3期は休止している模様である。第1期の融僑開発区（Rong Qiao Industrial Zone）は中国政府より全国27番目の経済技術開発区として認定され優遇措置が与えられている。第2期の洪寛工業村（Hong Kuan Industrial Village）は「福州のミニ台湾」として台湾資本が進出してきている。第3期の元洪工業園区（Yuan Hong Industrial Development Area）はシンガポールのジュロン（Jurong）工業団地をモデルとしたものであるが，まだ完成にはいたっていない。SGの事業はこの地域開発の他に履物製造・玩具製造・食用油・セメント・建築資材・倉庫業など多岐にわたっている。
42) 丸屋（1994）68ページ。
43) 佐藤（2003）109ページ。
44) 石川（1996）102ページ。
45) *FEER* 14 Mar. 1991, pp.46-53. FPの事業に関しては"And now the world"の項目を参照されたい。
46) *ibid.*
47) 佐藤（2003）106ページ。
48) 蔡（2002）147-148ページ。
49) 蔡（2002）160-161ページ。
50) *FEER* 8 Oct. 1998 p.110.
51) *Business Week: New York*, 3 May 1999, p.28.
52) 蔡（2002）150ページ。
53) *Wall Street Journal* 8 Jan. 2002.
54) *Wall Street Journal* 5 Jun. 2002. インドモービルとIndosiarの売却は同紙を参照されたい。
55) *International Financial Law Review* Nov. 2001, pp.11-14.
56) *Chemical Market Reporter: New York* 28 Jun. 1999, p.3.

57) 一連の新聞・雑誌記事を参照されたい：*Euro Week: London* 15 Jan. 1999, p.18, *Financial Times: London* 17 Jun. 1998, p.32, *Financial Times: London*, 23 Jun. 1999, p.28.
58) インドフードは1995年にボガサリを，1997年にインドマルコ油脂を吸収合併している（同社のウェブサイト www.firstpacco.com/who/frame.htm, as of Apr. 18, 2004を参照されたい）。
59) *Business World: Manila* 28 Sep. 1999, p.1. FP社会長 Manuel V. Pangilinan の発言 "First Pacific interested in other Asian food firms" に依拠した。
60) 佐藤（2003）119–120ページ。
61) *Wall Street Journal* 19 Jun. 2002.
62) 蔡（2002）161ページ，海外の事業の撤収に関しては同書を参照されたい。
63) *Business World: Manila* 28 Apr. 1999., p.1, "JG Summit buys UIC stake of Salim Group"
64) 佐藤（1997）162ページ。インタビュー（アンソニー・サリム，聞き手：佐藤百合）を参照されたい。
65) Weidenbaum and Hughes（1966）p.44.
66) *FEER* 17 Dec. 1998, pp.10–13.
67) PLDTに関連する一連の経過は次の資料を参照にされたい：*Wall Street Journal* 19 Jun. 2002, p.B.6B, *BusinessWorld: Manila*, 25 Jun. 2002, *BusinessWorld: Manila*, 2 Oct. 2002, p.1, *BusinessWorld: Manila* 9 Oct. 2002, p.1, *Wall Street Journal* 3 Oct. 2002, p.A10.
68) *Wall Street Journal* 7 Jun. 2002, p.A.9.
69) *Wall Street Journal* 28 Jun. 2004, p.B.6.
70) 世銀のインドネシアに関するウェブサイト（2006年10月1日現在：http://web.worldbank.org），*Indonesia Financial Sector Monthly Report* No.42 Feb. 2004及びNo.44 Apr. 2004を参照されたい。

第7章

三グループの比較分析(定性編)

　第4章から第6章において検討したように三グループの基盤国での発展段階において出現した事業特性はそれぞれ異なったものとなっている。この特性に基づく事業展開の様態は中国を始めとする海外投資においても見ることができる。本章では比較分析に先立ち，まず三グループの共通点を概観する。次いで基盤国や海外展開で示された三グループの事業特性を比較検討し，それらの特性が通貨危機後の企業再編や現状の事業展開にどのように反映されているか，あるいは，いないのかを分析する。最後に，このような事業特性の変容を見ることで仮説2「個々の華人企業の戦略には固有の特徴があり，この特徴は企業の創業期，発展期を通して形成され，企業の存亡期においても普遍である」の検討をおこなうものとする。

7.1. 三グループの共通性

　三グループの発展は，政府主導の工業化が進展するなかで，各グループの総帥（CPのダーニン・チアラワーノン，KBのロバート・クォク，SGのスドノ・サリム）に率いられながら，各国の工業化政策や華人政策に則り大グループを形成するにいたった。また，事業の多角化と並行させながら香港を拠点とする海外事業を展開していった。しかし，アジア通貨危機の勃発で一様にダメージを受け国内外の事業を再編することになった。

　三グループの創業期・発展期における起業の形態や発展期における事業の多角化の様態は，第Ⅰ部で検討された各事業基盤国における華人企業の発展経緯に密接に関連している。三グループは同じ基盤国の華人企業グループと同様に，各国固有の工業化政策と華人政策に影響を受けながら発展を遂げて

きた。ある場合には恩恵を受け，ある場合には被害を蒙った。また，開発独裁の指導者やその関連機関との関係の有無や濃淡にも影響を受けてきた。ある場合にはグループの発展が担保されてきたが，ある場合には事業の展開を阻害されてきた。

このように三グループは基盤国の政策に大きく影響を受けながらアジアでも有数の企業グループとして成長を遂げた。このことは表Ⅱ-10通り，アジ

表Ⅱ-10　アジアの中国系人上場企業500社中の三グループ企業（単位：100万ドル）

順位			会社名	株式時価総額	売上高	税引前利益	資産総額	上場場所	主要事業	グループ
99年	98年	97年								
48	397	25	Indofood	2,567	1,104	71	1335	印	食品	SG
54	70	79	Shangri-La Asis Corp.	2,220	379	84	3433	香	ホテル	KB
58	172	47	TelecomAsia	2,112	415	261	2847	泰	通信	CP
60	84	44	First Pacific	2,032	2,894	450	7646	香	総合	SG
88	109	59	Kerry Properties	1,477	375	171	4940	香	不動産	KB
102			Allgreen Properties	1,136	316	119	1758	星	不動産	KB
116	98	87	South China Morning Post	971	213	58	541	香	新聞出版	KB
126		212	Metro Pacific	885	337	25	2995	比	投資会社	SG
224	248	226	Siam Makro	436	861	21	415	泰	小売	CP
228	253	142	Perlis Plantation	430	2,000	82	1268	馬	農園	KB
238	349	307	Shangri-La Hotel	401	56	-11	910	星	ホテル	KB
310	438	201	FPB Bank Holding	288		14	3159	香	銀行	SG
351			Pacific Carriers	238	71	23	231	星	海運	KB
357		410	QAF	230	245	10	171	星	食品	SG
377	413	279	Federal Flour Mills	211	1,159	18	461	馬	農園・食品	KB
441		352	Shangri-La Hotels (M)	161	63	7	306	馬	ホテル	KB
481			Shangri-La Hotels Company	131	29	-2	142	泰	ホテル	KB
500		231	C.P. Pokphand	115	1,453	-11	1427	香	総合	CP

（注）①順位は1999年6月30日の株式時価発行総額による順位，②財務データは98年7月1日から99年6月30日の間に行われた決算の値を期末時の為替レートでドル換算，③所在地は上場先，泰はタイ，馬はマレーシア，印はインドネシア，星はシンガポール，比はフィリピン。
（出所）朱炎（2000）「巻末資料」。

表Ⅱ-11　三グループ総帥の資産推移（単位：10億ドル）

総帥名	グループ	'88	'89	'90	'91	'92	'93	'94	'95	'96	'97	'98	'99	'00	'01	'02	'03	'04	'05	'06
ダーニン・チアラワーノン	CP	*	*	*	1.0	1.0	2.0	NA	5.5	4.2	1.7	*	*	1.2	*	1.3	1.3	1.7	1.7	2.4
ロバート・クォク	クォク	*	*	1.0	1.0	1.6	1.5	NA	3.5	5.7	7.0	4.7	4.5	4.6	3.7	4.1	3.4	4.2	5.0	5.0
スドノ・サリム	サリム	2.0	2.0	2.0	2.0	2.0	2.0	NA	4.6	4.5	4.0	1.7	*	1.0	*	*	*	*	*	*

（註）1991年までの数字は表記金額以上，1992年以降は表記金額。＊印は億万長者として記載されていない事を示す。
（出所）Forbes 各号および同社ウェブサイト。

アの多くの企業がダメージを受けた通貨危機後の1999年でさえ，上場されている「アジア華人企業500社」のランキング中に18社が登場していることでも示されている。これらの上場企業はいずれも各グループのファミリー，ないしはファミリー企業により統括されている。なお，ここではファミリー企業グループを「特定の家族・同族が企業や事業体の所有と経営の双方を支配し，さらにそれが生み出す果実を家族・同族成員の内部に留めようとする経営形態」[1]としてとらえるものとする。しかし，ファミリー，ないしはファミリー企業がグループを統括する様態は一様ではない[2]。

そのようなファミリーの富を現すものとして各グループの総帥は表Ⅱ-11に示したように1991年以降では3人とも雑誌フォーブスの世界の億万長者リストに登場している。

また，三グループは一様に海外へ事業の多角化を図ったが，これも第Ⅰ部で検討された各国の華人政策や華人企業の対応に密接に関連している。各グループが海外展開を推し進めた目的は単なる資本の海外逃避でなく，事業の拡大を目指したものであった。また，中国進出は必ずしも「衣錦還郷」の側面で行われたものではなかった。なお，三グループの海外投資はさまざまな事業でさまざまな国・地域において展開されているが，その初期の投資は表Ⅱ-12に示される通りである。

表Ⅱ-12　三グループの初期の海外投資

グループ	投資先国	投資年	投資業種
CP	インドネシア	1972年	飼料
クォク	シンガポール	1970年	ホテル
サリム	香港	1975年	多業種

（出所）唐（1997），33ページ。

表Ⅱ-13 三グループの通貨危機による資産減少（金額：億ドル）

グループ	推定資産額 1997年	推定資産額 1998年	変動率 98／97	変動額
CP	17.3	8.5	-51%	-8.9
KB	70.6	42.4	-40%	-28.2
SG	39.5	18.4	-54%	-21.2

(出所) 蔡林海 (1998), 133ページ

　三グループの通貨危機対応は、事業基盤国の通貨危機対応に直接影響を受けたものとなったが、その資産減少の様子は表Ⅱ-13に示される通りである。

　三グループの事業再編後の事業展開は、創業期・発展期にグループの発展を支えてきた前提条件（事業特性の背景）を覆すものもあった。このような状況における三グループの対応は「守りの姿勢」と「攻めの姿勢」の２つの側面を持つが、このことは次項にて検討を行う。

7.2. 三グループの事業展開

7.2.1. 基盤国における当初の展開

　CPは、潮州からの移民である初代のエクチョーが戦前から種子や鶏卵などの農産品を取り扱い、輸出入商人として出発している。KBは、福建省からの移民である父親のケンカンが戦前から米・砂糖・小麦粉などの食材を取り扱い、販売許可を得た商人として出発している。SGは初代の福建省からの移民であるリムが大戦後の国民革命時にスハルトの軍団へ物資を供給する軍需商人として出発している。いずれの場合も商人として事業を開始しているが、資本蓄積のない華僑が商人から起業するという華僑の事業としては最も普遍的な事業形態がとられた。

　三グループの総帥の事業への参加は、SGを除けば、父親の家業を補佐する、あるいは継承することで行われている。
- CPのダーニンは戦後に父親の補佐をする形で事業に参加しており、家業である農村相手の輸出入品の売買に関わる事業ノウハウを引き継いだ。そのため、CPでは「農村基盤」の事業特性が出現した。

- KBのロバートは兄弟たちと新会社を作り家業を発展させるとともに，父親の地元人脈に自身の同窓会人脈を加えた人的ネットワークを活用し，許認可を受けた食材を取り扱っていた。そのため，KBでは「人的ネットワーク」を活用するという事業特性が出現した。
- SGのリムは密輸も含んでいるとされる軍関係の商売を通して後に大統領となるスハルトとの関係を作り上げていた。そのため，SGではスハルトと共存共栄を図る「スハルト・クローニー」としての事業特性が出現した。

グループの創業時期では，それぞれが商人として出発したという共通点を持つが，その商活動を支えた背景はそれぞれ異なったものとなっており，このことが後のグループ事業の展開に大きく影響してくることとなる。

三グループの事業基盤国の初期の工業化政策は輸入代替型産業の振興である。これを契機として三グループはいずれも製造業に進出した。CPの場合は，輸入品目の中に飼料があったことから，それを輸入代替する飼料製造業に進出した。このことは，結果として畜産業を包含するアグロビジネスの展開に結びついた。KBの場合は，砂糖や砂糖原料の輸入に携わることで国際トレーダーとしてのノウハウがあったこと，および政府機関の許認可や出資も得たことから砂糖精製業に進出した。このことは，結果として砂糖産業や他の食糧一次加工業で事業機会を先取りすることに結びついた。SGの場合は，スハルトに結びつくプリブミを含むリム投資家グループを形成し小麦粉製粉業に進出した。このことは，結果として小麦粉市場を独占支配することに結びついた。これらの事業は三グループの事業特性を反映させたものとなっている。それらは，CPの「農村基盤」，KBの「人的ネットワーク」，SGの「スハルト・クローニー」である。なお，SGを除き，CPとKBは商人として取り扱っていた品目を対象として製造業に進出している。

これらの初期の製造業やその後に展開される事業の起業に際し，何らかの権力（政治家・軍人・高級官僚）の存在が利権を目的として介在していた可能性はなしとはしない。SGの場合，このことは明示的であり，スハルトにつながる投資家の存在や後に見られるスハルトのファミリーメンバーの経営陣への登用がある。しかし，KBの場合は，政府機関の関与は許認可や出資

の形でなされているが，何らかの癒着を明示する具体的な証拠の存在は確認されていない。このことは，CPの場合も同様である。前述した事業を例として比較すると次のようになる。KBの砂糖製造業参入とSGの小麦粉製粉業参入は，事業機会が政府機関などにより与えられたという点では共通する側面がある。しかし，両者の事業参入には全く異なった側面がある。KBの場合は，砂糖業界には全くの新参者として参入したのではなく，ロバート個人が原糖に関わる穀物トレーダーとしてのノウハウや輸送に関する傭船ノウハウを有していたという事実がある。KBにはロバート個人に帰属する「トレーディング・ノウハウ」の事業特性が存在していた。この個人的な資質が「人的ネットワーク」と結びつき，ロバートに事業機会をもたらしたのではないかと考えられる。一方SGの場合は，当初の資本構成からして「スハルト・クローニー」の色彩を帯び，また，政府機関のブロッグが小麦粉事業全体を統制していたという事実がある。このことから，スハルトの集金マシーンであるリムに事業機会が与えられたのではないかと考えられる。なお，このような両者の異なりはこの後の事業展開でも同様に見られるものである。

7.2.2. 基盤国における発展・多角化

　三グループは前述したそれぞれの事業をもとにしてそれぞれ異なった形で他事業を展開した。

- CPは飼料製造の川下分野にあたるブロイラーを中心に事業の垂直統合を完成させ，対象製品の幅を広げることで，飼料産業および畜産・水産業の水平統合を行うとともに，さらに，それらの川下分野である食品加工業や卸・小売業に参入した。このことは，結果としてブロイラー事業を中心に関連市場を丸抱えすることに結びついた。なお，CPのブロイラー事業では生産性向上のために海外品種の導入が必要不可欠であった。
- KBは原糖トレーディングと砂糖製造業に加え，サトウキビ・プランテーション経営に進出することで砂糖産業の垂直統合を完成させるが，その一方で穀物の国際トレーダーとしてのノウハウも活用することで他の輸入食糧原料（小麦・大豆・トウモロコシ）を統合し，副産物を利用

することで食糧一次加工業を展開し，製粉・搾油・飼料製造業の水平統合も完成させた。
- SGは小麦粉の製造・流通・販売を独占する体制を完成させるとともに，セメント産業では半独占体制を，また銀行業では国内最大の民間銀行を作り上げた。

　これらの事業展開の局面でも三グループの既存の事業特性は出現している。CPの「農村基盤」の事業特性はブロイラーの肥育事業で，KBの「人的ネットワーク」と「トレーディング・ノウハウ」の事業特性はそれぞれプランテーション事業の許認可や食糧一次加工の水平統合で，SGの「スハルト・クローニー」の事業特性はセメント事業への政府関与や銀行へのスハルトのファミリーメンバーの参加という形で出現し一層顕在化した。その一方では新たな事業特性も顕在化した。CPの場合は，海外パートナーの技術・ノウハウを事業の統合に組入れる「海外技術内包化」の事業特性であり，KBの場合は，穀物の国際取引に関連するノウハウを活用する「トレーディング・ノウハウ」の事業特性である。

　これらの製造業は前述したCPの一部のものを除けば，いずれの場合も装置産業であり，特別な製造技術やノウハウは要求されないものであった。その例として食糧関連を取り上げれば，それらの装置は飼料製造ミル・小麦粉製粉ミル・砂糖精製プラント・植物油搾油精製プラントであり，いずれも海外のプラントメーカーのものが使用されるのが一般的である。この場合，基本的な製造技術は装置に付属した形でメーカーより供給され，技術指導も行われる。また，この時期の市場ニーズは製品の質に重点を置くよりも，むしろ量の確保が重要であり，品質向上のための特別なノウハウはあまり必要とされなかった。この時期にパートナーの技術やノウハウが不可欠であったのはCPのブロイラー生産の川上部門の原鶏種から素ビナの工程である。

　KBのトレーディング・ノウハウのうち，輸入食糧原料の統合に資したのは穀物に関するトレーディングのノウハウである。価格変動の大きな国際商品の取引では，現物取引とともに先物相場を扱う定期取引を併用しリスクを低減させることが行われるが，このオペレーションにはトレーダーの知識・経験・相場勘が重要な要素となり，このノウハウは通常個人に帰属してい

る。

　上記事業に引き続く三グループの国内事業の拡大期では，既存の事業特性が維持されながら，基盤国の対華人政策が顕著に反映されることにより，新たな事業特性も出現してくることになる。

- CPは「同化を進めた」華人政策のもとで，タイでは新規ともいえる技術やノウハウを導入し海外パートナーと共同で事業を興していった。石油化学製品などの各種製造業・卸やスーパーマーケットなどの流通販売業・電話回線などの情報通信業がそうであり，多方面に事業を拡大していった。このような新規事業の展開では「海外技術内包化」の事業特性がアグロビジネス分野以外にも出現している。

- KBは「トレーディング・ノウハウ」の一部である傭船ノウハウや「人的ネットワーク」が事業機会を生み出した。政府機関の資本が組み込まれた海運業への参入，および，立地としてシンガポールが含まれるホテル事業への参入がそうである。しかし，ブミプトラ政策が強まり，「抑圧する華人政策」が前面にでてくると，ロバートは既存の国内事業のマレー化を推し進める一方で，国内の規制を逃れ，シンガポールや香港で新規の事業を展開した。この段階でKBには，より規制の少ない場所で事業を展開し，場合によっては本部機能まで移転させてしまうという「自由放任指向」の事業特性が出現した。この特性のもと，KBはグループ本部をレッセフェール政策をとる香港に移転させ，既存の事業分野を海外で展開し，後にはメディア事業に参入した。

- SGは「利益追求の華人政策」のもと，利権が確保される事業には事業の相互関連性を無視し多くの事業分野に進出した。冷延鋼板事業や自動車組立業などがそうである。この段階でSGには利権のある分野には取りあえず進出するという「野放図展開」の事業特性が出現した。なお，この段階の途中からアントニーがリムの後継者として登場し，企業買収・整理・売却などの手法が取り入れられ，「M&A活用」の事業特性が出現した。アントニーが指揮したとされる即席麺事業・食用油事業・自動車組立販売事業などの経営乗っ取り，セメント事業・冷延鋼板事業の事業縮小・撤退などがそうである。この段階で，リムの「野放図展

開」の事業特性にアントニーの「M&A活用」の特性が加わった。なお，アントニーの登場で，野放図に展開されてきた各事業をグループとして取りまとめる「拡大の統合」の路線変更が実施され，その結果として新経営体制が生まれた。

KBの「自由放任指向」の事業特性は，本部機能まで香港に移してしまうという他の華人企業グループには類を見ないものである。この特性にもかかわらず，基盤国のマレーシアでは砂糖を中心とする食糧事業は健在である。このことは，ロバートの「人的ネットワーク」が香港からマレーシアへ機能していることを現しているものと思われる。

SGの「野放図展開」の事業特性は，「スハルト・クローニー」の事業特性の延長線上に存在するものであるが，後者が独占・半独占で市場を支配してしまう様態を呈しているのに対し，前者は必ずしも市場を支配できず，マイナーな市場占有率しか確保できないものも含まれていた。また，「M&A活用」の事業特性は，「野放図展開」された事業の撤退や縮小時に出現したものであったが，このようなM&Aの手法は有力企業を買収するというような事業拡大の手法としても積極的に応用されている。

このように事業を展開していった三グループの資本所有の形態は必ずしも同様の様相を呈していない。

- CPでは他のタイの華人企業グループと同様にファミリーが主体となった所有構造であった。グループ傘下企業の所有者は創業者ファミリー（チアラワーノン家）のエクチョーとシャウフィの兄弟のファミリーが中心であり，これをファミリーの持株会社とグループ内主要企業が保管する形態であった[3]。1988年現在でアメリカとの合弁を除く傘下企業の株式は，その80％以上を創業者家族・家族投資会社・グループ内主要企業が保有していた[4]。

- KBでは当初のマレーシアでの主要事業のすべては政府機関との合弁会社で設立されており，KB側の出資はクォク兄弟社から直接，ないしはPPBグループ社経由で行われていた[5]。ブミプトラ政策のもとでは他の華人企業グループと同様に役員と資本のマレー化を促進した（せざるをえなかった）。しかし，新たに展開した香港ではクォク兄弟社が設立し

た持株会社のケリーホールディングが全ての事業を所有している[6]。穀物・油脂関連会社などの中核事業である食料関連事業はファミリーが多数の株式を保有しており、それらはマレーシアの食糧関連事業やシンガポール・香港・中国の穀物トレーディング会社などである[7]。

● SGではパートナーシップ型の所有形態をとっており、ファミリーメン

表Ⅱ-14 三グループの主な事業

	グループ	創業年	事業	会社名
当初の事業	CP	1921	農産品輸出入商	正大荘行
	KB	戦前	食材商人	東昇公司
	KB	1949	新会社設立	郭兄弟社
	SG	1945-49	軍需品商人	不明
最初の製造業	CP	1967	飼料製造	CPF社
	KB	1964	製糖事業	MSM社
	SG	1969	製粉業	ボガサリ
事業の統合 (アグロビジネス)	CP	1970	鶏原種輸入	アーバーエイカー・タイ
	CP	1973	素ビナ生産	BF社
	CP	1973	ブロイラー処理開始	BLPCO社
	CP	1977	ブロイラー加工販売	BAFCO社
(食糧関連)	KB	1966	製粉事業	FFM社
	KB	1968	プランテーション事業	PPB社
(ホテル)	KB	1981	香港でホテル事業	シャングリラ・アジア
(天然油脂)	SG	1983	天然油脂化学事業	Unggul Indah社
(コンプレックス)	SG	1985	アグロインダストリーセンター	ブランコンプレックス
多角化展開	CP	1988	コンビニエンス・ストア	セブンイレブン
	CP	1989	石油化学	ビニタイ
	CP	1990	電話回線事業	テレコム・アジア
	KB	1968	シンガポールでホテル事業	シャングリラホテル
	KB	1993	香港でメディア事業	SCMP社
	SG	1973	セメント事業	(後の)インドセメント
	SG	1975	銀行	BCAの改革
	SG	1981	自動車事業	(後の)インドモービル
	SG	1985	即席麺	(後の)インドフード
海外拠点設立	CP	1959	香港に投資会社設立	CP国際投資
	KB	1976	香港に本部移転	ケリーグループ
	SG	1982	香港に投資会社設立	FP社
	SG	1983	シンガポールに投資会社設立	KMP社
中国事業	CP	1981	中国で飼料事業開始	チアタイ・コンチネンタル
	CP	1984	上海でオートバイ生産	上海益初摩託車
	KB	1983	北京でホテル建設	当初の名称は不明
	SG	80年代後半	中国福清市での諸事業	工業団地開発など

(注) 事業はトピック／グループの項目で取りまとめたため、必ずしも創業年の順には並んでいない。
(出所) 4章から6章まで三グループの事業を筆者整理・作成。

バー以外にもプリブミがリム投資家グループとして参加していた。この形態は香港に設立した投資会社にも適用されたが，後に設立されたシンガポールの投資会社はファミリーの所有である。ファミリーが重要な地位を占めながらも，グループ全体を統括する持株会社を持たず，総帥と複数の事業パートナーが共同出資をおこなう形態がとられている。

このように所有形態は各国の華人政策を色濃く反映したものとなっている。CPでは「同化を進めた」華人政策のもと，華人企業として規制を受けない事業活動が展開できた。KBでは当初「人的ネットワーク」を利用した政府機関との合弁形態であったが，後の「抑圧する」華人政策のもとでは新たな資本はレッセフェール政策をとる香港に逃避してしまった。SGでは「利益追求」の華人政策のもと，「スハルト・クローニー」としてプリブミのクローニーたちと共同で投資をおこなう「パートナーシップ型」の所有形態をとり，ファミリーのみの投資は一部の海外への投資に限定されていた。このような資本構成にもとで展開された通貨危機以前の三グループの事業を取りまとめると表Ⅱ-14の通りとなる。

7.2.3. 海外における事業展開

　三グループの海外展開は一様に中国に重点を置いたものとなっているが，それぞれ異なった様相を呈している。しかし，前述した事業特性が程度の差はあるがそれぞれに見て取れるものになっている。

- CPの海外事業は中国を主な市場として展開された。その展開は事業基盤国で完成させたアグロビジネスの垂直統合システムがそのまま持ち込まれている。その意味では，農村を基盤とする事業特性はそのまま具現化されている。その一方では，CPは当時の中国で新規ともいえる海外技術を紹介するという形でさまざまな事業分野に進出した。オートバイ製造やビールの醸造がそうである。この意味では，「海外技術内包化」の事業特性も中国で具現化されたことになる。
- KBの海外事業は香港を事業拠点として展開されている。その展開はシンガポールで展開した海運業・ホテル事業・不動産業と中国での諸事業である。これらの事業はレッセフェール政策をとる香港が拠点となり，

基盤国での事業を除くほぼ全ての事業がこの地で展開されている。この事業形態は現在も変わっておらず，「自由放任指向」の事業特性はこの段階でグループに定着したと思われる。また，中国に対しては，その大変動期（文化大革命や天安門事件）でも米・砂糖の貿易を継続した。ロバートの中国における「人的ネットワーク」の存在を明示できる証拠は確認できないが，このことは，人的ネットワークの形成に大きく寄与したものと考えられる。

● SGの海外事業は，①リムの故郷である福建省福清市を中心に展開された故郷投資型の多くの事業，②香港のFP社を核とするM&Aによる海外を対象とする投資活動，③シンガポールのリム一族の資産を運用していると思われるKMP社の3つに大別できる。①はリムの「野放図展開」と「スハルト・クローニー」の事業特性が相手を地元の有力者に置き換えて具現化されたもの，②はアントニーの「M&A活用」の事業特性が香港の投資会社として具現化されたもの，③は同じくシンガポールで具現化されたもの，と考えられる。

このように三グループの海外展開では，基盤国の初期の事業展開で出現していた事業特性—CPの「農村基盤」，KBの「人的ネットワーク」，SGの「スハルト・クローニー（スハルトを地元の権力者に置き換えた形）」—が具現化され，さらには，CPの「海外技術内包化」，KBの「自由放任指向」，SGの「野放図展開」や「M&A活用」という事業特性も具現化されている。

7.2.4. 通貨危機後の対応

通貨危機では，三グループは一様に損失を蒙り借入金の返済を迫られたことで事業を撤退・縮小することになった。しかし，その様態は過去の事業展開の成否や蒙ったダメージの大きさから異なった様相を現している。また，当初から一貫して見られてきた事業特性にも変化が見られるものとなった。

● CPでは国内外とも中核事業以外に多岐に亘る事業展開が図られてきたが，新規の事業は内容が良くないものが多く，そのためダーニンはそれらの事業を中心に大幅に事業を撤退する一方で，特定の有望分野を中心に事業の再編を行った。残された主な事業は，基盤国ではアグロビジネ

ス事業と情報通信業事業であり，中国ではアグロビジネス事業とスーパーマーケット・チェーンである。なお，国内の事業再編は海外コンサルタントを利用して行われた。このことは企業の存亡を賭ける事業再編でも「海外技術内包化」の事業特性が応用されており，この事業特性には変化が見られないことを意味している。またアグロビジネス事業が基盤国・中国とも死守されていることは，「農村基盤」の事業特性にも変化がなかったことを意味している。

● KBでは一族以外の経営専門化たちに率いられた基盤国のアグロビジネスはダメージを蒙らず，むしろ，ファミリーの後継者たちに率いられた香港を拠点とする諸事業がダメージを蒙った。このことで，ロバートは香港を拠点として事業の再編を図り，一族の持株会社を上場させることなどで経営の透明化を図った。この段階でも，マレーシアでの事業を除き，それぞれの事業は香港を拠点に運営されており，「自由放任指向」の事業特性は失われていない。

● SGではグループの銀行が取り付け騒動を契機として国有化された。この返済のためグループ企業の株式は担保として供出させられ，SGは抜本的な再編を強いられることとなった。アントニーは多くの事業を失いながらも，基盤国の有力企業であるインドフードはFP社に，インドモービルは一族との関連が噂される会社に購入させ，「M&A活用」の事業特性を駆使することでグループの傘下に留めた。しかし，リムとスハルトとの癒着関係は崩壊し，「スハルト・クローニー」の事業特性は多くの関連企業とともに失われた。なお，通貨危機以前にインドフードには製粉会社と食用油会社が「M&A活用」の事業特性のもとで統合されており，結果として両有力会社はグループ内に温存されることとなった。

このように通貨危機は三グループの事業に大きな影響を与えるものとなった。しかし，CPやKBの場合，これまでに出現していた全ての事業特性は機能したといえる。SGの場合，リムのスハルトとの共存関係に基づいた事業特性は完全に失われたが，アントニーの事業特性はむしろ健全に機能した。

7.2.5. 現状の事業展開

　三グループの事業は子供や甥たちの後継者たちに継承されることになる。
- CPのダーニンは2人の子供たちにそれぞれ基盤国の情報通信業と中国の事業を委ねている。しかし，彼は現在も第一線で活動し，中国ではアグロビジネスとスーパーマーケット・チェーンの融合を図るべく事業を展開し，農村に事業機会を見出すという「農村基盤」の事業特性は変わりそうにない。
- KBのロバートは自らコントロールしていたマレーシアでの事業の責任者として，甥のチャイ・クォクを任命した。その後，最も信頼していた義理の甥リチャード・リウが急死したことにより半引退状態から第一線に復帰した。しかし，それぞれの事業を後継者たちに委ねていることには変わりがない。今後，ロバートの後継者たちが各事業の経営専門家として育っていくとしても，将来のグループ統括がどのように行われていくのかは判然とはしていない。また，ロバートの「人的ネットワーク」により発掘されてきた事業機会の創出という事業特性がマレーシアや中国でどのように継承されていくのかは不明である。
- SGのリムは表面に出てくることはなく，後継者のアントニーが事業を継承している。グループの事業特性のうち，スハルトとリムが結びついた共存共栄的なものは消失した。しかし，リムの「野放図展開」の事業特性は，アントニーの国際敵な資本投資事業で，彼の「M&A活用」の事業特性と融合した模様である。インドネシアではグループの基盤となる有力事業を傘下に治めており，フィリピンでも有力会社の株式を有している。しかし，基盤国でリムが創り上げた権力との癒着構造の復活は将来的には不可能と思われ，今後の事業機会の発掘がどのように行われるかはアントニーの手腕に委ねられることになる。

表Ⅱ-15　三グループの後継者たち

グループ	CP	KB	SG
現在の総帥	ダーニン・チアラワーノン	ロバート・クォク	スドノ・サリム
主な後継者候補	スパチャイ／ナロン	ボウ／イアン／チャイ	アントニー（後継済み）

（出所）4章から6章までの内容を筆者整理・作成。

このような三グループの後継者たちは表Ⅱ-15の通りである。

7.3. 三グループ事業特性のまとめ

三グループの事業特性の概要を取りまとめれば表Ⅱ-16の通りとなる。そして，三グループの当初の事業特性の変容を観察すれば次の通りである。

◉ CPの「農村基盤」の事業特性とは，単に農村から原料を調達する，あるいは農民に製品を販売するというような「モノとカネの一方的な流れ」のみを意味するものではなく，これらの要素を媒介としながら，農村を基盤としたビジネスの仕組み造りをおこなうような事業特性を指す。この原型は，飼料の実儒者である農民にブロイラー用飼料を販売するとともに，成鳥を買取るというようなビジネスであるが，自らも養鶏場経営に乗り出したり，解体・処理工場を経営したりというように農村に根を下ろして事業の範囲を拡大していくような形態に発展していく。

表Ⅱ-16　三グループの事業特性の概要

グループ	事業特性	概要
CP	農村基盤	単に農村との「モノとカネの一方的な流れ」のみを意味するものではなく，これらの要素を媒介としながら，農村を基盤としたビジネスの仕組み造りをおこなう。
	海外技術内包化	単なる技術導入にとどまらず，それらを吸収することで地場に適用した独自の事業形態を構築していく。
KB	人的ネットワーク	総帥の個人的な人間関係を一方的に利用するものではなく，総帥の資質が相方を引き寄せ，双方が共同で新たなビジネスを起業し，事業機会を先取りする。
	トレーディング・ノウハウ	食糧原料の国際商品取引に関連する知識・ノウハウなどを単に原料の入手に活かすだけではなく，それらの無形の資産を手がかりとして手広く関連ビジネスに参入する。
	自由放任指向	グループの本部機能をより経済活動の規制のない国・地域に移転させることで，既存ビジネスや新規ビジネスをより自由放任的におこなう。
SG	スハルト・クローニー	スハルトとの人的な関係を利用して取得した特定の利権を保有することで市場を支配していく。
	野放図拡大	利権のあるところには事業の相互関連性を無視して野放図にビジネスを展開していく。
	M&A活用	時には政府をも巻き込んだ形で，場合によっては合法を装いM&Aの手法を利用する。

(出所) 4章から6章までの内容を筆者整理・作成。

この特性は海外展開においても中国において出現している。また，この特性は貨危機以降でも健全に維持されているように見える。通貨危機後の事業再編でも現在の事業展開でもアグロビジネスがグループの中核事業と位置付けられ，また中国でもそうである。このことから，この事業特性に変化は見られない。
　KBやSGにもプランテーション経営などで農村を基盤とする事業は存在する。しかし，それらの事業は砂糖原料や搾油原料の確保を主体とするもので，ここでいう「農村基盤」の事業特性は存在するにしても主要な特性とはいい難い。

- KBの「人的ネットワーク」の事業特性とは，総帥の個人的な人間関係を一方的に利用するものではなく，総帥の資質がパートナーを引き寄せ，双方が共同で新たなビジネスを起業し，事業機会を先取りするような事業特性を指す。この場合，ネットワークの一方の当事者は政府関連企業・組織である。彼らはロバートの資質（保有している業界知識や商品知識などの無形の資産）を利用することで政府の国策的な事業を遂行することが可能となり，KBは新たな事業を共同で起業することになる。この事業特性は中国の事業展開では明示的な証拠を見いだせないが，中国の大変動期でも食糧の貿易を継続したことが，人的ネットワークの構築に資したものと思われ，北京中心部の不動産開発などにつながっていったことで出現しているように見える。通貨危機後の事業再編では，この事業特性が大きく表面に出てくることはなかったが，現状のマレーシアでの事業の再拡大では，後継者の一人がマレーシア事業の責任者として任命され，ロバートのネットワークを引き継いでいるように見える。しかし，この事業特性が継続されていくのかどうかはひとえにポスト・ロバートの後継者たちの人脈作りにかかっている。
- KBの「トレーディング・ノウハウ」の事業特性とは，食糧原料の国際商品取引に関連する知識・ノウハウなどを単に原料の入手に活かすだけではなく，個人に帰属するそれらの無形の資産を手がかりとして手広く関連ビジネスに参入するような事業特性を指す。この特性の基本形態は砂糖事業に見ることができ，その他の食糧一次加工産業に展開していっ

た。この事業特性は「人的ネットワーク」の事業特性と表裏一体の形を成し，基盤国のマレーシアで出現している。

　なお，SGにはスハルトとの互恵関係において「人的ネットワーク」的な特性が極端に出現しているが，リムにはロバートの持つ資質的なものが明示的に認められないため，また企業形態が「リム投資家」によるものであるため，別な特性として取り扱う。

- SGの「スハルト・クローニー」の事業特性とは，スハルトが大統領であった時期にスハルトとの人的な関係を利用して取得した特定の利権を保有することで市場を支配していくような事業特性を指す。その基本形態はリム投資家グループが主体となって行われた事業である。ここで注目すべきは，リムの事業が一族に限定される形ではなく，スハルトにつながる人物と「リム投資家グループ」を結成したことであり，このグループがスハルト・ファミリーに明示的に利益を還元したことである。この局面では，スハルトとの関連を保ちながら，事業を「野放図」に拡大していくという事業特性が見られる。

- SGの「野放図拡大」の事業特性とは，「スハルト・クローニー」の事業特性のもとで，利権のあるところには事業の相互関連性を無視して野放図にビジネスを展開していくような事業特性を指す。これはアントニーが後継者として経営参画するまで継続された。これらの事業特性は相方を「地方のボス」に変えた形でリムによる中国への故郷投資型の事業展開で出現した。しかし，スハルト政権の崩壊とともに，この事業特性は崩壊した。後継者となったアントニーがインドネシアや海外の事業展開国で，新たな権力者を相手として，この事業特性を復活させるのかどうかは現在のところ不明である。

　このように当初の事業特性は，SGに見られるように，それが依ってきた背景要因の崩壊で維持できなくなることが判明した。また，KBに見られるように，世代交代もその維持に大きな影響を及ぼすであろうことも判明した。次いで，多角化に際しての事業特性を再度明確にし，その変容を観察すれば次の通りとなる。

- CPの「海外技術内包化」の事業特性とは単なる技術導入にとどまら

ず，それらを吸収することで地場に適用した独自の事業形態を構築していくような事業特性を指す。この基本形態はブロイラーの原鶏種の導入であり，CPはブロイラー事業のタテ展開・ヨコ展開を発展させていった。この特性は中国における事業展開で「海外技術のブローカー」役を果たしたことから明示的に示されている。また，この特性は貨危機時でも機能し，CPの事業再編は外資系コンサルタントにより方向付けがなされた。

海外技術やノウハウを導入する事業形態は，CPに限らず多くの企業において事業の初期段階に限らず，あらゆる段階で普遍的に見られるものである。しかし，この事業特性は統合の核となる事業に海外技術を内包化させることで単なる技術導入とは一線を画すものである。

◉ KBの「自由放任指向」の事業特性とは，グループの本部機能をより経済活動の規制のない国・地域に移転させることで，既存ビジネスや新規ビジネスをより自由放任的におこなうような事業特性を指す。なお，ここでいう自由放任性がある国・地域とはレッセフェール政策をとる香港のみを指すものではなく，基盤国に比較してのものであり，その意味では，華人企業にとりシンガポールはマレーシアより自由放任的であり，さらに香港はシンガポールより自由放任的である。この特性はグループ本部を香港に移転したことで明示的に出現した。また，この特性は通貨危機後の事業再編や現状の事業展開が香港の本部からなされていることで維持されているように見える。なお，将来的にマレーシアのブミプトラ政策が緩和され，自由放任的な事業展開が可能になった場合には，この特性のもと，KBは一部の事業本部を移転してくる可能性もあろう。

なお，新たな事業機会を海外に見出すという形はKBだけの特徴ではない。しかし，本部機能まで移転させた例は他に類をみないものである。その意味において，CPの中国事業展開やSGの香港のFP社にはこのような事業特性は見出せない。この特性はグループの本部機能まで移転させてしまうという点において，普遍的に見られる企業の海外進出とは一線を画すものである。

◉ SGの「M&A活用」の事業特性とは，グループ・オーナーの利益ため

に，時には政府をも巻き込んだ形でM&Aの手法を利用するような事業特性を指す。この事業特性のもとで，場合によっては合法的なM&Aを装い，不良事業の政府への売却，競合会社の乗っ取り，一般株主を無視した上場有力企業の分割や合併などがおこなわれた。このように多角化に関する事業特性は海外での事業展開に限らず，通貨危機以降の事業再編や現状の事業展開にも出現している。この特性は香港のFP社で明示的に出現した。また，通貨危機後の事業再編では強制的に有力会社の株式を放出されられたが，一部明示的な証拠を見出せないものもあるが，この手法により再度有力会社を傘下にいれている。また，FP社はフィリピンなどでも投資活動を展開中である。

勿論，M&Aの手法はSGに限らず普遍的に多くの企業で用いられている。しかし，この事業特性は合法・非合法を問わずM&A手法を活用するという意味で他のものとは一線を画すものである。

三グループとも国内外の多くの事業分野で多角化している。その事業分野は，明らかにシナジー効果を生むと思われる食料関連での一連の事業もあれば，シナジー効果が期待できそうもない事業分野もある。後者の展開に関しては，総帥たちに共通する事業の先見性や飽くなき事業欲があったためと思われる。しかし，グループの事業展開には大きな異なりが見られた。それには，①工業化政策の異なり，②華人政策の異なり，③グループ固有の特性，の3つの理由がある。

理由①は各国の工業化政策である。タイのNAIC型の工業化政策はCPのアグロビジネスに直接関連するものであった。マレーシアの創始産業条令や海運政策・観光政策はKBのアグロビジネスや新規事業の契機となった。インドネシアのフルセット主義の工業化はSGが広範囲な産業分野に進出できる背景となった。

理由②は工業化過程での基盤国の華人政策である。タイでは，事業展開にあたり華人企業であるというハンディキャップがなかった。このため，CPは持ち前の事業特性を民間に開放された産業分野で発揮することができた。マレーシアでは，ブミプトラ政策が強まるにつれ華人企業の活動には制限が加えられた。このため，KBは「自由放任指向」の事業特性で香港に本部を

移転させ，この地で事業を展開した。インドネシアでは政府資本と華人資本が「棲み分ける」ことで華人企業グループはスハルトのクローニーとして共存共栄した。その中でもSGは最大のクローニーとして「野放図展開」や「M&A活用」の事業特性が発揮できた。

理由③はグループの固有の事業特性である。この特性は，商人として出発した際に既に顕在化していたものと，後に獲得していったものとがある。それらは，CPの場合は「農村基盤」と「海外技術内包化」であり，KBの場合は「人的ネットワーク」と「トレーディング・ノウハウ」であり，SGの場合は「スハルト・クローニー」と「野放図展開」「M&A活用」である。これらの事業特性で，CPはブロイラー中心のアグロビジネスの統合を行う一方で，海外パートナーの技術・ノウハウを内包化させた諸事業を展開した。KBは食糧一次加工の統合を行う一方で，政府の事業にも参入した。SGは小麦粉やセメントの独占・半独占体制を作り上げる一方で，新規事業展開や事業撤退・縮小で政府の恩恵を受けた。

このような3つの理由は，それぞれ単独で事業の形成・発展・多角化に作

表Ⅱ-17　三グループのまとめ

グループ	CP	KB	SG
事業基盤国	タイ	マレーシア	インドネシア
華人政策	同化を進めた	抑圧する	利益追求
当初の特性	農村基盤	人的ネットワーク トレーディング・ノウハウ	スハルト・クローニー
出現形態①	垂直・水平統合	機会先取り	市場支配
当初の事業	飼料会社	砂糖産業・プランテーション	製粉会社
発展事業	ブロイラー事業の統合	海運・ホテル業への進出	セメント／銀行業の拡大
多角化の事業特性	海外技術内包化	自由放任指向	野放図展開→拡大の統合 M&A活用
出現形態②	海外パートナーとの合弁	香港での事業展開	企業の吸収・合併・売却など
多角化展開事業	オートバイ・石油化学・小売業	ホテル・不動産・メディア	自動車・即席麺
現在の総帥	ダーニン・チアラワーノン	ロバート・クォク	スドノ・サリム
主な後継者候補	スパチャイ／ナロン	ボウ／イアン／チャイ	アントニー（後継済み）

（注）ここで「当初の事業特性」とは各グループのオリジナルな事業特性のことをいう。「出現形態①」は「当初の事業特性」で生み出された事業の様態を表す項目である。なお，事業は新規に行われた「当初事業」とそれに引き続いて行われた「発展事業」に別けられて表記されている。「多角化の特性」は第2の事業特性ともいうべきものである。「出現形態②」は「多角化の特性」で生み出された事業の様態を表す項目であり，具体的な事業は「多角化展開事業」として表記されている。

（出所）4章から6章までの内容を筆者整理・作成。

用したものではなく，相互に関連しながら作用している。

　上記を取りまとめると次の表Ⅱ-17の通りとなる。

　以上の検討結果から，創業者や後継者によってもたらされた当初の事業特性や多角化の事業特性は，その依ってきた背景が崩壊しないかぎり変化がないこと，また多角化の事業特性は通貨危機のような激変期でも普遍であったことが示され，総論で設定した仮説2に関しては，その「事業特性が依ってきた背景の崩壊がない限り」という条件付で，三グループについては成立するのではなかろうか。

　　「個々の華人企業の事業特性には固有の特徴があり，この事業特性は企業の創業期・発展期を通して形成され，企業の存亡期においても普遍である」

　しかし，この仮説が成立したとしても，事業基盤国における今後の政治経済上の変動や民主化の動向，および総帥の世代交代などで事業特性が弱まったり，崩壊したりすることは避けられないものであろう。

注
1）末廣（1993）27ページ。
2）SGの場合は家族・同族以外に利害を共有する「リム投資家」グループの存在がある。
3）末廣（1993）48ページ。
4）同上。
5）岩崎（2003a）194ページの図を参照されたい。
6）同上書197ページの図を参照されたい。
7）*FEER* 19 Mar. 1998, pp.10-14.

第8章
三グループの比較分析（数量化2類編）

　前章の分析は各グループを個別に検討することで事業特性を抽出したが，ここでは三グループの主要事業を1つの母集団としてとらえ，三グループの異なりを説明できる要因を統計的に求めることにより，その要因の組合せから各グループをタイプ分類することを試みる。この分析は数量化2類のモデルを使用して行うものとする。先ず，各グループから代表的な事業を選択したうえで，創業期から発展期にかけての各グループの事業をデータ化する。次いで，モデルの計算結果を解釈した後，三グループの分類軸の抽出を行う。最後に，抽出された分類軸が出現した背景を考察する。

8.1. 分析手法

　まず，本章で使用される数量化モデルを概観する[1]。なお，ここでいう「数量化」とは林知己夫らによって開発されたデータ解析やデータ処理の「考え方」や「理論」を指すものとする。数量化で取り扱うデータは，ある母集団からのランダム・サンプルされたもの，あるいはこのサンプルの母集団を合理的に想定しうるものである。このモデルではサンプルを標本分布という立場ではなく，サンプルが母集団であるとみなし，どうすれば有効な解析ができるかという立場からサンプルを解析する。本章では三グループそれぞれの主要事業を選択し，それらが三グループを合理的に代表しているものと見なし，母集団として取り扱うものとする。

　この解析の1つの方法が「数量化の方法」である。これはデータのなかに潜む相関連する姿を描き出し，描くことによって現象構造を見出す（作り出

す），またモデルを用いてデータを処理し情報を掬み出すことになる。この意味で「パターン認識」の方法ということもできる。ここでいうパターンとは，いろいろな測定（調査項目）に対する反応，または回答を多次元的に表現したもの（回答模様）などである。これらは回答パターンやデータのパターンなどということがいわれる。このパターンの中から何らかの情報を見出そうとすることがパターン認識である。ここでいう「何らかの情報」とは，①モデルを用いてデータを処理し，目的とすることを的確に知り得られるようにすること，②またはデータの中にある要素のパターンの相互関連性を描いて情報を見出す，つまり構造を見出すということである。①の場合はモデルで操作的に仮説をたて，このうえに立ってデータの処理を考え，目的を達成しようとするものであり，「外的基準がある」場合の処理に該当する。②の場合は構造を見出すことを目的とするものであり，「外的基準のない」場合の処理に該当する。

　数量化の方法には前述した通り，大別すると外的基準の「あり」「なし」で大きく2つに分かれる。「外的基準がある」場合は，それが数量で与えられる場合と分類で与えられる場合では数量化の方法が異なるものとなる。前者の場合は数量化1類が適用され，後者の場合は数量化2類が用いられる。また，「外的基準がない」場合は，数量化3類や数量化4類が用いられる。これらの数量化のモデルは，質的な意味を持つデータ（例えば「賛成」「反対」「分からない」というようなアンケート調査の回答データ，あるいは企業調査の属性データ「一次産業」「二次産業」「三次産業」というような企業様態）に対する数量的な取り扱いを可能にするものであり，このモデルでは質的な意味を持つデータ間の格差を量的な差として示してくれるため，質的なデータの解釈を量的な差として解釈することが可能になる。

8.2. 三グループの分析

　本章では三グループの主要事業を母集団として三グループの判別を解析するが，「外的基準」が「何々グループ」というような分類で与えられているため数量化2類[2]）のモデルが適用されることになる。

三グループは基盤国でさまざまな事業を興し，事業を多面展開してきており，その事業特性は前章で検討した通りである。ここでは三グループの主要事業を1つの母集団とみなし，三グループの判別を行い，その判別に最も寄与している要因の抽出を試みる。ここで分析対象とする三グループの事業は，全ての事業を包含するものではなく，三グループの主要業種に限定して行うものとする。この理由は，主要事業がもっともグループの特質を表象していると考えるからである。これらの業種は次の基準でグループごとに選別され分析される。それゆえ，異なる選択基準を設定した場合は，異なる事業が選択され異なった母集団が構成されることで，異なった結果が出現する可能性があることに留意すべきである。

①発展期にグループを代表する企業として発足・発展したもの。
②分析期間はグループの創業期から通貨危機までの期間とする。
③事業のなかには，専ら事業展開を海外でおこなっているものも含まれる。
④撤退した事業も含まれる。
⑤すべてに共通している不動産開発事業は対象から外した。
⑥すべてに共通している香港に設置した金融会社・投資会社は対象から外した。

　これらの事業は他の事業とつながりを持たず単独で行われていたり，川上分野・川下分野へと事業のタテ方向へ事業統合が行われていたり，他の業種へヨコ展開されて事業統合が行われていたりする。また事業の行われる場所は基盤国であったり，基盤国を含む海外であったり，海外単独であったりしている。

8.2.1. 三グループのデータ化

　数量化2類モデルでいうところの「群」は本文では「グループ」と，「固体」は「主要事業」と，「アイテム・カテゴリー」は「項目選択肢」または「要素」と表記される[3]。次項で各群（三グループ）の固体（主要事業）は選択される。また，アイテムとカテゴリーもそれぞれ定義され，固体ごとにデータ化される。例えば，項目「対象市場」アイテムで項目選択肢として

「国内」と「国内外」のカテゴリーがある。この場合，「対象市場」アイテムには「対象市場＝国内」と「対象市場＝国内外」の2要素があることになる。各個体のデータ化は次のようにおこなわれる。例えば，グループCPの畜産事業という固体の対象市場というアイテムでは，項目選択肢が「国内外」のカテゴリーなので，項目選択肢の「国内」には該当しないという意味で「0」が，項目選択肢の「国内外」には該当するという意味で「1」が付与される。なお，このようなデータの各要素が「0」と「1」で表されるような構造を持つデータはアイテム・カテゴリー型データ[4]と呼ばれ，定性的なデータを定量的に取り扱うことを可能にする。モデルではこれらのデータをもとに，グループ間の「相関比の二乗」が最大になるように各アイテム・カテゴリー（要素）にスコアが計算される[5]。

8.2.1-a. 群（グループ）

グループはCP・KB・SGの3グループに分類されている。これらのグループはそれぞれラベル「c」「k」「s」で表記する。

8.2.1-b. 項目（アイテム）と選択肢（カテゴリー）による　　　　　　データ化

まず，事業の様態を把握するための7アイテムを設定する。それらのアイテムの構成は対象市場（主な市場），事業展開1（タテの関連分野），事業展開2（ヨコの関連分野），市場の状況（市場競争），産業分野，技術導入，政府の関与とし，それらのアイテムに次のカテゴリーを設ける。なお，基盤国や第7章で抽出した事業特性はアイテム構成から除かれている。これらはモデルの計算結果から導き出された分類軸の解釈に用いられる。

◉項目［a］　対象市場

対象市場とは事業展開を行っている主要な場所のことで，選択肢は2つ設ける。①は主として基盤国のみで事業を展開している場合であり，②は基盤国と海外で展開している場合である。なお，海外のみで展開されている事業は②に分類する。モデルではそれぞれ「a1」「a2」と表記される。

◉項目［b］　事業展開1（タテの関連分野）

事業展開1とは母体となる事業をもとに，関連性のある川上部門（前方連関的な事業）や川下部門（後方連関的な事業）に展開しているかどうかで判別される。選択肢は2つ設け，①はしている場合で垂直統合がなされていることを示すものであり，②はしていない場合である。モデルではそれぞれ「b1」「b2」と表記される。

●項目［c］　事業展開2（ヨコの関連分野）

事業展開2とは母体となる事業分野で展開した事業ノウハウや流通体制・ブランドを共同で利用したり，他の生産物や製品に応用したりしながら事業展開しているかどうかで判別される。選択肢は2つ設ける。①はしている場合で水平統合がなされていることを示すものであり，②はしていない場合である。また，原料供給面から統合的に運用されている場合や副産物を総合的に利用しているようなメーカー群は①に該当する。モデルではそれぞれ「c1」「c2」と表記される。また，海外において基盤国と同様な事業形態を展開している場合はこれに含めない。そのような場合は項目［a］が②となる。

●項目［d］　市場の状況

市場の状況では選択肢は2つ設ける。①は市場を独占している場合や市場が寡占状態の場合で，政府の認可関係などの事情で参入業者が限定されている場合や事業活動の結果として市場が寡占状態になってしまった場合である。なお，海外からの輸入食糧原料を主原料とする業界（例えば製粉業界）は海上輸送の関係上沿岸に立地し，参入企業の数も限られたものとなり，もともと寡占状態を形成する場合が多いが，この業界の場合は販売面で自由に競合ができている場合は②に区分する。モデルではそれぞれ「d1」「d2」と表記される。

●項目［e］　産業分野

産業分野とは農業・製造業・サービス産業に大分類したもので選択肢は3つ設ける。①は生産品目が主として農林水産畜産品である場合がそうである。プランテーション事業や畜産業はこれに含まれる。なお，穀物種子開発や生産，ヒナの開発や生産もこれに含まれるものとする。②は生産品目が主として工業製品である事業であり，製造される最終製品が素材・半製品・製品のいずれの場合であってもこれに該当する。③はサービス業全般で，金融

業・物流事業・通信業・メディア事業・卸／小売業などがこの範疇に含まれる。モデルではそれぞれ「e1」「e2」「e3」と表記される。

● 項目［f］ 技術導入

技術導入とは事業を起業する際に海外パートナーと合弁を組んだり，事業ノウハウや技術などを導入したりすることの有無であり，選択肢は2つ設ける。①はある場合，②はない場合である。なお，製造技術やノウハウが，製造設備・機器・装置を納入する海外メーカーにより，それらに付属する形で導入されるような場合は②に分類するものとする。「フルターンキー」ベースで装置が納入されるような事業がこれに該当する。モデルではそれぞれ「f1」「f2」と表記される。

● 項目［g］ 政府の関与

政府の関与とは直接的に政府が関与して事業権を与えたり，間接的に事業参入に介入したりすることの有無であり，選択肢は2つ設ける。①はない場合であるが，関与に関して明示的な証拠がない場合にはこの範疇にいれるものとする。②はある場合であるが，関与者は政府に限定せず，大統領やその代理人が関与している場合もこれに該当する。なお，モデルではそれぞれ「g1」「g2」と表記される。

8.2.1-c. 固体（主要事業）の選別とアイテム・カテゴリーの決定

CPでは次の6事業を選択した。CPでは，まずグループの基礎を築いた飼料事業と畜産事業が，次いで，多角化政策のもとで展開された石油化学品事業・小売事業・情報通信事業が，さらには，海外のみで事業展開が展開されたオートバイ事業を取り上げる。

飼料事業はCPF社を中核として，飼料製造事業に関連する会社を包含し，畜産業に飼料・その他原料を供給している事業である。なお，飼料に配合されるワクチン・ビタミンを供給するAdvance Pharmaやトウモロコシの種子開発事業などは本事業に含まれる。これはモデルでは「c1」と表記される。飼料事業の項目［a］は事業がタイ国内に留まらず中国でも中核事業として展開していることから②とする。項目［b］は飼料の実需者である畜産

表Ⅱ-18　三グループの分析用データ

事業	固体番号	項目	主な市場	タテ	ヨコ	市場競争	産業分野	技術導入	政府関与
		選択肢1	国内	あり	あり	独寡占	農業	海外技術	なし
		選択肢2	国内外	なし	なし	自由	製造	自前	あり
		選択肢3	nil	nil	nil	nil	サービス	nil	nil
		アイテムNO	a	b	c	d	e	f	g
		カテゴリー数	2	2	2	2	3	2	2
飼料	c1	1	国内外	タテ	－	自由	製造業	－	－
畜産	c2	2	国内外	タテ	ヨコ	自由	農業	海外依存	－
石油化学	c3	3	国内外	－	－	自由	製造業	海外依存	－
小売	c4	4	国内外	タテ	ヨコ	自由	サービス	海外依存	－
情報通信	c5	5	国内外	－	ヨコ	自由	サービス	海外依存	－
オートバイ	c6	6	国内外	－	－	自由	製造業	海外依存	－
ホテル	k1	1	国内外	－	－	自由	サービス	－	－
海運	k2	2	国内外	－	－	自由	サービス	－	政府関与
メディア	k3	3	国内外	－	ヨコ	自由	サービス	－	－
砂糖	k4	4	国内	タテ	ヨコ	独寡占	製造業	海外依存	政府関与
小麦製粉	k5	5	国内	－	ヨコ	独寡占	製造業	－	政府関与
プランテーション	k6	6	国内外	タテ	－	自由	農業	－	政府関与
銀行	s1	1	国内	－	－	自由	サービス	－	政府関与
小麦製粉	s2	2	国内	タテ	－	独寡占	製造業	－	政府関与
即席めん	s3	3	国内	－	－	独寡占	製造業	－	－
自動車	s4	4	国内	－	－	独寡占	製造業	海外依存	－
冷延鋼板	s5	5	国内	－	－	独寡占	製造業	－	政府関与
セメント	s6	6	国内	－	－	独寡占	製造業	海外依存	政府関与
食糧油脂	s7	7	国内	タテ	－	独寡占	製造業	－	政府関与

（出所）筆者作成。

事業に展開していること，および主原料のトウモロコシの種子事業・副原料のビタミン製造業に展開していることから①とする。項目［c］は同様ノウハウを他の養豚や魚の養殖飼料に応用しているが，同じ飼料事業であるため②とする。項目［d］は競合者が多くいることから②とする。項目［e］は畜産業や水産業に対する飼料の製造なので②とする。項目［f］はワクチン製造や種子開発などの展開でパートナー依存はあるが，主な製品である飼料に関しては自前の技術であるため②とする。項目［g］は特に政府の関与も見られた明示的な証拠もないため①とする。

　畜産事業はBAFCO社などの養鶏農場や解体工場などを中核とするブロ

イラーの加工処理を行っている事業である。なお，Kennebec International や BF 社などの養鶏農場に供給される素ビナの生産やその親鳥である種鳥の生産事業も含まれる。これはモデルでは「c2」と表記される。畜産事業の項目［a］はタイ国内や中国で事業展開していることから②とする。項目［b］は飼料産業から畜肉加工までを統合していることから①とする。項目［c］は飼料事業と一体となって養豚や魚の養殖に展開していることから①とする。項目［d］は飼料事業と同様に競合者が多くいることから②とする。項目［e］は畜肉事業が主体となっているため①とする。項目［f］は「素ビナ」の生産に関してパートナーのアーバーエーカーからノウハウを導入しているので①とする。項目［g］は特に政府の関与も見られないため①とする。

石油化学品事業はビニタイのプラスチック製品の製造事業である。これはモデルでは「c3」と表記される。石油化学品事業の項目［a］は国内だけではなく，中国でも同様な展開をおこなっていることから②とする。項目［b］は特に関連性のある他分野には進出していないので②とする。項目［c］も同様に②とする。項目［d］はパイオニア的な存在ではあるが独占・寡占市場でないため②とする。項目［e］はプラスチック製品の製造なので②とする。項目［f］はオランダのソルベイ社との合弁会社なので①とする。項目［g］は特に政府の関与も見られないため①とする。

小売事業にはロータスのスーパーマーケットやセブン・イレブンのコンビニエンス・ストア事業およびケンタッキー・フライド・チキンなどの直接消費者に販売を行う事業に加え，サイアム・マクロの大型卸売り事業も含まれる。これはモデルでは「c4」と表記される。小売事業の項目［a］は当初は国内を主な市場としていたが中国にも同様に展開されたため②とする。項目［b］は卸売り会社，スーパーマーケット／コンビニエンス・ストア／外食産業が商品として，あるいは原材料として畜肉製品を取り扱うことから①とする。項目［c］は最終消費者への販売という観点から，スーパーマーケット／コンビニエンス・ストア／外食産業事業へと多方面に展開されていることから①とする。項目［d］は競合する業者や業態が多様であるため②とする。項目［e］は小売販売業が中心であるため③とする。項目［f］はコンビ

ニエンス・ストアではセブン・イレブン,外食産業のフライド・チキンはKFC,大型卸のサイアム・マクロはマクロ社をパートナーとしているため①とする。項目［g］は特に政府の関与も見られないため①とする。

情報通信事業はテレコム・アジアの電話回線事業に加え,香港のオリエント・テレコムの携帯電話事業や亜太衛星の衛星通信サービス事業も含まれる。これはモデルでは「c5」と表記される。上場通信事業の項目［a］はタイ国内だけでなく香港での展開も見られるため②とする。項目［b］は特に関連性のある他分野には進出していないので②とする。項目［c］はさまざまな通信事業に参入していることから①とする。項目［d］は独占・寡占でないため②とする。項目［e］は情報通信業なので③とする。項目［f］は基幹となるテレコム・アジアがアメリカのナイネックスとBOT形式で設立されているため①とする。項目［g］は政府の許認可事業という観点では政府の関与は無視できないが,これは他の事業者も同じであり,特にCPのみに見られるものではないため①とする。

オートバイ製造業は中国の上海易初摩托車のオートバイ製造業である。これはモデルでは「c6」と表記される。オートバイ製造業の項目［a］は中国のみで事業展開されたので②とする。項目［b］は特に関連性のある他分野には進出していないので②とする。項目［c］も同様に②とする。項目［d］は当初の中国市場ではパイオニア的存在であったが競合者も存在したので②とする。項目［e］はオートバイ製造業なので②とする。項目［f］はホンダの技術を利用したため①とする。項目［g］は中国側との合弁事業であるが,中国政府が明示的に関与した証拠がないため①とする。

KBでは次の6事業を選択した。KBでは,まずグループの代名詞ともいえるホテル事業を,次いで海外で事業展開を図った海運事業・メディア事業を,さらに基盤国で基礎を築いた砂糖事業,食糧分野の多角化政策のもとで展開された製粉業やプランテーション事業を取り上げる。

ホテル事業はシャングリラホテルの事業である。これはモデルでは「k1」と表記される。ホテル事業の項目［a］はシンガポールを第1号として基盤国以外の本拠地から展開されているため②とする。項目［b］は特に関連性のある他分野には進出していないので②とする。項目［c］は東南アジアを

中心に幅広く展開されているが，あくまでホテル事業が中心のため②とする。項目［d］は多くの競合者がいるため②とする。項目［e］はホテル事業のため③とする。項目［f］は他のホテル事業者と組んでいる場合もあるが，事業展開は自前のノウハウであるため②とする。項目［g］は特に政府の関与も見られないため①とする。

　海運事業はマレーシア国際海運公社の海運事業に加え，香港のケリーシッピングも含まれる。これはモデルでは「k2」と表記される。海運事業の項目［a］は基盤国以外に香港などで事業展開しているため②とする。項目［b］は特に関連性のある他分野には進出していないので②とする。項目［c］も同様に②とする。項目［d］は競合社がいるため②とする。項目［e］は海運会社のため③とする。項目［f］はロバートの知識・ノウハウをもととして事業展開されたため②とする。項目［g］はマレーシア国際海運公社から事業が展開されたことから②とする。

　メディア事業は香港のSCMP社で統括される南華早報の新聞事業やTVBのテレビ事業である。これはモデルでは「k3」と表記される。メディア事業の項目［a］は事業が香港で展開されているため②とする。項目［b］は特に関連性のある他分野には進出していないので②とする。項目［c］は新聞事業を中核としテレビなど・出版事業に展開していることから①とする。項目［d］は競合会社が多くいるため②とする。項目［e］は事業内容が新聞社やテレビ局のため③とする。項目［f］は既存会社の買収のため②とする。項目［g］は中国政府が何らかの関与をしたのではないかという風評はあるが，明示的な証拠がないため①とする。

　砂糖事業はMSM社の砂糖製造事業である。なお，PPB社のサトウキビ栽培事業や原料糖の輸入・精製糖の輸出事業も含まれる。これはモデルでは「k4」と表記される。砂糖事業の項目［a］はマレーシアを基盤に事業展開されているため①とする。項目［b］は原料関係でPPB社のサトウキビ栽培事業などに展開されているため①とする。項目［c］は砂糖産業に加え他の食糧一次加工産業（小麦製粉・大豆搾油・飼料製造）に事業展開されているため①とする。項目［d］は基盤国のマレーシアで砂糖業界を席巻したため①とする。項目［e］は食糧原料の製造なので②とする。項目［f］は当初

の合弁会社には政府機関とともに日新製糖と三井物産が入り技術を導入したため①とする。項目［g］はマレーシア最初の製糖工場ため政府支援を受けていたため②とする。

製粉事業はFFM社の小麦製粉業である。これはモデルでは「k5」と表記される。製粉事業の項目［a］は基盤国での事業展開のため①とする。項目［b］は特に関連事業が見られないため②とする。項目［c］は主原料の購入や副原料の利用の側面で事業を水平統合した飼料製造業に展開されているため①とする。項目［d］は競合他社の数が限られているが，競合関係が十分見られるため②とする。項目［e］は小麦粉や飼料の製造であるため②とする。項目［f］は特に海外パートナーもいないため②とする。項目［g］は特に政府関係の組織であるFELDAの資本も導入されていることから②とする。

プランテーション事業はPPB社のプランテーション事業である。これはモデルでは「k6」と表記される。プランテーション事業の項目［a］は基盤国での事業展開のため①とする。項目［b］は砂糖産業のサトウキビ栽培に加え油ヤシの栽培を通じて食用油製造事業に原料を供給していることから①とする。項目［c］は特に関連事業が見られないため②とする。項目［d］は競合状態が見られるため②とする。項目［e］はサトウキビ・油ヤシの栽培を中心としているため①とする。項目［f］は特に海外パートナーもいないため②とする。項目［g］はFELDAの資本が入っているため②とする。

SGでは次の7事業を選択した。SGでは，まずグループの基礎を築いた銀行業，製粉事業が，次いで，多角化政策のもとで展開された即席麺事業，自動車組立事業，撤退にいたった鉄鋼業，売却されたセメント業，発展を続けている植物油事業を取り上げる。

銀行事業はBCAの事業である。これはモデルでは「s1」と表記される。銀行事業の項目［a］は基盤国での事業展開のため①とする。項目［b］は特に関連事業が見られないため②とする。項目［c］も同様に②とする。項目［d］は同社がインドネシア最大の銀行であったことや競合他社（大手銀行）の数が限られているという側面を持つが，他グループとは競合関係もあったことから②とする。項目［e］は銀行業なので③とする。項目［f］は

特に海外のパートナーもいないため②とする。項目［g］はスハルト一族が経営陣に入っていることから②とする。

　製粉事業はボガサリの事業である。これはモデルでは「s2」と表記される。製粉事業の項目［a］は基盤国での事業展開なので①とする。項目［b］はグループが食品加工事業に参入する際に小麦粉納入業者として独占的に関与でき，即席麺事業に参入していることから①とする。項目［c］は特に他の事業には展開していないので②とする。項目［d］は政府から独占的な販売権を与えられている点から①とする。項目［e］は小麦粉製造なので②とする。項目［f］は特に海外パートナーもいないので②とする。項目［g］はブログにより小麦粉の独占製造を行っていたことから②とする。

　即席麺事業はインドフードの事業である。なお，小麦粉を原料とするビスケット製造などの製菓業も含まれる。これはモデルでは「s3」と表記される。即席麺事業の項目［a］は基盤国での展開なので①とする。項目［b］は特に関連事業が見られないため②とする。項目［c］も同様に②とする。項目［d］は競合他社の存在はあるが，最終的に9割のシェアを握ったことから①とする。項目［e］は消費者向け加工食品の製造なので②とする。項目［f］は既存の会社を乗っ取ったものなので②とする。項目［g］は特に政府の関与を明示するものがないため①とする。

　自動車組立事業はインドモービルの自動車組立事業である。これはモデルでは「s4」と表記される。自動車組立事業の項目［a］は基盤国での事業展開のため①とする。項目［b］は特に関連事業が見られないため②とする。項目［c］も同様に②とする。項目［d］はアストラに次ぐ第2位のメーカーとなったことから①とする。項目［e］は自動車の組立であるため②とする。項目［f］は組立技術を当初海外パートナーに依存したことから①とする。項目［g］は政府が関与した明示的な証拠がないため①とする。

　製鉄事業はクラカタウ・スティールとの合弁事業である冷延鋼板製造業である。なお，冷延鋼板の輸入・販売業も含まれる。これはモデルでは「s5」と表記される。製鉄事業の項目［a］は基盤国での事業展開のため①とする。項目［b］は特に関連事業が見られないため②とする。項目［c］も同様に②とする。項目［d］は競合会社がいなかったため①とする。項目［e］は

冷延鋼板の製造なので②とする。項目［f］は②とする。項目［g］は国営の製鉄会社との合弁であったことや事業撤退の際に政府の関与が見られたため②とする。

セメント事業はインドセメントの事業である。これはモデルでは「s6」と表記される。セメント事業の項目［a］は基盤国での事業展開のため①とする。項目［b］は特に関連事業が見られないため②とする。項目［c］も同様に②とする。項目［d］は競合会社がいても国内市場の半分を占めるにいたったことから①とする。項目［e］はセメントの製造なので②とする。項目［f］は当初台湾の技術を導入したため①とする。項目［g］は政府の関与が見られたため②とする。

植物油事業はビモリ・ブランドの食料油製造業である。なお，これに加えオイルパームのプランテーション経営や油脂化学の事業も含まれる。これはモデルでは「s7」と表記される。油料事業の項目［a］は基盤国での事業展開のため①とする。項目［b］は油脂化学へと事業展開していることから①とする。項目［c］は特に他の事業分野に同様ノウハウを展開していないため②とする。項目［d］は食用油では最大のブランドを獲得したことから①とする。項目［e］は消費者向け商品の製造なので②とする。項目［f］は特に海外パートナーも見られないため②とする。項目［g］は乗っ取りにスハルトの一族トミーが関与している模様なので②とする。

上記の各グループの主要事業の項目選択肢を取りまとめると表Ⅱ-18のようになる。

8.2.2. 三グループの数量化2類による計算結果

ここでは，創業期から発展期までを対象とした三グループの事業特性を対象に三グループがタイプ分類される。この分析手法として数量化2類を適用する。この手法により，各グループを互いに最も分離（判別）できる項目選択肢（アイテム・カテゴリー）が何であるかを見出す。その後，当該要素の組合せからグループの事業特性を解釈することでグループの分類基準の抽出を試みる。

数量化2類モデルを使用して，群（グループ）を最もうまく分離（判別）

できるようアイテム・カテゴリーに当てはめる数値（スコア）を計算する。その計算結果は「基準化された最適スコア」とよばれる。ここでは「最もうまくグループを判別できる」スコアの尺度Xと「次にうまく判別できる」スコアの尺度Yが示される。ここで「次にうまく判別できる」とはXではうまく判別できなかった特徴を最もうまく判別するということである。

表Ⅱ-18のデータを元に数量化2類モデルで計算された基準化された最適スコア（アイテム・カテゴリー尺度値）は表Ⅱ-19の通りである。

　上記スコアの分布状況を視覚化するために，グループ間の判別を最もうまく行えるスコアの尺度Xを第1次元としてx軸に，次にうまく判別できるスコアの尺度Yを第2次元としてy軸にプロットすると図Ⅱ-1の通りとなる。ここではアイテム・カテゴリーの値は小円によって描かれ，小円内の最初の文字がそのアイテム（項目）を表し，次の数字がアイテムの選択肢を表す。また，小正方形のGc・Gk・Gsは表Ⅱ-22で示される固体の得点の平均値の位置がそのままプロットされている。例えばGsを説明するアイテム・カテゴリーとしてd1が，Gkではc1が寄与していることを示すものであるが，このことは事項以下で検討される。なお，このスコアの値の範囲はモデ

表Ⅱ-19　最適スコア（尺度値）

項目選択肢	尺度X	尺度Y
a1	−0.46417	−0.36865
a2	0.51575	0.40961
b1	0.28186	−0.49096
b2	−0.16442	0.28639
c1	0.21447	0.94593
c2	−0.09898	−0.43658
d1	−0.78339	−0.09529
d2	0.45698	0.05559
e1	−0.19199	0.82562
e2	0.29744	−0.10982
e3	−0.48131	−0.07387
f1	0.29522	−0.72679
f2	−0.21471	0.52858
g1	0.01803	−0.60734
g2	−0.02003	0.67486

（出所）モデルの計算結果。

図Ⅱ-1　アイテム・カテゴリーのスコアの分布

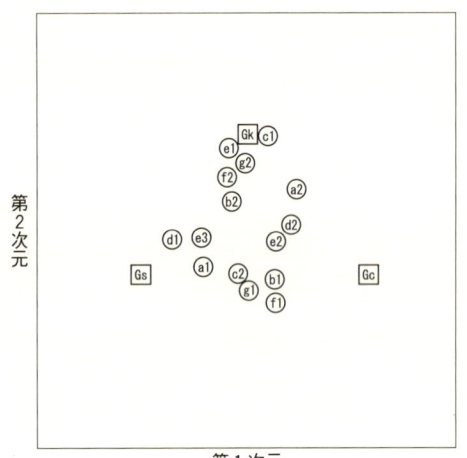

(出所) 表Ⅱ-19。

ルによりプロットが見やすいように計算されるが，グラフの中心点は x 軸, y 軸ともゼロである。

　個々のアイテム・カテゴリーは，d1（市場競争＝独寡占）は第1次元の値−0.78339と第2次元の値−0.09529で x 軸の最も左側（マイナス側）に，f1（技術導入＝海外技術）はそれぞれの値が 0.29522と −0.72679で y 軸の最も下側（マイナス側）にプロットされている。

　また，同一アイテムにおける各カテゴリーのスコアの「最大値と最小値の差」（レンジ）が大きいほど判別に寄与している項目となるため，これを計算すれば表Ⅱ-20の通りとなる。例えば，項目 e（産業分野）の尺度 X での最大値は e2の0.29744，最小値は e1の−0.48131なので最大値と最小値の差は0.77875となる。尺度 X では項目 d の差が1.24037であり，他の項目に比べて値が大きいため最も判別に寄与した項目であるといえる。また，尺度 Y では項目 c の1.38251がそうである。

　また，モデルではグループ間の分散度合いを測る指標として，X・Y それぞれのスコアの尺度に対して固有値（η^2：相関比の二乗）が計算される。この値は判別の度合いを示すものであり，この固有値の値が1に近いほどグループ間の分散が大きいことを意味し，判別されていることを示すことにな

表Ⅱ-20　同一項目内アイテム・カテゴリーのスコアのレンジ

項目番号	項目	尺度X	尺度Y
a	主な市場	0.97992	0.77826
b	事業タテ展開	0.44628	0.77735
c	事業ヨコ展開	0.31345	1.38251
d	市場競争	1.24037	0.15088
e	産業分野	0.77875	0.93544
f	技術導入	0.50993	1.25537
g	政府関与	0.03806	1.28220

（出所）モデルの計算結果より筆者算出。

る。相関比の二乗は尺度Xでは0.956719，尺度Yでは0.428677となっている。

次いで，このスコアを各事業（固体）に代入したものが「得点」として尺度X・尺度Yごとに表Ⅱ-21のように，また同一グループの固体の平均得点が表Ⅱ-22で計算される。

表Ⅱ-21　固体得点

個体得点	尺度X	尺度Y
c1	1.256	−0.651
c2	1.590	1.412
c3	1.320	−1.129
c4	1.301	−0.488
c5	0.855	0.289
c6	1.320	−1.129
k1	0.031	0.162
k2	−0.007	1.445
k3	0.345	1.545
k4	−0.179	−0.171
k5	0.106	2.013
k6	−0.251	0.788
s1	−0.987	0.666
s2	−1.002	−0.298
s3	−1.410	−0.803
s4	−0.900	−2.058
s5	−1.448	0.479
s6	−0.938	−0.776
s7	−1.002	−0.298

（出所）モデルの計算結果。

上記で計算された固体(各グループの個々の事業)の得点を尺度Xを使用したものを第1次元としてx軸に,尺度Yを使用したものを第2次元としてy軸にプロットすると図Ⅱ-2の通りとなる。小円内の先頭の文字は,グループのラベルを表し,2番目の数値はグループ内の固体番号である。グループの平均値は,小正方形で表されている。小正方形内の2文字目がそのグループを表すラベルである。それぞれのグループ内の固体を表す位置の平均位置にグループを表す小正方形が位置していることがわかる。

　図Ⅱ-2を見れば,グループの各事業の平均点がCPはGc,KBはGk,SGはGsでプロットされているが,互いに離れていることからグループは判別されていると見なすことができる。まず,個々の事業の分布状態を観察する。x軸の第1次元で見ればSGの事業であるs1からs6までは第1次元の

表Ⅱ-22　固体の平均点

グループ	尺度X	尺度Y
c	1.274	-0.449
k	0.008	0.964
s	-1.098	-0.441

(出所) モデルの計算結果。

図Ⅱ-2　固体(事業)の得点分布

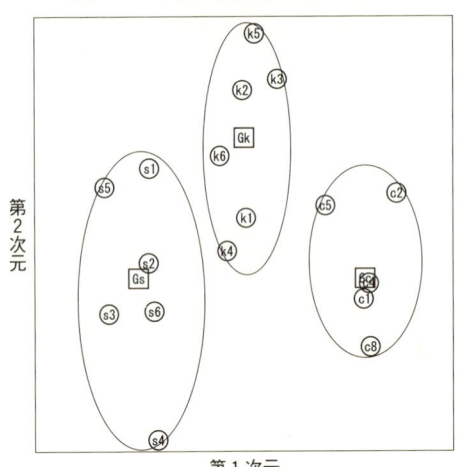

(注) 固体c4はGcの中心部に,固体c3とc6はc1の下方に,固体s2とs7はGsの中心部に重なって表示されている。
(出所) 表Ⅱ-21と表Ⅱ-22。

左側（マイナス方向）に分布している。また，CPの事業であるc1からc6までは右側（プラス方向）に，KGの事業であるk1からK6までは第1次元の中央に分布している。次いでy軸の第2次元を見れば，KBは上方（プラス方向）に，CPは中央に，SGは中央からは下方（マイナス方向）にかけて分布していることが見てとれる。

8.2.3. 計算結果の分析

　図Ⅱ-1の項目（アイテム）の選択肢（カテゴリー）を観察する。尺度Xは第1次元でプロットされるので，尺度Xの項目選択肢（アイテム・カテゴリー）のスコアを見れば，d1（市場競争＝独寡占）のスコア−0.78339が絶対値では最大で一番左側にプロットされている。プラスのスコアで次に大きいのはa2（主な市場＝国内外）の数値0.51575である。次いで選択肢間のスコアの差を見れば，項目d（主な市場）の差は1.24037で項目のなかで最大のスコア差を示している。また，項目a（主な市場）の選択肢間の差は0.97992で，項目のなかでは項目a（主な市場）に次ぐ値を示している。しかし項目cの選択肢間の差は0.31345と大きくはない。

　このことから，第1次元では分類に資するアイテム・カテゴリーとしてプラス方向ではa2（主な市場＝国内外）とd2（市場競争＝自由）を，マイナス方向ではd1（市場競争＝独寡占）とa1（主な市場＝国内）を採用する。なお，マイナス側ではe2（産業分野＝製造業）が2番目に，プラス側ではe2（産業分野＝サービス業）が3番目に位置していることから項目e（産業分野も）も考慮にいれることとする。

　さらに，尺度Yは第2次元でプロットされるので，上記と同様の作業を行うと，尺度Yの項目選択肢のスコアを見れば，c1（ヨコ展開＝あり）のスコア0.94593が絶対値では最大で一番上方にプロットされている。e1（産業分野＝農業）の0.82562がそれに次いでいる。マイナス方向のスコアを見れば，f1（技術導入＝海外技術）が最小の−0.72679で，g1（政府関与＝なし）の−0.60734がそれに次いでいる。次いで選択肢間のスコアの差を見れば，項目c（事業ヨコ展開）の差は1.38251で項目のなかで最大のスコア差を示している。また，項目g（主な市場）の1.28220と項目f（技術導入）の

1.25537がそれに次ぐ値を示している。項目 e（産業分野）の差は0.93544であまり大きくない。

このことから，第2次元では分類に資するアイテム・カテゴリーとしてプラス方向ではc1（事業ヨコ展開＝あり）・g2（政府関与＝あり）・f2（技術導入＝自前）を，マイナス方向ではf1（技術導入＝海外技術）・g1（政府関与＝なし）・b1（事業タテ展開＝あり）を採用する。

8.2.4. 分析結果の解釈とタイプ分類

上記で選別された判別に最も寄与するアイテム・カテゴリーは次の通りである。

第1次次元ではa2（主な市場＝国内外）とd2（市場競争＝自由））の組み合わせに対するd1（市場競争＝独寡占）とa1（主な市場＝国内）の組合せが最もグループ間の判別に寄与している。

この前者の組合せを，独占・寡占体制が見られない自由競争市場でサービス事業などを国内外で展開しているととらえ，より自由に事業の場を広げていくような事業様態のタイプ分類を「放任型」と呼称する。また，後者の組合せを，何らかの形で保護された独占・寡占体制で国内を中心に製造業などを展開しているととらえ，事業を国内に限定したうえで市場支配していくような事業様態のタイプ分類を「規制型」と呼称する。なお，この2つのタイプ分類を同一軸上で分けるキーワードを「市場束縛性」と名づけ，前者を市場束縛の方向性が小さい，後者を市場束縛の方向性が大きいと表現する。

第2次元ではc1（事業ヨコ展開＝あり）・g2（政府関与＝あり）・f2（技術導入＝自前）の組合せに対するf1（技術導入＝海外技術）・g1（政府関与＝なし）・b1（事業タテ展開＝あり）の組合せが判別に寄与している。

この前者の組合せを，政府の保護も受けながら，自前の技術・ノウハウをもとに事業を水平統合しているととらえ，総帥の持つノウハウやネットワークといった個人の資質に拠った事業展開のタイプ分類を「属個人型」と呼称する。また，後者の組合せを，自らの裁量で海外から導入した技術・ノウハウをもとに事業を垂直統合しているととらえ，技術・ノウハウといった海外の資質に拠った事業展開のタイプ分類を「属技術型」と呼称する。なお，この

図Ⅱ-3　三グループの位置づけ

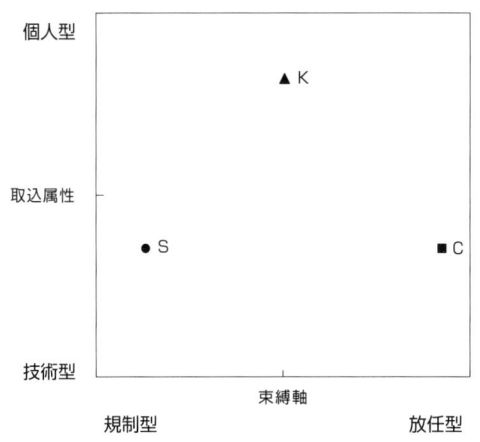

（出所）図Ⅱ-2 と表Ⅱ-23：C は CP，K は KB，S は SG の事業得点の平均値。

表Ⅱ-23　三グループのタイプ分類

分類軸	第1の事業特性	第2の事業特性
束縛軸	放任型	規制型
	規制が少ない市場で 国内外で事業を展開	保護された市場で 国内で事業を展開
取込属性軸	属個人型	属技術型
	人的ネットワークを利用しながら 自前の技術で事業展開	海外技術を利用しながら 事業を展開

（出所）筆者作成。

2つのタイプ分類を同一軸上で分けるキーワードを「取込属性」と名づけ，前者を個人取組の方向性が大きい，後者を技術取組の方向性が大きいと表現する。

上記のタイプ分類をグループごとに観察すると表Ⅱ-23の通りとなる。

● CP では第1のタイプ分類は市場束縛の方向性が小さい「放任型」が観察できる。第2のタイプ分類は「技術取組」の方向性が大きい「属技術型」が観察できる。固体の平均点に最も近い事業は c4（小売事業）で，c1（飼料事業）がそれに次いでいる。両事業とも CP の中核事業である畜産事業から垂直統合されてきた事業である。この分析結果による限り，最も CP らしい事業として計算されている。

- KB では第 1 のタイプ分類は市場束縛軸のほぼ中間に位置してことが観察できる。第 2 のタイプ分類は「個人取組」の方向性が大きい「属個人型」が観察できる。固体の平均点に最も近い事業は k6（プランテーション事業）である。この事業は基盤国の当初の砂糖事業から垂直統合されてきた事業で，事業内で垂直展開を図りパーム油事業を発展させている。この分析結果による限り，最も KB らしい事業として計算されている。
- SG では第 1 のタイプ分類は市場束縛の方向性が大きい「規制型」が観察できる。第 2 のタイプ分類は取込軸のやや下方に位置し「技術取組」の方向性が観察できる。固体の平均点に最も近い事業は s2（小麦製粉事業）と s7（食糧油脂事業）がそれに次いでいる。両事業とも何らかの形で政府が関与し，前者は他事業（即席麺事業）を垂直統合し，後者は事業内で他分野へ垂直展開を図っている。この分析結果による限り，最も SG らしい事業として計算されている。

次に，このような各グループのタイプ分類が出現した背景を検討する。

- CP の束縛軸における「放任型」の特性は，基盤国タイの華人政策が大きく関与していると思われる。「同化を進めた」政策のもとで，CP は華人企業であることのハンディキャップがなく事業展開が可能であった。また取込属性はやや「属技術型」ではあるが，固体の分散状況を見ると比較的狭い範囲に集まっていることから，CP 固有の事業特性である「海外技術内包化」が現れたものと思われる。
- KB の束縛軸における中央での位置づけは「放任型・規制型」のいずれにも属さないと解釈するよりは，むしろ両方を兼ね備えたと理解すべきものであろう。これには基盤国マレーシアの華人政策と本部を移転した第 2 の拠点ともいえる香港の政策が大きく関与している。マレーシアの「抑圧する」華人政策と香港のレッセフェール政策の全く異なった政策により KB の事業は大きく異なった 2 つのタイプ分類を出現させたと思われる。なお，モデルでは平均点に最も近づくようアイテム・カテゴリーのスコアが計算されるため，同軸上の分散は極力抑えられ図Ⅱ-2 のように固体の分散があまり見られない結果となっている。また，取込

属性が「個人型」となっているのはKBの当初の事業特性である「人的ネットワーク」とロバートに拠るトレーディング・ノウハウ（食糧ビジネス関連での原糖・穀物トレーディングなど）が現れたものと思われる。

- SGの束縛軸における規制型の特性とSG固有の事業特性である「スハルト・クローニー」は表裏一体の関係であり，インドネシアの華人政策である「利益追求」のもとに，スハルトとの「KKN」に立脚したSGの事業展開が行われた。また，SG固有の多角化の事業特性である「野放図展開」は「規制型」の特性を逆利用する形で現れたものである（規制された市場で利権が獲得できればあらゆる分野に進出が可能となる）。なお，取込属性がやや「属技術型」ではあるが，固体が広い範囲に分散しているため必ずしも顕著に現れているものではない。

8.3. タイプ分類のまとめ

　三グループの主要事業を母集団としたデータを数量化2類モデルで判別した結果，そのタイプ分類は第7章で三グループを個別に観察して抽出したグループ固有の事業特性や各基盤国の工業化政策・華人政策と矛盾するものではなかった。第1軸である束縛軸の「規制型」や「放任型」には各国の華人政策が強く反映し，固有の事業特性の一部が加味されたものと思われる。前者が規制を逆利用して事業展開したクローニー華人のSGに，後者が華人に取り規制の少ない環境で事業展開できたCPに強く現れている。また，KBが両者の中間に分類されているのは，KBの主要事業が華人にとって規制の強い政策をとるマレーシアとレッセフェール政策をとる香港に跨っていたためと思われる。また，第2軸である取込属性軸の「属個人型」や「属技術型」には固有の事業特性の一部が反映したものと思われる。前者がKBに強く現れたのはロバートの「人的ネットワーク」や「トレーディング・ノウハウ」の事業特性が反映されたためと思われる。しかし，2つの軸では全ての事業特性を説明できるものではなかった。

　このようなタイプ分類を第Ⅰ部で検討した基盤国の華人政策や第Ⅱ部で抽

表Ⅱ-24 三グループのタイプ分類と事業特性

グループ	ＣＰ	ＫＢ	ＳＧ
基盤国 華人政策	タイ 同化を進める	マレーシア 抑圧する	インドネシア 利益追求
束縛軸	放任型	放任型・規制型	規制型
取込属性軸	弱い属技術型	属個人型	弱い属技術型
平均的な事業	小売業 飼料業	プランテーション	小麦製粉業 食糧油脂事業
当初の事業特性	農村基盤	人的ネットワーク トレーディング・ノウハウ	スハルト・クローニー
多角化の事業特性	海外技術内包化	自由放任指向	野放図展開 M&A活用

（出所）筆者作成。

出したグループの事業特性とともにとりまとめると表Ⅱ-24の通りとなる。

なお，本章でタイプ分類を試みた固体（事業）は各グループの全ての事業を包含するものでもなく，アイテム（項目）やカテゴリー（選択肢）の設定方法や各カテゴリー・アイテムに付与した尺度値は筆者の視点に立ったものである。例えば，本章では対象市場アイテムを「国内」と「国内外」の2区分にしている。これは「国内」「国内外」「海外のみ」というように3区分とする選択肢の構成も可能である。また，事業展開のタテ展開やヨコ展開についても，その定義を変えればデータの内容が異なったものとなり，本分析とは異なるタイプ分類が出現する可能性もある。したがって，本章における三グループのタイプ分類はあくまで試論として位置づけるべきものである。

しかし，このような華人企業のデータ化により，従来定量的な分析が困難であった事業特性の研究に統計的な手法を導入することが可能となり，華人企業は複数の軸で分類可能であることを示すことができたのではなかろうか。

注
1) 林（知）(1974) 序文v-ixページ，第1章，および33ページの表を参照されたい。
2) 岩坪（1987）数量化の理論的な説明は同書の第1章，数量化2類の理論は第3章をそれぞれ参照されたい。
3) これらの語句の一般的な説明としてアンケート調査を例にとれば，固体はアンケートの回答者，アイテムは質問項目（年収や勤続年数など），カテゴリーは質問項目の選択肢（勤続年数の場合：10年以内，10-20年未満，21年以上などの回答の選択肢），

アイテム・カテゴリーは質問の回答（勤続年数が10年以内）である。
4）アイテム・カテゴリー型データの構造は，岩坪（1987）4-9ページを参照されたい。
5）数量化2類モデルの分析に用いられた理論は岩坪（1987）に依拠している。分析に使用したプログラムは岡本安晴（2006年12月現在日本女子大学人間社会学部教授）の開発したものであり，公開されている（2006年12月12日現在：http://www.ikuta.jwu.ac.jp/~yokamoto/openwww/q/q2/）。

第Ⅲ部

終　論

1. 検討のとりまとめ

第1章ではASEAN₃の工業化を概観した。タイでは豊富な農業資源を活用するNAIC型の工業化が進展し、マレーシアでは鉱物資源や農業資源による豊富な外貨収入があったことから輸入制限が少なかったためハイコスト・エコノミーに陥ることなく工業化が進展し、インドネシアでは豊富な石油関連資源の外貨獲得があったことからハイコスト・エコノミーを呈することとなったフルセット主義による政府主導の重工業化が進展した。「各国の工業化政策は、時々の世界経済の動向に大きな影響を受けながら、その国の政治指導者により、天然資源の種類や多寡を考慮されながら方向付けがなされた」。

第2章では華人について概観した。華人企業の主体者である華人は当初移民として出発した華僑であった。「落葉帰根」に表されているように何時かは故郷に帰る思いを抱き、「衣錦還郷」に表されるように幾ばくかの金を貯めたら故郷の村へ「錦を飾る」つもりであった。しかしながら、ほとんどの人は現地にとどまり「落地生根」の道を選んだ（選ばざるを得なかった）。本書ではこのような華人の定義を次の通りとした。「当人または先祖が中国系人であり、「両岸四地」以外の国籍を取得しているもので、自らを華人（あるいは華族）として認識している人たち。なお、両親のいずれかが、その先祖を中国人としていない場合も含む」。

第3章では工業化の立役者となった華人企業を概観した。華人企業の所有者・経営者である華人は「中国系人」であるがゆえに共通の価値観や文化を共有していると見なされ、またそれゆえに、一様にとらえられがちである。しかし、東南アジア諸国では西側列強の支配体制の異なりや、その後に登場する各国の開発独裁体制の違いにより、華人はさまざまな「生き方」を強いられていた。タイではタイ国籍を取得していれば華人であるというハンディキャップがないような「同化を進めた」華人政策のもと華人企業は民間企業が進出できるあらゆる分野に跨って発展していった。マレーシアではマレー人優遇策のブミプトラ政策が行われ「抑圧する」華人政策のもと華人企業は進出分野を限定されながら発展していった。インドネシアではスハルト政権

にみられた「KKN」に立脚した「利益追求」の華人政策のもと華人企業は政府関連会社やスハルト・ファミリー企業と棲み分けることで発展してきた。「華人企業グループには基盤国ごとに異なった特徴が見られ，それには基盤国の工業化政策と華人政策が反映されている」。

　第Ⅱ部では個別の華人企業グループを検討した。華人企業では，同一の基盤国にあってもそれぞれ異なった発展の様態が見られる。これは同一国内であっても個別の華人企業がそれぞれ異なった創業形態をとっていたり，事業ノウハウを持っていたり，人的ネットワークを持っていたりすることに起因している。このような固有の華人企業の特徴（事業特性）を抽出するために本書では三グループ（タイのCPグループ・マレーシアのクォク・グループ・インドネシアのサリム・グループ）を取り上げた。創業期に出現した当初の事業特性はその依ってきた背景が崩壊しないかぎり変化がないこと，また発展期に出現した多角化の事業特性は通貨危機のような激変期でも普遍であったことが示された。「個々の華人企業の事業特性には固有の特徴があり，この事業特性は企業の創業期・発展期を通して形成され，企業の存亡期においても普遍である」。また，数量化2類モデルを使用した分析は三グループの全ての事業特性を説明できるものではなかったが，企業の事業内容をデータ化することにより三グループを分類することが可能であることを示せることになった。

2. 華人企業グループの将来

　最近の事業活動の様態を2006年の報道記事（電子版）から拾えば次の通りである[1]。CPではダーニンが諸事業で第一線の指揮を執っており（*Bagkok Times: Thailand*など），後継問題は差し迫っていない模様である。KBではロバートの後継問題がある。誰が後継者に指名されるのか，それが1人なのか複数なのか，ロバートの資質が引き継がれるのか，これらは外部からはうかがい知れない。一方，一族から離れていったものもいた。グループの油脂事業を担当していたロバートの甥クォク・クンホン（Kuok Khoon Hong, 郭孔豊）[2]は1990年前後にグループと袂を分かち，シンガポールでパーム油

関連事業 Wilmar 社を共同事業者と立ち上げた。同社は2006年末に KB のマレーシアの食糧関連事業の獲得に乗り出し，2007年1月末現在この買収劇は決着を見ていない（*New Straits Times: Malaysia* など）。CP や KB では後継者と目される複数の人物が主要事業を継承しており総帥の後継者は定まっていない。後継者と目される子供や甥たちがグループの総帥を継承することになれば，第3章の「ファミリービジネスの継承問題」で見られたような，ファミリーと企業を切り離す他の経営陣の動きやファミリー間の確執が出現してくる可能性はなしとはしない。また，両グループとも創業者に依る事業特性が発展に大きく寄与していたことを鑑みれば，これらの特性が後継者たちに継承されるかどうかも問題となろう。SG では通貨危機以前からアントニーが後継者として指名され，グループの経営を任され，通貨危機を乗り切り，すべての事業を継承している。アントニーはインドの西ベンガル州で大規模な開発プロジェクトに乗り出している（*The Hindu Business: India* など）。

　また，基盤国の民主化の動向はグループに対し政治経済的に大きな影響を与えていくものと思われる。タイでは「同化を進めた」華人政策のもとで華人企業はタイの民族資本に差別なく組み込まれている。タイの政治経済変動は CP に限らず全てのタイ企業の事業活動に影響を与えることになる。マレーシアでは政治経済の状況，とりわけブミプトラ政策の緩和状況が華人企業全体に大きな影響を及ぼすことになる。KB は食糧分野の事業でマレーシアに大きな基盤を形成していることもあり，この政策が緩和されれば部分的な本部機能の移転もありえよう。インドネシアではスハルト以後の政権は目まぐるしく変化している。一連の民主化の動きが続けば，スハルト／リム間に見られた「KKN」のような関係が復活することはないと思われる。しかし，SG はインドネシアに有力企業を保有しており，アントニーが香港から捲土重来してくる可能性は大きい。

3. 今後の研究課題

　本書ではアジアの華人企業と銘打ちながらも，結果的には $ASEAN_3$ が中

心の検討となってしまった。今後，アジアの華人企業を研究するに当たっては，本書の範疇を越えたさまざまな観点で検討が進められなければならない。ここでは取り残された華人企業研究の諸課題を列挙することで本書の結びと致したい

- 基盤国の追加：各国の工業化政策と華人政策が相互に関連しながら各国の華人企業の特徴を生み出していったことをフィリピンなどの他のASEAN諸国で検証する。
- 中国系人企業の検討：上記の検証を香港・台湾に広げることで，中国系人企業研究へと枠組みを拡大する。
- 事業特性の明確化：適切な定義を作成する。
- 事業内容のデータ化手法の開発：華人企業グループは一部を除きデータをほとんど公開しておらず，事業内容の分析は二次資料としての先行研究や新聞・雑誌に拠ったものにならざるを得ない。しかし，これらの内容はそれぞれの研究者や記者の見解が大きく作用しており，データとして利用するためには資料の平準化を行わなければならない。
- 分析対象企業の拡大：本書のグループ判別では三グループ以外の華人企業が含まれておらず，本書の分類軸をもって他の華人企業を推量することはできない。より多くの地域，対象グループ，グループ事業を包含しなければ，一般的な華人企業の分類は不可能である。そしてこのことは最大の課題として残される。

注
1) 2006年末前後のビジネスは多くの媒体を参考にしたため主な情報機関名のみを記述した。
2) 筆者がシンガポール駐在員であった80年代後半では，クォク・クンホンはクォク兄弟社のdirectorであり，同社の穀物取引のチーフ・トレーダー的存在であった。

参考文献

日本語書籍・事典

浅見靖仁（2002）「タイ―開発と民主化のパラドックス」池端雪浦（編）『岩波講座東南アジア史（第9巻）』岩波書店

天児慧（2004）『中国の歴史11：巨龍の胎動―毛沢東 vs. 鄧小平』講談社

アンドレーフ，ウラジミール［藤本光夫訳］（1990）『現代の多国籍企業』同文舘（原著 Andreff, Wladimir, *Les Multinationales*, 1990）

井上隆一郎（1994）『アジアの財閥と企業』日本経済新聞社

今井理之（1997）「直接投資導入の現状と課題」石原享一（編）『中国経済の国際化と東アジア』アジア経済研究所

岩崎育夫（1998）「開発体制の期限・展開・変容―東・東南アジアを中心に」東京大学社会科学研究所（編）『現代日本社会3 国際比較〔2〕』東京大学出版会

岩崎育夫（1999）『華人資本の政治経済学』（第2版）東洋経済新報社（初版1997年）

岩崎育夫（2001）『アジア政治を見る目』中央公論新社

岩崎育夫（編）（2003a）『アジアの企業家』東洋経済新報社

岩崎育夫（2003b）「華人企業を巡る2つの問題―生成・発展要因と企業類型」游仲薫先生古希記念論文集編集委員会『日本における華僑華人研究―游仲薫先生古希記念論文集』風響社

岩坪秀一（1987）『数量化法の基礎』朝倉書店

ヴォーゲル，エズラ［渡辺利夫訳］（1993）『アジア四小龍』中央公論社（原著 Vogel, Ezra F., *The Four Little Dragons: The Spread of Industrialization in East Asia*）

小黒啓一（2003）「インドネシア―危機の構造と再建への課題」渡辺利夫（編）『アジア経済読本』（第3版）東洋経済新報社

小野沢純（1994）「マレーシア，ブルネイ―2002年ビジョン」渡辺利夫（編）

『アジア経済読本』(初版) 東洋経済新報社
小野沢純 (2003)「マレーシア―複合民族社会の経済発展」渡辺利夫 (編)『アジア経済読本』(第3版) 東洋経済新報社
可児弘明・斯波義信・游仲勲編 (2002)『華僑・華人事典』弘文堂
河合忠彦 (2004)『ダイナミック戦略論―ポジショニング論と資源論を超えて』有斐閣
呉崇伯 (2000)「タイの華人企業グループ」朱炎 (編著)『徹底検証アジア華人企業グループの実力』ダイヤモンド社
小池賢治 (1991)「華人系政権下の実業家群像―フィリピン」游仲勲 (編著)『世界のチャイニーズ―膨張する華僑・華人の経済力』サイマル出版会
後藤乾一 (1993)「バペルキの形成・発展・崩壊」原不二夫 (編)『東南アジア華僑と中国―中郷帰属意識から華人意識へ』アジア経済研究所
小林幹夫 (1992)『新東南アジア華人事情』日中出版
蔡仁龍 (1993)［唐松章訳］『インドネシアの華僑・華人―その軌跡と現代華人企業の行方』鳳書房
蔡仁龍 (2000)「インドネシアの華人企業グループ」朱炎 (編著)『徹底検証アジア華人企業グループの実力』ダイヤモンド社
蔡林海 (1998)『アジア危機に挑む華人ネットワーク』東洋経済新報社
桜井与左彦 (1994)「華人・華僑マネーパワーの実態」渡辺利夫 (編)『華人経済ネットワーク』実業之日本社
佐藤百合 (1991)「華僑・華人企業グループの躍進と変容―インドネシア」游仲勲 (編著)『世界のチャイニーズ―膨張する華僑・華人の経済力』サイマル出版会
佐藤百合 (1992a)「民間企業グループ」三平則夫・佐藤百合 (編)『インドネシアの工業化―フルセット主義工業化の行方』アジア経済研究所
佐藤百合 (1993)「インドネシアにおける企業グループの所有と経営―「パートナーシップ型」企業グループを中心に」小池賢治・星野妙子 (編)『発展途上国のビジネスグループ』アジア経済研究所
佐藤百合 (1995a)「工業の発展と構造変化」安中章夫・三平則夫 (編)『現代インドネシアの政治と経済―スハルト政権の30年』アジア経済研究所

佐藤百合（1997）「サリム・グループ」日本貿易振興会（編）『アジアの次世代ビジネスリーダー——アジアを超えたグローバル戦略』日本貿易振興会

佐藤百合（2002a）「インドネシア——「開発の時代」から「改革の時代」へ」池端雪浦（編）『岩波講座東南アジア史（第9巻）』岩波書店

佐藤百合（2002b）「銀行・企業の再建にともなう所有構造の再編」（財）国際金融情報センター『インドネシア・メガワティ政権下の政権運営』（財務省委嘱研究調査電子版）

佐藤百合（2003）「インドネシアのサリム——政府、コングロマリット、そして解体へ」岩崎育夫（編）『アジアの企業家』東洋経済新報社

シア, アイリーン：Sia, Irene（1994）「郭鶴年（Robert Kuok Hock Nien）——大班（Taipan）株式会社」原不二夫（編）『マレーシアにおける企業グループの形成と再編』アジア経済研究所

下村恭民（2001）「東アジア金融危機の政治社会的影響」下村恭民・稲田十一（編）『アジア金融危機の政治経済学』日本国際問題研究所

朱炎（1995）『華人ネットワークの秘密』東洋経済新報社

朱炎（編著）（2000）『徹底検証アジア華人企業グループの実力』ダイヤモンド社

白石隆（1987）「アヘン王, 砂糖王, チュコン——インドネシアにおける華僑財閥の系譜」東南アジア研究会（編）『社会科学と東南アジア』勁草書房

白石隆（1997）『スカルノとスハルト——偉大なるインドネシアをめざして』岩波書店

末廣昭（1987a）「タイにおけるアグリビジネスの展開」滝川勉（編）『東南アジアの農業技術変革と農村社会』アジア経済研究所

末廣昭（1987b）「企業集団」末廣昭・安田靖（編）『NAICへの挑戦：タイの工業化』アジア経済研究所

末廣昭（1991）「アジア工業化の担い手」谷浦孝雄（編）『アジア工業化の軌跡』アジア経済研究所

末廣昭（1993）「タイの企業組織と後発的工業化——ファミリービジネス試論」小池賢治・星野妙子（編）『発展途上国のビジネスグループ』アジア経済研究所

末廣昭(1998)「発展途上国の開発主義」東京大学社会科学研究所(編)『20世紀システム4 開発主義』東京大学出版会

末廣昭(2002a)『キャッチアップ型工業化論』名古屋大学出版会(初版2000年)

末廣昭(2002b)『タイの制度改革と企業再編―危機から再建へ』アジア経済研究所

末廣昭・南原真(1991)『タイの財閥―ファミリービジネスと経営改革』同文舘

須山卓(1979)『華僑経済史』近藤出版社(初版1972年)

鈴木峻(1997)『東南アジアの経済―ASEAN 4 カ国を中心に見た』御茶の水書房(1997年増補改訂版)

鈴木峻(2002)『東南アジアの経済と歴史』日本経済評論社

戴国煇(1974)「東南アジア華人研究の新視角」戴国煇(編)『東南アジア華人社会の研究 上』アジア経済研究所

陳天璽(2001)『華人ディアスポラ―華商のネットワークとアイデンティティ』明石書店

恒川潤(1994)「タイ―アジアのライスボウルから工業国へ」渡辺利夫(編)『アジア経済読本』(初版)東洋経済新報社

ディディ・クワルタナダ[工藤尚子訳](2000)「体制移行期における華人社会―その発展と華人社会」後藤幹一(編)『インドネシア―揺らぐ群島国家』早稲田大学出版部

鳥居高(1990)「ブミプトラ政策下の工業化政策と経済構造変容」堀井健三(編)『マレーシアの工業化―多種民族国家と工業化の展開』アジア経済研究所

鳥居高(2002)「マレーシア―経済成長と種族間平等の追求」池端雪浦(編)『岩波講座東南アジア史(第9巻)』岩波書店

中村正志(1999)「1998年のマレーシア」『アジア動向年報1999年版』アジア経済研究所

西川潤(1991)『世界経済入門』(第2版)岩波書店

萩原宜之(1993)「マレーシアの政党政治」萩原宜之他(編)『ASEAN 諸国

の政党政治』アジア経済研究所

萩原宜之（1996）『ラーマンとマハティール—ブミプトラの挑戦』岩波書店

林知己夫（1974）『数量化の方法』東洋経済新報社

原不二夫（1988）「新経済政策下の華人企業」堀井健三・荻原宜之（編）『現代マレーシアの社会・経済変容—ブミプトラ政策の18年』アジア経済研究所

原不二夫（1991）「マレー化政策下で活路を探る—マレーシア」游仲勲（編著）『世界のチャイニーズ—膨張する華僑・華人の経済力』サイマル出版会

原不二夫（編）（1994）『マレーシアにおける企業グループの形成と再編』アジア経済研究所

原不二夫（1995）「中国の対マレーシア投資」原不二夫（編）『ブミプトラ企業の抬頭とマレー人・華人経済協力』アジア経済研究所

原不二夫（1997）「マレーシア—華人資本・マレー資本が協調」石原享一（編）『中国経済の国際化と東アジア』アジア経済研究所

パン，リン［片柳和子訳］（1995）『華人の歴史』みすず書房（原著 Pan, Lynn, *Sons of the Yellow Emperor: The Story of the Overseas Chinese*, Martin Secker & Warburg Ltd., 1990）

東茂樹（2002）「経済制度改革と起業グループの再構築—危機後の経済政策と産業再編」末廣昭（編）『タイの制度改革と企業再編』アジア経済研究所

東茂樹（2003）「タイ通貨危機後の企業グループ再構築と産業再編」平川均・佐藤隆文（編著）『通貨危機後のアジア経済と改革への展望—タイ・インドネシア・韓国を中心に』日本図書センター

藤原帰一（1992）「『民主化』の政治経済学—東アジアにおける体制変動」東京大学社会科学研究所（編）『現代日本社会 3 国際比較〔2〕』東京大学出版会

松崎八重子（1998）「経済概況と経済開発計画」ジェトロ・クアラルンプール・センター『マレーシア—新たな成長への挑戦』日本貿易振興会

マハティール・ビン・モハマド［高多理吉訳］（1983）『マレー・ジレンマ』

井村文化事業社（原著 Mahathir bin Mohamad, *The Malay Dilemma*, 1970)

丸屋豊二郎（1994）「増え続ける華人・華僑資本の対中投資」渡辺利夫（編）『華人経済ネットワーク』実業之日本社

満鉄東亜経済調査局（1939a）『南洋華僑叢書第1巻　タイ国に於ける華僑』

満鉄東亜経済調査局（1940）『南洋華僑叢書第4巻　蘭領印度に於ける華僑』

満鉄東亜経済調査局（1941）『南洋華僑叢書第5巻　英領馬来・緬甸及濠洲に於ける華僑』

満鉄東亜経済調査局（1939b）『南洋華僑叢書第6巻　南洋華僑と福建・広東社会』

三平則夫（1992）「総論」三平則夫・佐藤百合（編）『インドネシアの工業化―フルセット主義工業化の行方』アジア経済研究所

三平則夫（1995）「マクロ経済の成果」安中章夫・三平則夫（編）『現代インドネシアの政治と経済―スハルト政権の30年』アジア経済研究所

三平則夫（1997）「インドネシア―祖籍の地への投資もまず採算」石原亨一（編）『中国経済の国際化と東アジア』アジア経済研究所

村嶋英治（1993）「タイ華僑の政治活動」原不二夫（編）『東南アジア華僑と中国―中郷帰属意識から華人意識へ』アジア経済研究所

村嶋英治（1996）『ピブーン―独立タイ王国の立憲革命』岩波書店

安田靖（1987）「工業化の展開―高成長のメカニズム」末廣昭・安田靖（編）『NAICへの挑戦：タイの工業化』アジア経済研究所

山下清海（2005）『華人社会がわかる本―中国から世界へ広がるネットワークの歴史，社会，文化』明石書店

山本博史（1997）「タイ―CPグループを中心に」石原亨一（編）『中国経済の国際化と東アジア』アジア経済研究所

游仲勲（編著）（1991）『世界のチャイニーズ―膨張する華僑・華人の経済力』サイマル出版会

游仲勲（1995）『世界経済の覇者　華人経営者の素顔』時事通信社

若松篤（2003）「タイ―拡大から安定へ」渡辺利夫（編）『アジア経済読本』東洋経済新報社

渡辺利夫（編）（1994）『アジア経済読本』東洋経済新報社
渡辺利夫・今井理之（編）（1994）『概説華人経済』有斐閣
渡辺利夫・岩崎育夫（2001）『海の中国』弘文堂
李國卿（1988）『華僑資本の生成と発展』文眞堂
林華生（1990）「華人系企業」堀井健三（編）『マレーシアの工業化―多種族国家と工業化の展開』アジア経済研究所
林伍珖（2000）「マレーシアの華人企業グループ」朱炎（編）『徹底検証アジア華人企業グループの実力』ダイヤモンド社
ロビソン，リチャード［木村宏恒訳］（1987）『インドネシア―政治・経済体制の分析』三一書房（原著 Robison, Richard, *Indonesia: The Rise of Capital*, Sydney: Allen & Unwin, 1986）

日本語雑誌・白書

石川幸一（1996）「インドネシア：ホンコン拠点化と対中展開」『中国政治経済動向 ASEAN 華人資本と中国経済―アジア経済フロンティアの拡大』4月，日中経済協会
稲垣清（1996）「香港と ASEAN 資本の対中投資」『MRI 中国情報』Vol.12 No.8 通巻140号，三菱総合研究所
熊谷聡（2000）「マレーシア／政府系資本で外資を代替」『アジ研ワールド・トレンド』No.60（2000.9），アジア経済研究所
佐藤百合（1992b）「サリム・グループ―東南アジア最大のコングロマリットの発展と行動原理」『アジア経済』第33巻第3号，アジア経済研究所
佐藤百合（1995b）「インドネシアにおける経営近代化の先駆者―アストラ・グループの事例研究」『アジア経済』第36巻第3号，アジア経済研究所
ジェトロ白書（1994）『投資編：世界と日本の海外直接投資』
ジェトロ白書（1995）『投資編：世界と日本の海外直接投資』
唐栄平［丸川知雄編訳］（1997）「華人系多国籍企業―その普遍性と独自性」『アジ研ワールド・トレンド』No.28（1997.10），アジア経済研究所
東茂樹（2000）「タイ／経済制度改革と外資算入が進む産業再編」『アジ研ワールド・トレンド』No.60（2000.9），アジア経済研究所

村嶋英治(2002)「タイにおける華僑・華人問題」『アジア太平洋討究』第4号,早稲田大学

林華生(2002a)「ニュースが分かるアジアのキーワード」『新鐘』No.67,早稲田大学

林華生(2002b)「アジア金融危機とマレーシア華人経済」『アジア太平洋討究』第4号,早稲田大学

古澤公章(1996)「タイ:財閥型対中投資」『ASEAN華人資本と中国経済—アジア経済フロンティアの拡大』日中経報No.288,日中経済協会

英語書籍

Bolt, Paul J. (2000): *China and Southeast Asia's Ethnic Chinese: State and Diaspora in Contemporary Asia*, USA: Praeger

Chen, Min (1995): *Asian Management Systems: Chinese, Japanese and Korean Styles of Business*, London: Routledge

Leo Suryadinata (1998): "Patterns of Chinese Political Participation in Four ASEAN States: A Comparative Study," Wang, Ling-chi and Wang, Gungwu, eds., *The Chinese Diaspora: Selected Essays Volume 1*, Singapore: Times Academic Press

Mackie, Jamie (1995): "Economic Systems of the Southeast Asian Chinese," Leo Suryadinata, eds., *Southeast Asian Chinese and China: The Politico-Economic Dimension*, Singapore: Times Academic Press

Magiera, Stephen L. (1995): *Deregulation of the Indonesian Wheat and Wheat Flour Market*, Indonesia, PEG [electronic resource] http://www.pegasus.or.id/publication.html as of 1 Oct. 2006

Pan, Lynn, eds.(1999): *The Encyclopedia of the Chinese Overseas*, Massachusetts: Harvard University Press

Pasuk Phongpaichit and Chris Baker (2000): *Thailand's Crisis*, Bangkok: Silkworm Books

Seagrave, Sterling (1995): *Lords of the Rim*, Great Britain: Bantam Press

Suehiro, Akira (1989): *Capital Accumulation in Thailand 1855–1985*, Tokyo:

UNESCO Centre for East Asian Cultural Studies

UNDESA (1973): *Multinational Corporations in World Development*, New York: United Nations Department of Economic and Social Affairs

Wang, Gungwu (1959): *A Short History of the Nanyang Chinese,* Singapore: Eastern Universities Press

Wang, Gungwu (1991): *China and the Chinese Overseas*, Singapore: Times Academic Press

Weidenbaum, Murray L. and Samuel Hughes (1996): *The Bamboo Network: How Expatriate Chinese Entrepreneurs are Creating a New Economic Superpower in Asia*, New York: Martin Kessler Books

英語新聞・雑誌・白書など（電子版も含む）

雑誌の略号：*FEER*：Far Eastern Economic Review

KRTBN：Knight Ridder Tribun Business News, Washington

Asia Week Aug. 25 1997, Julian Gearing and Yvan Cohen "All Out in China: Thailand's Dhanin is No Chicken When Investing in the Mainland"

Business Times Kuala Lumpur 15 Oct. 2004, Zainul Arifin, Zuraimi Abdullh and Alice Chia, "Sweet Collaboration?（HL）"

Business Week, New York 3 May 1999, Michael Shari, "Anthony Salim's Comeback May be Coming Apart"

Chemical Market Reporter, New York 28 Jun. 1999, p. 3, Anonymous, "Dow Buys Salim Group's Stake in PIPI"

Economist 24 Mar. 2001, "Business: Face Value: Radicalism, Asian-style"

Euromoney, London Apr. 1995, Tony Shale, "Noodle Deal That's Hard to Swallow"

European Report, Brussels 11 Oct. 2000, "Orange Forges Alliance with Thai CP Group"

FEER 14 Mar. 1991, Adam Schwarz and Jonathan Friedland, "Indonesia Empire of the Sun"

FEER 23 Jan. 1997, Michael Vatikioti, "From Chickens to Microchips"

FEER 19 Mar. 1998, Bruce Gilley "Over to You"

FEER 28 May 1998, Michael Vatikiotis et al., "Trouble at the Mill"

FEER 8 Oct. 1998, Salil Tripathi, "Pulling Punches"

FEER 17 Dec. 1998, Rigoberto Tiglao et al., "Blue-Chip Ambitions"

FEER 8 Apr. 1999, Dan Biers et al., "Back to School"

FEER 25 Nov. 1999, Bruce Gilley, "Father of Industry"

FEER 27 Dec. 2001-3 Jan. 2002, Rodney Tasker, "Team Player"

FEER 16 Jan. 2003, Anonymous, "Intelligence"

FEER 4 Sep. 2003, Leslie Lopez, "Malaysia Opts to Play Safe"

FEER 26 Aug. 2004, Michael Vatikiotis, "Optimism in the Face of History"

Forbes 28 Jul. 1997, Andrew Tanzer, "The Amazing Mr. Kuok"

Global Finance, New York Jul/Aug 1999, Cherie Marriott, "Salim Sticks Its Neck Out"

International Financial Law Review, London Nov. 2001, Philip Rapp, "Heidelberger's Acquisition of Majority Stake in Indocement"

International Sociology Mar. 2005, Tong Chee Kiong, "Feuds and Legacies: Conflict and Inheritance in Chinese Family Businesses" [electronic resource] http://online.sagepub.com as of 11 Nov. 2006

KRTBN 19 Oct. 2002, Woranuj Maneerungsee, "Thai Food Group Chief Condemns Over-Regulation of Retail Industry"

KRTBN 1 May 2002, Walailak Keeratipipatpong, "Farming, Property, Marketing Targeted by Firm in China"

KRTBN 30 Apr. 2003, "Thai-Based Firm to Open 30 New Groceries in China"

KRTBN 18 Jul. 2003, Komsan Tortermvasana, "Verizon Unit Sells Off 10 Percent Stake in TelecomAsia"

Malaysian Business 1 Feb. 2001, M. Shanmugam, "Topping them All"

Malaysian Business 12 Dec. 2002, Bhupinder Singh, "Just Call Me `Mr Kuok'"

Malaysian Business 16 Feb. 2003, Seelen Sakran et al., "(While Ananda Krishnan has …)〔1〕," Kuala Lumpur (Copyright New Straits Times Press, Ltd. Feb 16, 2003)

Malaysian Business 16 Mar. 2004, Y. K. Ngui, "Kuok's Comeback Clarence"

Search Asiaweek 22 Sep. 2000 Vol. 26 No. 37, Antonio Lopez, "Reality Check: First Pacific's Gamble on Manilaand Jakartahits a Currency Snag"

Wall Street Journal 8 Jan. 2002, Richard Borsuk, "Indonesian Sale of Old Salim Group Assets Prompts Concern About Transparency"

Wall Street Journal, 5 Jun. 2002, Timothy Mapes, "For Indonesia, Another Setback to Restructuring"

Wall Street Journal 7 Jun. 2002, Richard Borsuk and Sara Webb, "Indonesia's Giant Salim Group May Soon Resume Expansion"

Wall Street Journal 19 Jun. 2002, Matt Pottinger and Sara Webb, "First Pacific's Pilot is in a Tailspin — Philippine Telephone Deal May Become the Undoing Of Manuel Pangilinan"

Wall Street Journal 3 Oct. 2002, David I. Oyama, "World Watch"

Wall Street Journal 3 Sep. 2003, Leslie Lopez, "Malaysia's Sugar King is Challenged"

中国語書籍

僑務委員会（2006）『民国94年僑務統計年報』（2005 Statistical Yearbook of the Overseas Compatriot Affairs Commission）台湾

図表一覧

図Ⅰ-1　ASEAN主要国のGDP成長率（％）……………………12
図Ⅰ-2　ASEAN主要国のGDP（10億ドル）……………………13
図Ⅰ-3　東南アジアの植民地……………………………………15
図Ⅰ-4　ASEAN$_3$の対中投資（実行ベース）…………………85

図Ⅱ-1	アイテム・カテゴリーのスコアの分布	222
図Ⅱ-2	固体（事業）の得点分布	224
図Ⅱ-3	三グループの位置づけ	227

表Ⅰ-1	華人の人口分布	10
表Ⅰ-2	東南アジア諸国の独立年表	16
表Ⅰ-3	華人の人口比率	38
表Ⅰ-4	戦前の華僑人口	49
表Ⅰ-5	戦前の華僑人口推移	50
表Ⅰ-6	中国系人企業のプレゼンス	71
表Ⅰ-7	タイの主要華人企業グループ	89
表Ⅰ-8	マレーシアの主要華人企業グループ	94
表Ⅰ-9	インドネシアの主要華人企業グループ	99
表Ⅱ-1	CPグループのその他の主な対中投資	126
表Ⅱ-2	CPグループの傘下企業整理	130
表Ⅱ-3	通貨危機以前のCPの主な事業	135
表Ⅱ-4	クォク・グループのその他の主な対中投資	149
表Ⅱ-5	クォク・グループ上場企業の業績	150
表Ⅱ-6	通貨危機以前のKBの主な事業	158
表Ⅱ-7	サリム・グループのその他の主な対中投資	173
表Ⅱ-8	サリム・グループの傘下企業売却計画	176
表Ⅱ-9	通貨危機以前のSGの主な事業	182
表Ⅱ-10	アジアの中国系人上場企業500社中の三グループ企業（単位：100万ドル）	188
表Ⅱ-11	三グループ総帥の資産推移（単位：10億ドル）	189
表Ⅱ-12	三グループの初期の海外投資	189
表Ⅱ-13	三グループの通貨危機による資産減少（金額：億ドル）	190
表Ⅱ-14	三グループの主な事業	196
表Ⅱ-15	三グループの後継者たち	200
表Ⅱ-16	三グループの事業特性の概要	201

表Ⅱ-17	三グループのまとめ	206
表Ⅱ-18	三グループの分析用データ	214
表Ⅱ-19	最適スコア（尺度値）	221
表Ⅱ-20	同一項目内アイテム・カテゴリーのスコアのレンジ	223
表Ⅱ-21	固体得点	223
表Ⅱ-22	固体の平均点	224
表Ⅱ-23	三グループのタイプ分類	227
表Ⅱ-24	三グループのタイプ分類と事業特性	230

索　引

●事項

数字
10月14日事件……………………23

A-Z
KKN …28, 62, 64, 108, 229, 235, 236
NAIC 型… 22, 23, 29, 120, 121, 205, 234

ア
アウトソーシング…………… 17, 28
アグロビジネス…23, 86, 87, 99, 120, 121, 123, 128, 133, 152, 156, 174, 191, 194, 200, 202, 205
アジアの砂糖王…………… 144, 156
オリジナル・ネットワーク… 81, 82

カ
海峡植民地…………………… 48, 55
開発主義…………… 19, 27, 28, 31
開発独裁…………19, 29, 36, 64, 107, 188, 234
華裔…………37, 39, 40, 42, 44, 47, 82
華僑…5, 21, 36, 43, 46, 48, 52, 55, 58, 63, 73, 78, 84, 86, 97, 107, 163, 190, 234
華人…5, 10, 19, 21, 23, 25, 28, 36–65, 70–108, 194, 207, 229, 235
鼎の構造…………………… 18, 31
カピタン…………………… 59, 69

キャッチアップ型工業化…………18
銀行再建庁（IBRA）…… 98, 174, 175, 176, 177, 179, 183
決定23号……………………27
工業化マスタープラン（IMP）
　………………………… 26, 92
工業調整法……………………57
後発国………………… 14, 16, 18, 20
国有化法……………………21
国家運営評議会（NOC）………58
国家開発政策（NDP）…………26
ゴルカル…………………… 34, 62

サ
三縁………… 43, 72, 76, 81, 109
三沿開放…………………… 112
指導民主主義体制………… 34, 60
地場民族……………………21
重工業化………… 21, 26, 30, 92, 234
自由貿易地域法（FTZ）………25
儒教………72, 73, 74, 77, 81, 108, 109
新華僑……………………69
シンケ…………………… 42, 43
新経済政策（NEP）　25, 90, 114, 140
人種対立事件…25, 33, 56, 58, 90, 95, 113
新秩序体制………………… 34, 61, 162
政治・経済同盟………… 168, 172

253

創始産業条例………… 25, 90, 140
タ
第1次・第2次石油ショック…18, 21, 23, 26, 28, 30, 87, 92, 96
ディポヌゴロ師団…………60, 163
統一マレー人国民組織（UMNO）………………………… 57, 58
投資奨励法…22, 25, 32, 86, 120, 124, 144
トトク………………………43, 61, 62
ナ
ニョニャ…………………………43
ネオ・コンフューシャニズム… 74, 75
農本主義……………………………33
ハ
パートナーシップ型……79, 97, 111, 196, 197
ハイコスト・エコノミー……25, 28, 30, 96, 140, 162, 234
ババ…………43, 57, 80, 93, 95, 109
ババペルキ（インドネシア国籍住民協会）………………………… 60, 61
バンブー・ネットワーク……76, 77, 81, 82, 110, 149
東アジアの奇跡………1, 2, 11, 13, 14
ファミリー企業…100, 101, 106, 108, 189, 235
ブミプトラ……19, 21, 25, 57, 62, 79, 90, 93, 95, 140, 147, 151, 155, 157, 159, 194, 204, 234

プラザ合意……17, 18, 21, 23, 24, 26, 28, 30, 106
プラナカン………… 42, 61, 62, 97, 103
ブラン・コンプレックス…169, 174, 184
プリブミ…21, 28, 60, 63, 96, 98, 104, 162, 163, 172, 191, 197
故郷投資型………… 182, 198, 203
フルセット主義… 27, 28, 30, 34, 95, 96, 99, 162, 164, 205, 234
ブロッグ（BULOG）…35, 96, 164, 165, 171, 180, 192, 219
プロトン………………………………26
マ
マラリ事件……………………………28
マレーシア株式会社政策…………26
メスティソ…………………………43
ヤ
輸出指向…17, 22, 26, 28, 87, 92, 106, 120, 173
輸入代替…… 17, 22, 25, 28, 86, 106, 120, 142, 163, 164, 166, 168, 169, 180, 191
ラ
落地生根………36, 45, 52, 63, 66, 234
落葉帰根………………36, 45, 52, 234
ラッタニョム運動…………… 20, 22
ラッフルズ学院…………… 141, 142
リム投資家グループ…163, 167, 173,

179, 180, 183, 191, 197, 203
ルークチン……………………42
ルック・イースト…………26, 33
レッセフェール政策…147, 157, 194,
　197, 204, 228, 229
連鎖移民………………………66
連邦土地開発局（FELDA）…144,
　146, 218

●会社

A-Z

All Green Properties ……147, 152
Asia Infonet ………………… 132
BMW ……………………… 104
C. P. Pokphand ………………127
CPグループ ……3, 4, 5, 87, 88, 89,
　113, 118, 120–136, 187–206, 235,
　236
CPグループカンパニー …130, 131,
　137, 138
CP国際投資 ……………125, 126
CPフィードミル ……121, 125, 129,
　130, 131, 136, 138, 213
CPランド ……………………124
Hagemeyer ………………173, 177
KMP社 …172, 174, 177, 182, 183,
　198
Malaysian Bulk Carriers ……154,
　155
Philippine Long Distance Telephone ……………177, 178, 179, 186

SSPグループ ……………87, 89
TAオレンジ ……………131, 132
TPIグループ ………………87, 100
True Corporation ………131, 136

ア

アーバーエーカー ………121, 215
旭ガラス………………………87
アストラ……62, 96, 97, 99, 103, 104,
　105, 106, 115, 167, 219
亜太衛星………………… 124, 216
甘文丁機構……………………93
アユタヤ銀行…………………86
いすゞ ………………87, 99, 104
インドセメント…166, 169, 170, 175,
　176, 220
インドネシア国際銀行………97
インドフード……167, 170, 171, 175,
　176, 177, 179, 183, 186, 199, 219
インドマルコ油脂………177, 186
インドミー …………………167
インドモービル…167, 175, 176, 177,
　183, 185, 199, 219
ウングル・インダ・コーポレーション ………………………169
オスカーマイヤー……………123
オリエント・グループ………90
オリエント・テレコム……124, 216

カ

吉大有限公司………………126
金獅グループ……………91, 151

クォク・グループ……4, 5, 79, 90, 92, 94, 118, 140-159, 187-206, 235, 236
クォク兄弟社……141, 142, 144, 147, 153, 195, 237
グダンガラム……………………97
クラカタウ・スティール…166, 167, 169, 180, 181, 219
ケリーグループ…………148, 154
ケリーシッピング………148, 217
ケリープロパティ…148, 151, 152, 154, 155
ケンタッキー・フライド・チキン
………………………124, 126, 215
ゲンティン………………90, 94, 114
合衆銀行……………………………92
合順社…………………………………91
合発社…………………………………91
コカ・コーラ………………………149
小松製作所…………………91, 104
サ
サイアム・マクロ……124, 215, 216
サイアムモーターズ…………87, 101
サハ・パッタナーパイブーン……87
サハウィリア………………………88
サハユニオン………………………87
サリム・グループ……3, 4, 5, 6, 62, 79, 89, 96, 97, 98, 99, 118, 146, 150, 162-183, 187-206, 235, 236
山林………………………………………93

シナルマス……………97, 99, 168
ジャヤ…62, 96, 97, 99, 103, 104, 105, 116
ジャヤンティ………………………97
ジャルム……………………………97
シャングリラ・アジア……148, 149, 151, 152, 155
シャングリラホテル…146, 147, 148, 151, 154, 157, 216
上海易初摩托車……124, 126, 216
上海大江有限公司………………126
常青………………………………………93
商聯………………………………………91
シンガポール・ホンリョン………94
スズキ……………………………167, 176
スリム・インターナショナル…151
スルヤ・ラヤ………………………104
スンホワセン………………………87
成功機構…………………………………92
成功グループ……………………………93
正大荘行……………………………121
正大農業企業公司………………121
セブン・イレブン……124, 129, 131, 215, 216
ソルベイ………………124, 126, 215
タ
タイ石油公社………………124, 129
タイ農民銀行………………………86
ダイハツ……………………………99, 104
ダウ・ケミカル……………………176

タスコ……………………………87
タルマテックス………………… 164
チアタイ・コンチネンタル…… 126
チプトラ……………………96, 167
潮聯………………………………91
陳唱モーター社…………………91
テスコ……………………129, 131
東昇公司…………………141, 142
東方実業社………………………91
トヨタ………87, 91, 99, 103, 104

ナ
ナイネックス……………124, 216
南華早報……148, 149, 151, 154, 155, 217
日産自動車…………………87, 91
日産ディーゼル………………… 104
日清食品…………………168, 177
日新製糖…………………144, 218

ハ
ハイデルベルガー……………… 176
ハイネケン……………………… 126
パシフィック・インドマス・プラスティック……………………… 176
バリト・パシフィック……62, 97, 98
バンク・セントラル・アジア
…166, 167, 168, 175, 178, 179, 180, 181, 182, 183, 218
バンコク・アグロインダストリー
………………………………… 125
バンコク・ファーム……… 121, 215

バンコク・フード・プロダクト
…………………… 122, 125, 214
バンコク・メトロポリタン銀行…86
バンコク・ライブストック・プロセシング………………………… 122
バンコク銀行…86, 89, 100, 101, 105, 113, 115, 149, 166
バンコクランド……………………88
ビニタイ…………………124, 215
日野自動車………………167, 176
ファースト・パシフィック・グループ……………………… 172, 173
フェデラル・フラワー・ミルズ
……… 144, 145, 152, 154, 155, 218
福聯………………………………91
富士ゼロックス………………… 104
プジョー………………………… 104
ブミプトラ銀行………………… 113
北京飼料有限公司……………… 126
ペトロ・アジア…………124, 129
ペルリス・プランテーション
………………………… 152, 155
ベンツ……………………………91
ボガサリ・フラワーミル…164, 165, 167, 170, 171, 177, 180, 181, 184, 186, 219
ホルディコ・ペルカサ………… 176
ホワイチュワン………………… 100
ホンイーセン…………………… 100
ホンダ………… 91, 99, 104, 126, 216

ホンリョン・グループ……………90
マ
馬化グループ…………………91
馬化控股………………… 91, 92
磨石グループ…………………91
マッキンゼー………………… 129
マツダ…………………… 167, 176
マラヤ銀行………… 91, 92, 113, 141
マレーシア・ホンリョン… 94, 102, 114
マレーシア重工業公社……… 26, 92
馬聯工業………………………91
三井物産………………… 144, 218
三菱キャタピラ………………91
三菱自動車………………… 26, 91
三菱商事…………… 26, 123, 142
明治乳業……………………… 123
ヤ
ユナイティッド・ブロードキャスティング………………… 131
ヨーヒャップセン………… 101, 115
豫大畜牧有限公司…………… 126
ラ
リクウド社………………… 142
リッポ………………… 97, 98, 166
劉蝶一族グループ……………91
良木……………………………92
ロータス…… 124, 129, 131, 132, 136, 138, 215

●人名
A-Z
Leo Suryadinata …………50, 109
Lynn Pan ………………… 40, 41
Mackie, Jamie … 74, 75, 77, 78, 109
Min Chen ………41, 42, 75, 76, 78
Stephen L. Magiera ………… 170
Suehiro, Akira ……………………31
Wang Gungwu ………… 41, 46, 47
Weidenbaum and Hughes …76, 81, 110, 137, 184, 186
ア
アーナン…………………… 24, 37
アキノ…………………………37
アブドラー……………………27
アラン・ヨー………… 102, 105
アントニー・サリム…163, 170, 172, 173, 175, 177, 178, 180, 181, 194, 198, 200, 236
アンドレー・サリム………32, 170
イアン・クォク……… 151, 154, 159
戴国煇…………………………40
井上隆一郎……………………84
イブヌ・ストウ………………35
イブラヒム・リシャド…… 163, 179
岩崎育夫…2, 3, 20, 39, 40, 42, 48, 51, 83, 118
ウィ・ホンレオン………… 150
ウィット・プラパイキット………88
ウィリアム・クォク… 99, 104, 105,

115, 142
ウィリアム・スルヤジャヤ…62, 96, 97, 99, 103, 105
ヴォーゲル………1, 32, 74, 77, 108
ウテン・テチャパイブーン………86
エカ・チプタ・ウィジャヤ…97, 99
エクチョー・チアラワーノン…120, 121, 126, 133, 136, 190, 195
エドウィン・スルヤジャヤ……104
エドワード・クォク…151, 154, 159
エドワード・セキ・スルヤジャヤ
………………………………104

カ
クー・ケイベン………………149
クー・テクプア………………91, 92
クォク・クンホン………235, 237
クォク・ケンカン………141, 190
ククリット………………………23
クリアンサック…………………23
郭令燦……………………………94
郭令明……………………………94
ケイ・クォク……………154, 159
ゴー・チョクトン………20, 31, 37
ゴコンウエイ…………………177
コファンコ……………………37, 179

サ
蔡仁龍………………59, 96, 118
佐藤百合…3, 6, 78, 79, 104, 118, 170, 173, 186
サマーン・オーパーサウォン…100

サリット……………20, 22, 29, 86
サンヤー…………………………23
シェド・モフタル……………153
シャウ・ギョクチャン………60, 61
シャウフィ・チアラワーノン…121, 195
ジュハル・スタント…………163
朱炎………………………………83
蔣介石……………………………20, 67
蔣経国……………………………20
スエ・クォク…………………147
末廣昭………2, 3, 18, 20, 78, 118
スカルノ…21, 27, 29, 34, 59, 60, 61, 95, 162
鈴木峻………………15, 17, 96
スチンダー……………24, 37, 54
スドウィカトモノ………163, 179
スドノ・サリム（リム）……62, 89, 96, 101, 150, 162–183, 190, 200
スパチャイ・チアラワーノン
………………129, 130, 132, 136
スハルト
20, 21, 27, 30, 60, 62, 97, 163, 165, 166, 174, 190, 235
スルタン・イブラヒム………141
セーニー…………………………23
ソムサック・リーサワットラクーン
………………………87, 89, 113
孫文…………………………53, 56, 67

タ

ターウォン・ポンプラパー……87
ターニン………………………23
ダーニン・チアラワーノン（ダーニン）… 120-136, 187, 190, 200, 235
タイブ・アンダク……………… 141
タクシン………………24, 33, 37, 128
ダトー・オン………………… 57, 58
タノーム…………20, 22, 23, 87, 123
ダムリー・ダーラカーノン……87
陳嘉庚……………………… 45, 52
陳志遠………………………………92
タン・チェンロック………………57
タン・チンナム………………… 149
チア・キアンティ……………… 103
チェアン・ラッタナラック……86
チプトラ……………………96, 167
チャートチャーイ………24, 37, 54
チャートリー・ソーポンパニット
………………………… 101, 149
チャイ・クォク………151, 153, 154, 158, 200
チャクリー王家……………… 53, 68
チャワリット………………24, 125
チュアン…………………24, 37, 54, 128
チュラローンコーン王…………53
張明添…………………………92
チョート・ソーポンパニット… 101
全斗煥…………………………20
チン・ソーパンパニット……86, 89, 100, 105

ティエム・チョークワッタナー…87
トゥトゥト………………… 28, 35
トゥン・イスマイル………… 141
トミー………………28, 35, 98, 168, 220
ナ
ナロング・チアラワーノン……132, 136
ハ
ハビビ………………………29, 35, 63
原不二夫………………………2, 78
ハリー・トゥークス………… 142
パンギリナン………… 177, 178, 179
バンチャー・ラムサム…………86
バンハーン………………24, 37, 54
バンバン……………………… 35, 98
ピブーン… 20, 22, 52, 54, 62, 68, 86, 100
フィリップ・クォク……… 141, 151
ブーンスリー・ソーポンパニット
………………………………… 101
ブーンソン・シーファンフン……87
フセイン…………………… 26, 58
フセイン・オン………………… 141
プラシット・カーンチャナワット
………………………………… 100
プラチャイ・リョウパイラット
………………………………87, 100
プラパー・ウィリアプラパイキット
…………………………………87
プラヨゴ・パンゲストゥ…… 62, 97

プレーム……………………23, 37, 54
ブンチュー・ロジャナスティエン
　………………………………… 100
ボゥ・クォク………………151, 154
朴正煕………………………………20
ボブ・ハサン………………60, 104

マ
マイケル・ヨー…………………102
マハティール…… 20, 21, 26, 30, 57,
　62, 92, 153
マルコス……………………………20
メガワティ…………………………29
モフタル・リアディ………97, 166
モンコン・カーンチャナパート…88

ヤ
游仲勲………… 38, 39, 46, 73, 76, 81
ヨー・ティエンイン……………101
ヨー・ティエンキュー………… 101

ラ
ラーマン………… 25, 56, 58, 90, 142
ラザク…20, 25, 26, 33, 52, 57, 58, 62,
　90, 141
ラン・ラン・ショウ……………150

リー・カシン……………………150
リー・クアンユー… 20, 31, 37, 141,
　173
リー・シェンロン…………………37
リカード……………………………16
リチャード・リウ……151, 154, 158,
　200
林木栄…………………………92, 93
林梧桐………………………………94
林天傑………………………………93
林華生…………………………39, 42, 90
ルパート・マードック………… 148
ロバート・クォク（ロバート）
　… 92, 114, 141–159, 173, 187, 191,
　200, 235
ロバート・オンピン……………150
ロビソン……………………………31
ロビン・ソーポンパニット……101

ワ
ワチラーウット王…………53, 54, 68
ワヒド………………………… 29, 37

ン
ング・テンホン……………102, 103

索　引　261

■著者略歴

平野　實（ひらの　みのる）

博士（国際関係学）早稲田大学，NPO法人国際社会貢献センター会員（教育事業）。
1947年生まれ。1970年早稲田大学理工学部卒業後，三菱商事㈱に勤務（2001年まで）。この間，主として食料部門を担当し，シンガポール（1986-1990年）・青島（1996-2000年）に駐在。2000年早稲田大学大学院アジア太平洋研究科入学，修士課程を経て2007年後期博士課程修了。2003年より国際社会貢献センター大学派遣講師。

■アジアの華人企業（かじんきぎょう）
南洋の小龍たち―タイ・マレーシア・インドネシアを中心に　　〈検印省略〉

■発行日──2008年6月6日　初版発行

■著　者──平野　實（ひらの　みのる）

■発行者──大矢栄一郎

■発行所──株式会社　白桃書房（はくとうしょぼう）
　〒101-0021　東京都千代田区外神田5-1-15
　☎03-3836-4781　📠03-3836-9370　振替00100-4-20192
　http://www.hakutou.co.jp/

■印刷・製本──亜細亜印刷

Ⓒ Minoru Hirano 2008　Printed in Japan　ISBN978-4-561-26485-9 C3034
Ⓡ〈日本複写権センター委託出版物〉
本書を無断で複写複製（コピー）することは，著作権法上の例外を除き，禁じられています。本書をコピーされる場合は，事前に日本複写権センター（JRRC）の許諾を受けてください。
JRRC〈http://www.jrrc.or.jp　eメール：info@jrrc.or.jp　電話：03-3401-2382〉
落丁本・乱丁本はおとりかえいたします。

潘 志仁【著】
中国企業のもの造り
参与観察にもとづいて

現在，中国企業の研究は盛んになっているが，その理解はまだまだ弱いといえる。筆者は，労働者とともに生活と作業を行ない，緻密な参与観察を行うことによって，中国企業のもの造りとスキル形成の過程を明らかにする。

ISBN978-4-561-26472-9　C3034　A5判　272頁　本体3000円

橋田 坦【著】
中国のハイテク産業
自主イノベーションへの道

現在の中国には，多数のハイテク企業が出現しているが，外国技術への依存度も大きく，実態の把握は難しい。本書は，ハイテク産業が発展した背景と現状，そしてハイテク産業の発展がもたらす対外的な影響を中心に考察を行なう。

ISBN978-4-561-51072-7　C3034　四六判　248頁　本体2000円

株式会社　白桃書房

（表示価格には別途消費税がかかります）